日本福利经济思想的变迁研究

■ 陶芸 著

WUHAN UNIVERSITY PRESS
武汉大学出版社

图书在版编目(CIP)数据

日本福利经济思想的变迁研究/陶芸著.—武汉：武汉大学出版社，
2021.6
ISBN 978-7-307-21576-4

Ⅰ.日⋯ Ⅱ.陶⋯ Ⅲ.福利经济学—经济思想史—日本
Ⅳ.F061.4-093.13

中国版本图书馆 CIP 数据核字(2020)第 096857 号

责任编辑:林 莉 责任校对:李孟潇 整体设计:马 佳

出版发行:**武汉大学出版社** （430072 武昌 珞珈山）
（电子邮箱:cbs22@whu.edu.cn 网址:www.wdp.com.cn）
印刷:广东虎彩云印刷有限公司
开本:720×1000 1/16 印张:12 字数:213 千字 插页:2
版次:2021 年 6 月第 1 版 2021 年 6 月第 1 次印刷
ISBN 978-7-307-21576-4 定价:39.00 元

作者简介

陶芸，湖北武汉人，经济学博士。主要从事日本经济思想、福利政策相关研究。中国经济史学会会员。2003-2006年就读于武汉大学经济与管理学院金融学专业，获经济学硕士学位；2013-2017年就读于武汉大学经济与管理学院经济思想史专业，获经济学博士学位；2015-2016年获国家留学基金支持作为中日联合培养博士研究生赴日本北海道大学留学；2017年至今任职于湖北工程学院经济与管理学院；2019年赴英国胡弗汉顿大学进修访问。近年来在《马克思主义研究》《哲学动态》等中外期刊上发表中、英、日文学术论文数篇。参与国家教育部哲学社会科学重大课题攻关项目"西方经济伦理思想研究"，主持省级、市级多项科研项目。

序　言

　　2019 年末，一场由新冠病毒引发的肺炎疫情开始迅速传播，截至北京时间 2020 年 6 月 7 日 5 时，全球新冠肺炎累计确诊病例达到 6946250 例，累计死亡病例达到 400962 例。美国新冠肺炎累计确诊病例全球最多，达到 1986092 例，累计死亡病例达到 112046 例。巴西新冠肺炎确诊 659114 例俄罗斯累计确诊 458689 例西班牙累计确诊病例达 288390 例英国累计确诊 284868 例印度累计确诊 246622 例意大利累计确诊 234801 例秘鲁累计确诊 191758 例德国累计确诊 185696 例伊朗累计确诊 169425 例土耳其累计确诊 169218 例法国累计确诊 153634 例智利累计确诊 127745 例墨西哥累计确诊 110026 例沙特累计确诊 98869 例加拿大累计确诊 95017 例。而据日本 NHK 电视台报道，截至当地时间 2020 年 6 月 4 日 0 时至 23 时 30 分，日本国内新增新冠肺炎确诊病例 47 例，累计确诊病例 17078 例新增死亡病例 5 例，累计达 910 例。由上可见，与欧美等发达国家相比，虽然日本的人口密度位居世界第二，是美国的十倍上，但是日本的新冠肺炎确诊人数和病死人数都明显较低。这固然与日本人戴口罩、有良好的卫生习惯、服从政府的劝导而自觉保持社交距离等因素有关。但是，需要注意的重要因素还包括：日本的人均医疗资源世界第一，日本的老百姓有全民医保。所以，在新冠肺炎疫情下，日本并没有发生医疗资源的现象。医疗保障正是社会福利的主要内容之一，日语中一般将福利称为"厚生"。所以，探寻导致新冠肺炎疫情在日本与在欧美的不同发展结果的原因，不可忽略掉日本福利经济思想的独特之处。而这，正是陶芸此书《日本福利经济思想的变迁研究》试图解答的问题。

　　日本是中国一衣带水的邻邦，在近代以前，日本长期向中国学习，中国的经济、政治、文化思想对日本影响很大；从明治维新开始，日本不断向西方学习，其经济、社会、文化等思想中又有着深深的西方烙印。日本的福利经济思想虽然在学习西方的过程中建立起来，但由于以下原因又与英美等老牌资本主义发达国家的有所不同。其一是 19 世纪 6090 年代日本的明治维新是在美国的坚船利炮的"胁迫"下被迫打开国门的。1871 年明治政府派出以右大臣岩仓具视为首的大型使团出访欧美，考察学习老牌资本主义国家的政治、经济制度。他们率先接受的是以李斯特为代表的德国历史学派的国家保护主义和国家资本主义学说。明治29年，金井延在先驱者住谷悦治、冈利郎、饭田鼎等人的基础上通过进一步吸收德国社会政策学的思想创立了日本的社会政策学派，这个学派主要通过其学术组织社会政策学会展开活动，因此也称为社会政策学会或日本的历史学派。日本社会政策学会成立于1896年，其主要成员除金井延外还包括桑田熊藏、高野岩三郎、福田德三、河上肇等人。这个学会以对社会政策学的研究为主，重点关注日本日益严重的劳动和社会问题，它对日本第一部较为完整的劳动者保护法——《工厂法》（1911）的制定产生了重要影响。其二，日本是东亚最早研究马克思主义理论的国家，马克思的许多经典著作正是首先从日本传入中国的。时至今日，在日本国内马克思主义的研究仍然非常活跃。① 早在19世纪末期，马克思主义思想就经片山潜、幸德秋水等传入日本并得到广泛传播；20世纪2030年代是日本马克思主义发展的第一个高峰时期，这一时期形成了讲座派和劳农派两大重要的马克思主义派别，他们通过对《资本论》的研究和对日本是否需要经历民主主义革命的争论，使得马克思主义的思想受到了越来越多人的认识和关注。河上肇则被马克思的著作和人格深深吸引，他称马克思为"19世纪最伟大的思想家"。他的代表作《贫乏物语》和《第二贫乏物语》以对贫困问题的关注为出发点，其中的思想观点都对日本的福利经济思想产生了重要影响。

　　正是由于上述原因，日本的福利经济思想既源自于近代西方发达国家，又与欧美国家的有较大区别。由此，导致日本的福利经济制度和政策也与欧美国家的有很大不同。20世纪60年代，以日本《宪法》的颁布为契机，日本完善了社会救助制度，建立了现代意义上的社会福利制度，同时新建了失业保险，完善了与劳动相关的社会保险制度，通过充实医疗健康保险和养老保险制度，实现了"全民皆保险""皆年金"；此后伴随着日本经济的高速增长，社会保险制度也在充足的财源保障下不断扩展和充实；20世纪7080年代，面对经济增长速度放缓以及社会保障领域中的问题，日本开始进行医疗改革，适当增加患者医疗费负担以减轻财政压力，同时整合各个养老保险制度，引入基础年金，形成了由基础年金和厚生年金两部分构成的"两层次年金"；20世纪90年代以后，由于经济泡沫崩溃、经济不景气所带来的财政恶化，日本社会保障

---

　　① 乔洪武、陶芸："日本马克思主义经济伦理思想的新发展"，《马克思主义研究》2016年12期。

制度的进一步改革伴随着"财政再建"展开，建设的目标是针对高龄少子化社会设计一个可持续的社会保障制度。目前，日本已经建立了一个较为完善的社会保障制度，这个制度以社会救济、社会保险和社会福利为三大支柱，并配合以公共卫生和医疗、老人保健、抚恤金、战争受害者救援以及住房、雇佣等相关社会保障制度。此次面对肆虐全球的新冠肺炎疫情，日本政府公布了新冠肺炎紧急对策，试图通过归国支援、国内防控、口岸防疫、企业纾困和国际合作等举措，最大限度地保护国民生命健康，减轻企业负担，维持经济稳定。其中的企业纾困政策就包括信息公开、中小企业帮扶、雇用支援和防疫支持等四个方面，从实际运行的结果来看，应该说是具有成效的。

陶芸于 2013 年考入武汉大学经济思想史专业攻读博士研究生，成为我门下弟子，由此开始了她的学术生涯。博士期间她参与我主持的国家教育部重大课题攻关项目"西方经济伦理思想研究"，并以子课题"日本经济伦理思想"作为自己的主攻方向。20152016 年她有幸获得国家留学基金委支持，作为中日联合培养博士研究生赴日本北海道大学留学；在日本期间，她获得了很多做研究的第一手资料；回国后，她悉心研读这些资料，扎实认真的完成了博士论文。《日本福利经济思想的变迁研究》一书即是在其博士论文基础上修改完善的。该书的研究填补了目前国内这方面研究的一项空白，具有较大的理论价值和现实意义。作为她的导师，我热切期待该著的成功！

乔洪武①
2020 年 6 月 8 日于武汉大学

①　乔洪武教授现任武汉大学经济与管理学院经济学系二级教授、博士生导师。教育部哲学社会科学研究重大课题攻关项目首席专家。2019 年荣获中国经济学最高奖"孙冶方经济科学奖"。

前　　言

　　"福利"一词是一个涉及经济、政治、社会等多方面内容的具有广泛意义的词汇。一般从广义上来说，凡是能给社会成员带来实际利益增加的活动我们都可以称其为"福利"；但是狭义上，我们说到社会福利往往意指国家的社会保障。在日语中一般将福利称为"福祉"或"厚生"，维基百科日文版将"福祉"定义为"所谓福祉就意味着幸福或充裕，它是指为了全体社会成员提供最低限度的幸福和社会援助的理念"。社会福利支出作为政府财政支出的重要组成部分，一般包括对高龄者、遗族、残障人士、医疗保健、儿童、失业、住宅、劳动政策等方面。西方国家出于缓和阶级矛盾和解决贫富差距过大的现实需要，一直很重视社会福利问题的研究，尤其是 20 世纪 30 年代以后福利经济学的大发展以及"二战"以后各主要资本主义国家社会经济领域的福利实践，使得国家福利问题备受学术界和政府部门关注。由国家主导建立福利保障制度，是当今社会居民生活得到有效保障的重要措施，也对社会稳定和经济发展发挥了巨大作用。从福利制度发展的起源来看，由于英国的圈地运动使得偷盗者、流氓、乞讨者人数不断增多，由此造成了社会不安因素急剧增加，因此英国王室为了实现社会稳定，于 1601 年通过了《济贫法》。该法律要求各教区负责向居民和房地产所有者征收济贫税，以此为来源向无力谋生的贫民发放救济；同时通过各教会的教区组织失业者从事劳动，安排未成年的孤儿学工。伊丽莎白《济贫法》是最早以立法形式实施的福利政策，因此也被称为世界上最早的社会保障法。现代福利制度起源的标志性事件是 1943 年英国政府发布《贝弗里奇报告》。《贝弗里奇报告》不仅对战后英国福利社会的建设产生了巨大影响，也是影响整个世界社会保障制度发展的先驱读物，它是社会保障发展史上具有划时代意义的著作，曾影响英国、欧洲乃至整个世界的社会保障制度建设和发展进程，被业内人士视为福利国家的奠基石和现代社会保障制度建设的里程碑，为无数的经济学家和社会保障工作者所推崇、研究和学习借鉴。这个报告主张的社会福利可以被概括为"3U"思想：普享性原则（Universality），即所有公民不论其职业为何，都应被覆盖以预防社会风险；统

一性原则（Unity），即建立大一统的福利行政管理机构；均一性原则
（Uniformity），即每一个受益人根据其需要而不是收入状况获得资助。经过几
个世纪的发展，目前世界上大多数国家都建立了一套以公民权利为基础，适合
本国国情需要的、多层次的福利保障体系。

　　福利活动实践为理论的发展提供了良好的素材，经济学以亚当·斯密
《国富论》的发表为标志，开始作为一门独立的学科从哲学中分离出来，在经
济学的不断发展过程中，福利经济思想的内涵得到了丰富和完善。如斯密的自
由主义经济思想中就包含了对重商主义福利国家政策的批判；马尔萨斯的人口
理论中有对旧济贫法的反对；穆勒进一步发展了边沁的功利主义福利观。这些
西方古典经济学中所蕴含的丰富福利思想成为了福利经济学建立的重要来源。
同时以马克思、列宁等为代表的马克思主义者们站在无产阶级劳动者的立场上
通过对资本主义工资、劳动价值等的认识揭示了资本主义剥削的本质，他们从
社会革命的角度批判资本主义时也提出过一些社会主义的福利观，这些社会主
义的福利观丰富了福利经济思想的内涵，也成为日本福利经济思想的重要理论
来源。1920 年庇古《福利经济学》的发表标志着福利经济学作为一门学科正
式创立起来，此后又经卡尔多、希克斯、勒纳、西托夫斯基等人批判性的继承
建立了新福利经济学。不论是旧福利经济学还是新福利经济学都是以效用作为
其研究的中心，功利主义的所谓"最大多数人的最大化幸福"以及趋利避害
原则是福利经济学的哲学基础。福利经济学作为从福利观点或最大化原则出发
对经济体系的运行予以社会评价的经济学分支，显然应该属于规范经济学的研
究范畴。旧福利经济学以边际效用基数论为基础并不排斥价值判断，但是发展
到新福利经济学后，希克斯等人则主张把价值判断从福利经济学中排除出去，
代之以实证研究，这使得本该属于规范经济学研究的社会福利问题却完全运用
了实证经济学的方法。20 世纪 70 年代以后，以罗尔斯《正义论》的发表为契
机，很多学者开始从政治哲学、伦理学等角度审视福利问题，由此打破了实证
经济学对福利问题研究一统天下的局面。20 世纪 80 年代以后，西方国家在福
利实践领域遭遇了巨大的危机。由高福利所带来的财政困境、经济效率低下、
国内消费不足、工作意愿低下、偷逃税等诸多问题促使西方学者们对福利提供
方式、福利财政来源、福利服务多元化、福利与环境等问题进行深入思考，并
积极为政府建言献策，这些对福利实践的认识也进一步促进了福利经济学的
发展。

　　日本的福利经济思想产生于明治维新以后，至近代以来，日本以"富国
强兵""殖产兴业""文明开化"为口号，全面向西方学习。当时西方的自由

经济思想和保护主义经济观在日本国内广为传播并产生了很大影响，在这些思想的影响下，日本国内也产生了一批以福泽谕吉、田口卯吉、神田孝平、加藤弘之等为代表的自由主义者和以社会政策学派为代表的保护主义者，在他们关于经济思想的论战中，产生了丰富的福利经济观。如福泽谕吉建立在自由主义社会哲学基础上的福利观从对教育、贫富、学习、慈善等方面全面展开他对福利的认识，虽然他的福利思想和我们现代意义上的社会福利有着很大的差距，但是福泽谕吉的福利经济思想可以看作是日本近代以来福利思想的雏形。日本近代的保护主义经济思想的主要来源是德国的历史学派提出的社会政策思想，经过若山仪一、大岛贞益等的发展，最终由金井延建立了日本的社会政策学派，并培养了一批后继者。日本社会政策学派主要从关注当时日本在资本主义手工工场快速发展期存在的劳动问题入手，阐发他们的福利观，这些思想对福田德三和河上肇都产生了重要影响。明治30年左右，社会主义思想、马克思主义思想的不断传入为日本福利经济思想的发展注入了新的生机。从"一战"到"二战"期间，除了社会政策学派的思想继续在福利领域发挥作用外，这一时期福田德三和河上肇的福利经济观备受瞩目。福田德三在日本被誉为"福利经济之父"，他从对"社会""社会政策"等基本概念的认识入手，通过其社会观和社会政策观来表达自己对生存权的主张以及社会改良的思想，这些经济和社会思想中蕴含着丰富的福利观，并对日本后来福利和社会保障的发展产生了重要影响。面对当时日本严重的社会问题，河上肇从对贫困的认识入手，运用马克思主义的世界观和方法论来抨击当时的资本主义制度，主张通过社会主义运动、劳动运动等方式来解决这些社会问题。日本现代意义上的福利经济思想是在"二战"以后经济社会不断恢复和发展过程中建立起来的，它顺应了日本经济发展的不同阶段，表达了不同的时代主题。在战后经济恢复期，日本的福利经济思想以大河内一男、孝桥正一、竹中胜男、岗村重夫等为代表，以对社会政策、社会事业和社会福利之间关系的研究为出发点展开了他们的福利经济观；20世纪50至70年代经济的高速增长时期，经济发展带来了严重的环境问题，日本福利经济思想研究又将公害与福利问题联系起来，其中最有代表性的人物是都留重人和宫本宪一，都留重人从对政治经济学的再认识出发，提出了基于福利与环境关系的政治经济学；80年代日本经济进入缓慢增长阶段，社会福利和企业福利方面发生了一些新的变化，以丸尾直美为代表的经济学者又对这些福利领域的新变化提出了自己的看法；90年代以后，随着日本经济发展进入"失去的20年"，经济社会领域累积的问题不断爆发，以橘木俊诏为代表的日本学者对贫富差距过大、企业福利体制改革等问题展开讨论；为了适应经济社会的新形势以及经济学发展过程中的一些新趋势，日本福利经济思想研究开始向规范经济研究展开。以盐野谷祐一、铃村兴太郎等为代表的当代日本福利国家经济伦理观获得了较大发展，在学术界和实践领域都引起了很大关注；近年来，广井良典等学者的生命伦理、共同体的福利观和环境福利观在日本国内也引起了广泛的讨论。

日本是中国一衣带水的邻邦，在经济上属于发达资本主义国家行列。日本的发展如果以明治维新作为分界点，在近代以前，日本历史上长期向中国学习，中国的经济、文化、哲学思想对日本影响很大；从明治维新开始，日本不断向西方学习，其经济、社会、文化等思想中又有着深深的西方烙印。日本的福利经济思想虽然在学习西方的过程中建立起来，但是深受中国影响的日本传统观念对福利经济思想的发展也起到了重要作用，因此，从某种意义上来说，对日本的研究实际上也是探讨中国和世界联系的一个切入点。

福利经济思想反映了包含福利经济学在内的更为广泛意义上的福利观，它是涉及理论与实践领域的重要课题。目前国内对西方福利经济思想的研究大多是对欧美国家已有的福利理论、实践或制度进行深度挖掘和探讨，专门针对日本福利经济思想的研究较少，即使有所涉及，一般也只是在研究著名人物或重要时代的经济、社会思想时提及的福利观，或者在对日本福利制度和实践的研究中反映的某些福利思想，总体来说这部分研究比较分散，系统性不强，思想性不突出。从一个较长的时间阶段来完整的、系统性的探讨日本福利经济思想发展和演变过程的研究在国内尚属空白。实际上日本福利经济思想研究可以归入到西方福利经济思想研究的范畴。其一，日本在地理位置上虽然属于东方，但是从其经济体制和经济发展程度来看，属于西方发达资本主义国家阵营，日本不论是经济发展总量还是独具特色的企业制度，在世界上都曾备受瞩目，因此对日本福利经济思想的研究成为西方资本主义经济思想研究不可或缺的重要组成部分；其二，日本近代以来，在明治维新的改革浪潮之下，开始了广泛向西方学习的国家发展之路，尤其是经济领域，纵观整个明治维新以来的经济思想发展史，随处可见西方经济学的身影，日本学习西方的思想从"兰学"即翻译荷兰版本的西方书籍开始，随后斯密、穆勒、李斯特等的经济学名著陆续传入，日本效仿西方创立了一批知名的高校和学术组织，并培养了大量的西方经济学人才，这些学者又成为了西方经济思想的重要传播者。所以日本福利经济思想的研究既在一定程度上补充和完善了对西方福利经济思想的研究，又弥补了我国对日本福利经济思想研究的空白，它是我国外国经济思想史研究发展的客观需要。本书将研究视角对准了日本整个福利经济思想从近代至现代再到当代的发展史，这有利于从一个较长的历史阶段完整地把握日本福利经济思想的发展脉络及其变迁过程。同时，本书也力求较为综合性地介绍不同时期的社会经济和福利政策状况，从而有助于厘清福利思想与社会经济现实和福利政策之间的联动关系。总体来说，本书从经济史、思想史的角度来研究福利思想，内容上又涉及社会学、法学、哲学等多个学科领域。

日本的福利经济思想始于近代，学习于西方，立足于自身实际，经历了一个较为漫长的建立和发展过程，尤其是战后福利经济思想的建设是与日本经济发展过程即复兴—高速增长—缓慢发展—陷入低迷这样一个过程相生相伴。在这个过程中，日本的福利经济思想紧密联系当时的经济实际，不论是战后初期对社会事业和社会政策的讨论，还是高速增长期对公害问题的认识，以及当代福利经济伦理思想，其中的思想理念都是对某个时代经济社会现实的重要反映。我国当前经济建设过程中所面临的老龄化问题、人口结构不合理问题、社会保障建设问题等在一定程度上和日本具有相似性，而且这些问题也都是我国经济发展必须妥善解决的问题。日本战后在学习西方福利经济理念的同时，很好的立足于自身实际，时至今日已经建立起了一套较为完整的社会福利保障体系，这一体系的建立显然离不开福利经济思想的理论指导，这些理念和成果也正是我国当前经济发展过程中值得借鉴的重要经验和宝贵财富。

福利问题既是重要的理论问题，更是极富实践意义的现实问题，经济实际是福利思想建设的重要素材，福利经济思想也是社会经济状况的现实写照。日本战前福利思想中侧重于解决贫困问题，战后高速增长期的福利思想侧重于对公害问题的思考，不论是贫困问题还是公害问题都是日本经济发展过程中所面临的实际困难。我国改革开放以来，经济高速增长，国家建设取得了举世瞩目的成就。近年来，随着中国社会的深刻转型和市场经济的深度推进，前一阶段经济快速增长中所累积的问题开始凸显，如经济可持续增长与环境保护问题、贫富差距过大和收入再分配问题、经济高增长与人民生活幸福感下降问题等，因此我们通过研究日本的福利经济思想，可以将其中所反映的问题作为教训加以吸取和改进，尽量避免我国在社会经济建设过程中犯同样的错误，少走不必要的弯路。

作　者

2020 年 3 月

目　　录

第一章　日本福利经济思想的产生
背景和发展轨迹

英国经济学家庇古于 1920 年出版的《福利经济学》一书开创了西方福利经济学的完整体系，庇古也被称为"福利经济学之父"。此后福利经济学经过希克斯、卡尔多、李特尔等人的批判和发展后又产生了新福利经济学。新旧福利经济学都以边际效用论作为其理论基础，以边沁提出的"最大多数人的最大幸福"这一功利主义原则作为其哲学内涵。因此，福利经济学也被称为"最具有伦理意蕴的经济学说"①。旧福利经济学以基数效用论来衡量效用的满足程度，用国民收入来衡量经济福利的多寡，因此庇古主张国民收入均等化，认为这有利于经济福利的增大。但新福利经济学以帕累托的序数效用论为基础，并认为在完全竞争的市场经济中可以实现交换和生产的最优条件，他们否定了庇古的"收入均等化"主张，以补偿原则和社会福利函数来认识最大福利的实现和收入再分配之间的关系。到了 20 世纪的 60~70 年代以后，西方国家失业、通胀、环境等问题的产生，使得福利经济学的研究也出现了一些新的学说，如通过吸收相对收入学说和有关"福利""快乐"的社会学、心理学等解释而发展起来的相对福利说更强调福利的主观性质和相对性质；公平效率交替说则认为既不能一味的"效率"优先，也不能盲目的"平等"优先，应该在两者之间找到一条既能维护市场机制又能消除收入差别扩大的途径；宏观福利经济学说则将福利问题与宏观经济领域中的通货膨胀、就业水平等问题联系起来考虑；同时一些西方经济学家根据政府政策着重点的变换提出了"政治周期"说，这种理论认为，资本主义国家经济的波动、政府经济政策的重点以及社会福利的支出状况与西方国家的"大选"密切相关。此外，由于国家在主导社会福利的实施过程中发挥了极其重要的作用，因此西方福利理论中也有关于福利国家理论的论述，西方福利国家理论的中心思想就是将资本主义国家建成为"福利国家"，保障全体国民的福利。正是西方福利经济学对福利

---

① 孙英、吴然：《经济伦理学》，首都经贸大学出版社 2005 年版，第 17 页。

与经济之间关系的探讨使得一提到"福利经济"，人们就习惯性地想到福利经济学。

实际上，并非只有福利经济学这门学科才是研究福利与经济的关系，与"福利"相关的研究领域涉及了社会、经济、政治等多方面，它所运用的学科知识包括经济学、法学、社会学、政治学、心理学、哲学、伦理学等多个学科门类，具有非常强的综合性。庇古将福利分为两类，广义上的福利是指社会福利，狭义上的福利是指经济福利，庇古的福利经济学研究的是能够以货币计量的经济福利；但是福利与经济之间的关系不能简单的等同于经济福利。因此，为了将福利与经济之间的关系置于一个更加广阔的研究视野内，本书使用了"福利经济思想"这个词。日本著名的社会福利学者京极高宣在其著作《福利的经济思想》中较早地使用了"福利经济思想"这个词，他认为"福利经济思想就是研究经济思想与福利系统之间的关系"①，他将狭义的福利系统界定为"包括福利服务总体的社会系统"；将广义的福利系统界定为"福利服务以及与社会福利相关系的福利政策的全体"②。本书所研究的日本"福利经济思想"，主要是指与福利系统有关的经济思想，因此从研究的范围来看，它不局限于福利经济学，而是对涉及与福利系统有关的社会、经济、政治等多方面进行规范研究。而且从福利经济学的发展趋势来看，福利经济学作为从福利观点或最大化原则出发对经济体系的运行予以社会评价的经济学分支，显然应该属于规范经济学的研究范畴，从旧福利经济学发展到新福利经济学后，原本应该属于规范经济学研究的社会福利问题却完全运用了实证经济学的方法。20世纪70年代以后，以罗尔斯《正义论》的发表为契机，很多学者开始从政治哲学、伦理学等角度审视福利问题，由此打破了实证经济学对福利问题研究一统天下的局面；尤其是诺贝尔经济学奖获得者阿玛蒂亚·森从伦理视角研究福利问题，丰富了福利经济学规范研究的内涵。

第一节　日本福利经济思想产生的背景

一、经济背景

日本在明治维新以前的幕府统治末期，生产力水平和商品货币经济已经有

---

① 京极高宣：《福祉の経済思想》，ミネルヴァ書房1995年版，はしがき i 。
② 京極高宣：《福祉の経済思想》，ミネルヴァ書房1995年版，序 1 。

了相当程度的发展，商业和高利贷资本向农村渗透促进了农民阶层的分化，国内也建立了较为完善的结算体系。政府重视教育，武士有藩校、庶民有寺子屋等专门的教育机构，教育广泛普及并达到了当时世界先进水平。在思想领域中，近代思想的萌芽逐渐产生，并在与旧思想的碰撞和融合中逐步影响着人们的社会生活。这些商品经济的和近代思想的萌芽都为日本此后的近代化道路打下了一定的基础。幕府政权实行锁国政策，禁止日本船只海外航行，当时日本的海外贸易对象只限于荷兰、中国、朝鲜等极少数国家，美国的坚船利炮打开了日本的大门，敲响了幕府统治的丧钟，日本开始感觉到空前的民族危机，一场图变图强的运动从中下级武士中展开，并迅速演变成一场救国图强的政治运动，由此明治维新拉开帷幕。明治维新以"殖产兴业""富国强兵""文明开化"为口号，开始了政治、经济、社会领域大规模向西方学习的浪潮，明治政府大量采用欧美各国的机械和技术发展日本的近代工业，政府既大力发展矿山、造船、通信等官营工业，又着力培育纺织、造丝等私营工业；在一战之前，缫丝业和棉纺织业这两大纺织业成为了引领日本产业革命的重要产业。同时这一时期为了实现日本航运业的独立自主，明治政府对海运、造船、铁道等交通运输行业进行保护和扶持，并通过逐步的官营向私营转化，实现了对运输行业的私有化改造；军工厂、兵工厂成为了引领日本机械工业发展的龙头企业，以机械、钢铁、化学等行业的规模扩大、技术革新为特征，日本大踏步向重化学工业强国迈进。

第一次世界大战是日本经济发展的契机，它有利地促进了日本重工业化、产业电力化和城市化的进程，随着实体经济的繁荣，金融热也催生了经济泡沫，1920年以后，经济泡沫的破灭以及受到资本主义国家完全自由放任经济政策的影响，日本也陷入了经济停滞，并于1927年陷入金融恐慌，这种"昭和恐慌"是世界经济恐慌的日本版，也是日本二战前最深刻的经济危机。总体来说，在二战前，日本的经济呈现出很明显的私有制特征，即以财阀为代表的大企业集团是家族或一族的私有财产，企业内部管理阶层和普通劳动者在地位和收入上差别较大，整个社会贫富悬殊。二战爆发以后，日本经济采用了以凯恩斯主义经济政策为指导思想的"高桥（是清）财政"，从而进入了经济计划化特征的"经济统制"阶段，这种"经济统制"的核心任务就是通过资源的分配将生产力集中于军需产业，政府对资金的需求增加了其对财阀的依赖，从而扩大了财阀的势力。企业经营的目的是为了国家战争作贡献，这也使得股东的权利受到限制。以银行为首的金融机构最大限度的将资金集中于军需关联企业，"共同融资团"制度和"指定金融机关"制度的导入成为了日本主银行制的原型。战时经济在产业构造上呈现出明显的军需等重工业不断扩大，民需产业等商业、服务业类轻工业逐步缩小的状况。为了保证战争中士兵的强健体魄、消除士兵的后顾之忧，日本政府于 1938 年实行国民健康保险制度，1942 年实行劳动者年金（厚生年金）制度，并将筹措的社会保险金用于军费开支。正如一桥大学教授野口悠纪雄在其著作《1940 年体制——兼论"战时经济"》一书中写到的"这一时期日本产生了与以往不同的制度，日本型企业、间接金融为主的金融体系、直接税为主的税收体系、中央集权的财政制度等日本经济的特点，在日本原本并不存在，而是根据战时经济的要求被人为地导入的"。① 因此，战前到战中，日本经济呈现出了军需经济、垄断经济和统治经济等典型的战时经济特征。

总体来说，从明治维新到二战结束这不到一个世纪的时间里，日本迅速完成了近代化并一跃成为资本主义强国，走上了军国主义道路。但是日本的近代化从特点上来看却又有着显著不同于西方国家的特点。塚谷晃弘认为日本的近代化有如下几个特点："其一，它不同于西欧国家是资本主义发展到一定阶段自然而然形成，日本的近代化不是自生的，也没有经历产业资本一定程度的发展，而是由当时资本主义飞速发展，已经完成了产业革命的帝国主义列强的外部压力所触发的；其二，确立近代社会的中心势力不是近代的市民阶层，而是以'尊王攘夷'为口号的中下层武士，这是日本近代化的一个显著特征；其三，在思想领域，也没有西欧国家那样的轰轰烈烈的反封建主义、人道主义和彻底的近代民主主义思想。"② 塚谷晃弘进一步指出："由明治维新所形成的日本社会并非典型意义上的近代社会，而是由民主革命所否定的国家权力，这是一种有着强烈封建色彩以国家权力强化为特征的绝对国家主义。"③ 明治初期日本是一种地域分散型的封建经济模式，商业和高利贷资本很发达，产业资本极其落后，为了能快速成为发达的帝国主义列强，不可能依靠本国的产业资本自生的成长，所以日本选择了积极而急速的资本主义，即以国家政权的力量至上而下的将西方发达国家的经验移入培育，这种导入式的目的和做法决定了日本的资本主义不是为了提高国民个人生活福利，而是以国家权力主义为指导、以富国强兵为目标的经济军事领域的资本主义，这种资本主义不同于西方

---

① 野口悠纪雄：《1940 年体制：さらば戦時経済》，東洋経済新報社（增补版）2010 年版，第 3 页。

② 塚谷晃弘：《近代日本経済思想史研究》，雄三閣 1981 年版，第 1 页。

③ 塚谷晃弘：《近代日本経済思想史研究》，雄三閣 1981 年版，第 38 页。

真正意义上的自由民主的资本主义。这些特征也成为了日本走上军国主义道路的重要原因。

二、社会背景

(一) 社会状况

明治维新通过"版籍奉还""废藩置县"等措施建立了以天皇为中心的中央集权国家，废除了士农工商的身份等级制度，实行四民平等皆平民，通过土地改革将农民从土地的束缚中解放出来，同时实行贵族与平民之间的通婚自由。明治初期政府所实行的政策在促进日本资本主义发展的同时，也造成了严重的社会问题。政府进行地租改革和税制改革，这种看似旨在废止封建人身依附关系、使农民成为自由人的改革，实际上造成了农民的阶层分化、贫困化以及农村经济的没落。大批穷苦的农民涌入城市，一部分劳动力被矿山、工厂等吸收，一部分成为了当时城市的流浪人口和城市贫民。殖产兴业政策培育了日本的近代产业，也形成了以官营工厂、官营矿山等为代表，具有政商资本特点的财阀，随着近代产业和机械制工厂数量不断增多，职工人数也逐步增加，这些近代工厂严酷的劳动条件、过长的劳动时间、低廉的劳动薪水使得劳动者阶层的贫困问题、生活问题不断凸显，形成了日本早期的劳动问题。这些被剥削的工人、涌入城市的流浪人口和城市贫民成为了日本资本主义形成期的救济对象。

日本经历了甲午战争、日俄战争和一战后，一方面获得了大量的战争赔款，促进了资本原始积累；另一方面，日本抓住了战争的机遇使近代工业获得了突飞猛进的发展。但是经济的发展并没有使人们生活得到改善，相反为了战争大量征税、通货膨胀所造成的米价暴涨加剧了人们生活的困难；资本主义产业构造的变化使得劳动者人数显著增加，工人所遭受的剥削进一步加重使得劳资矛盾逐步尖锐。同时以浓尾大地震和三陆大海啸等为代表的自然灾害在日本各地频发，使得社会贫困阶层的生活更为艰难，贫民和孤儿的数目不断增加。一战后日本社会发生了很大变化，形成了以资本家和劳动者为轴心的新的社会关系。随着公司总数量和总资本金的快速增长，越来越多的大企业建立起来，大企业的建立带动了雇员人数的增加，从而使得此前以小地主兼自耕农为代表的旧中间阶层逐步被以工人阶级为中心的新中间阶层取代。同时随着财阀垄断的推进，财阀与国家之间的关系更为密切，国家垄断资本主义形态在酝酿中发展。除了阶层的变化外，这一时期大多数国民都陷入了实质上的贫困，社会的不平等不断加剧，城市中恶劣的劳动条件和暴涨的物价所带来的劳动者阶级的贫困化使得阶级矛盾日益尖锐。随着资本主义国家经济危机的陆续爆发，日本也发生了昭和恐慌，经济危机所带来的中小企业倒闭、大企业的大肆扩张以及大量失业人口的产生进一步激化了社会矛盾。为了缓和阶级矛盾，日本发动了大规模的侵华战争，此后日本正式走上了军国主义道路，并将军需产业作为国民经济的支柱产业。随着二战的爆发，日本进入了全面的战时经济状态，劳动组合陆续崩溃，以产业报国会为中心的劳动组织成为了对国民进行战争动员的重要机构，男性劳动力以征兵的形式奔赴战场，随着战争的推进，征兵的年龄阶层越来越广泛，很多人在战争中失去了生命。女性劳动力在工厂中进行战争物资的生产，长期超负荷的劳作使得这些劳动者面临着严重的营养不良，疾病和劳动伤害不断增长，结核病的死亡率居高不下。因此，为了保证战争所需劳动力、生产力和军事力的充足供应，日本政府在这一时期开始着手社会事业向福利事业的转换，这也为战后日本社会福利制度的建立打下了一定的基础。

（二）劳动运动

在日本资本主义形成期，随着早期劳动问题的日益显现，以高岛矿坑事件和山梨县生丝劳动争议等为代表的日本早期劳动运动爆发，这些劳动运动主要针对劳动时间延长和低工资问题在日本矿山和手工工场中展开。从甲午战争到一战结束，日本资本主义得到了快速发展，工业化进程的不断加快使得在轻工业中出现了大量纺织女工由于长时间超时劳作而导致结核病致伤致死的现象；重工业中劳动者面对苛刻的劳动条件、严酷的劳动环境，不满的情绪愈演愈烈，劳资冲突一触即发。在这样的社会经济环境下，日本的社会主义、劳动运动逐步展开。1897 年，城常太郎等成立了"职工义友会"，同年 7 月，随着高野房太郎、片山潜等的加入，该组织改名为"劳动组合期成会"，并创办了机关杂志《劳动世界》，此后"铁工劳动组合""活版工同志谈话会"等一系列的劳动组织相继建立起来。这些劳动组织往往不是将社会问题的解决依托于社会改良，而认为社会主义、劳动运动才是解决资本主义问题、维护劳动者权益的理想途径，这种认识的形成与这一时期社会主义思想的传播有着重要的关系。1897 年，中村太八郎、佐久间贞一、片山潜等成立了社会问题研究会，这个组织的成员由主张社会主义、国权主义和基督教社会改良思想等人员构成；1900 年，这个组织中的社会主义者成立了"社会主义协会"，这是近代日本第一个真正意义上研究和实践社会主义的团体。第二年幸德秋水、片山潜等成立了日本最早的社会主义政党"社会民主党"，但随即遭到政府的镇压而被迫解散。这些社会主义者在日俄战争期间，曾广泛进行反战宣传，主张和平主义，并认为和平才是最大的慈善事业。一战后，由于社会矛盾的日益尖锐，以"米谷骚动"等为代表的大大小小的劳动运动频繁发生，劳动争议案件的数量也直线上升。随着劳动运动的开展，"日本劳动总同盟""日本农民组合""全国水平社""友爱会"等各领域的劳动组织也逐步建立起来，1922 年还成立了日本共产党。总体来说，一战结束后的数十年间，日本劳动运动和劳动组织激增，劳动运动达到了一个小高潮。1931 年"九一八事变"以后，随着日本国内法西斯势力的抬头，统治阶级对劳动运动展开了更加残酷地镇压，虽然以东京地铁和市电工人罢工等为代表的工人运动仍在发生，但是这一时期由于统治者的镇压和组织内部不同派别的对立、斗争，使得这些劳工组织在分裂中徘徊。1936 年前后，日本国内主要的劳动组织以"日本劳动组合会议"为中心分裂为劳动组合主义派（右翼）、日本主义派、合法左翼派三大派系。从一战到二战期间劳动运动的诉求来看，主要表现为反对过于严苛的人身监督、反对随意降低工资、反对解雇、要求增加工资、支付解雇补贴等较为积极的要求。1937 年以后，随着二战的爆发，日本国内进入了全面的战时经济体制阶段，这一时期政府更加残酷地镇压严重限制了劳动运动的展开，同时全日本劳动总同盟中的右倾势力逐渐取得了工人运动的主导权，他们通过发表"罢工业灭绝宣言"来放弃劳动组合的各项基本权力，这种不利的国内环境迫使工人运动走向低潮。

面对日益严重的劳动问题，日本不同经济学派表现出了不同的政策主张。1880 年，作为主流派的古典经济学派表现出了自由放任的态度，作为其主要代表人物的田口卯吉在《劳动保护问题》（1901）一文中明确表达了反对由政府以法律的形式来缩短劳动时间的态度，他认为劳动时间的缩短会造成劳动者薪水的下降，虽然劳动问题现实存在，但是可以由市场解决，政府没有必要制定劳动者的保护政策。与此相对，社会政策学派则将劳动者问题的预防和解决作为一个重要的议题展开研究，他们将以劳动问题为首的种种经济问题作为社会问题来看待，认为这些问题产生的根本原因不在于每一个个人，而应该从社会层面来考察。他们认为，劳动者之所以接受这么恶劣的劳动条件，并不是他们的劳动能力很低下，而是由于社会制度不完备，因此，他们立足于社会改良，主张政府通过制定各种必要的法律，完善各项社会制度，在财产私有制的前提下来预防和解决劳动问题。社会主义或马克思主义者也主张政府解决劳动问题，这一点和社会政策学派是一致的，但是两者之间的根本分歧在于，社会政策学派以资本主义财产私有制为大前提，主张社会改良；而社会主义或马克思主义者主张彻底消灭资本主义私有制，实行国家公有制。

三、思想背景

日本在幕府末期，通过设立在长崎的通商口岸和荷兰有了一定程度的贸易往来，日本培养翻译人才的机构"藩书调所"在近代初期向荷兰派出留学生，以津田真道、西周等为代表的留学生将西方著作的荷兰语译本翻译成日文传入日本，成为日本最初学习西方思想的重要形式。在学术上，很多西方的医学、天文学、兵法、地理学等实用技术和知识传入日本，这就是所谓的"兰学"，兰学对人们文化和生活产生了重要影响，它批判幕府的锁国政策和统治，虽然遭到幕府镇压，但是它开启了人们认识西方、学习西方的视野。随着传入的西方文化、学术著作增多，以及掌握外语人才的增加，日本已不满足于荷兰语译本的西方著作，英语、法语、德语等西方原著不断被翻译后传入日本，它们统一被命名为洋学。这些传入的外来思想文化与日本本国的传统相结合，使得这一时期在社会意识形态、伦理道德、经济思想等领域表现出一些新的特点。

（一）社会意识形态和伦理道德观

日本开国初期以"尊王攘夷"为口号排斥西方国家，后来随着西方典籍的大量传入，日本开始认识到欧美国家的强大和自身的弱小，于是以主张学习西方技术和科学为特征的"和魂洋才"口号开始在很多进步的中下级武士中流传开来，如当时佐久间象山的"东洋道德，西洋技艺"；桥本左内的"器械技艺向他取，仁义礼智由我存"；横井小楠的"明尧舜禹孔子之道，尽西洋器械之术，富国强兵，大义布之四海"等提法都是这一时期"和魂洋才"思想的反映①。在日本近代化的过程中，西方自由平等、天赋人权观念的传入，在当时日本社会产生了重要影响，如作为明六社成员之一的福泽谕吉就有"人生来就有保持生命、财产、名誉的平等权"的观点，认为"人是文明的重要支撑体"，而且在社会人伦道德领域提倡"在保持主从、长幼、父子关系的同时，也必须要有个人的独立自尊"，认为没有个人的独立自尊就没有国家的独立自尊，即所谓"一身独立一国独立"；同时他认为日本必须从处于野蛮落后阶段的亚洲诸国中脱离出来，和处于文明阶段的欧美诸国成为朋友，这就是他著名的"脱亚入欧论"②。除了福泽外，中村正直在《西周立志编》中主张有

---

① 佐藤正英：《日本倫理思想史》，東京大学出版会 2003 年版，第 166 页。

② 佐藤正英：《日本倫理思想史》，東京大学出版会 2003 年版，第 172~173 页。

独立自尊的风气，依靠自己的努力取得成功的自立自尊的伦理观；森有礼主张男女之间基于相互合意、契约和爱情实行文明的一夫一妻制，相互之间互敬互爱，严守贞操，财产共有的夫妻平等互爱伦理观；西周的《人生三宝说》认为身体健康、知识开阔、财货充实是人生的三宝，维持增进健康、学习知识、获取财富实现富裕这是每个个体对上天应尽的义务；加藤弘之将生物学进化论的法则运用到社会领域认为基于进化论生存竞争的优胜劣汰思想也适用于国家与国家之间；中江兆民在介绍西方社会契约论和自然权思想的同时，认为民权分为由主政者赋予国民的"恩赐的民权"和国民自己获得的"恢复的民权"，日本应该由"恩赐的民权"向"恢复的民权"进化。①

（二）经济思想

随着流入的西方政治、经济、文化等典籍不断增多，日本的经济思想在学习外来知识与融合本国传统中逐渐形成。这个时期在日本具有广泛影响力的经济思想大致有三种，即自由主义思想、保护主义思想和马克思主义或社会主义思想。从这三种思想在日本社会产生重要影响力的时间顺序来看，从明治初期到一战之前自由主义思想或古典经济学居于主导地位；中日甲午战争以后，随着战争的展开，从保护主义发展而来的日本社会政策学派思想在1895年前后逐步登上了历史舞台，社会政策学派以缓解尖锐的劳资矛盾为突破口，赢得了社会广泛共识；战争期间社会主义思想就经片山潜、幸德秋水等在日本社会传播，到了1920年马克思主义思想在日本社会已经具有了广泛的影响力。此外，这一时期西方的新古典经济学也经中山伊知郎等人传入日本。

西方流入的思想中，早期主要是英国的功利主义、经验主义和法国的自由民权等自由主义的政治哲学思潮，这些思想被日本学者继承和发扬后，形成了以民众自由、发展经济、活用资本、国家立场等为特征的日本自由主义经济思想。有学者将这一时期日本的自由主义经济思想分为三种类型：第一类型是政府主导的打破封建制经济模式，对培育资本主义起作用的自由主义经济思想，其代表人物是西周、津田真道、神田孝平等；第二类型贯彻在野精神，以进步的理性知识阶层所形成的民间资本家为代表的自由主义经济思想，其代表人物是福泽谕吉；第三类型是与日本社会现实有一定距离的观念型自由主义经济思想，其代表人物是田口卯吉②。从其思想内容来看，西周在《制产学》中明

---

① 佐藤正英：《日本倫理思想史》，東京大学出版会2003年版，第173~176页。
② 塚谷晃弘：《近代日本経済思想史研究》，雄三閣1981年版，第41~42页。

确将经济学与当时混同的单纯的致富之术区别开来，他认为经济学是研究"民之产"的学问，应当以民为主体，同时指出财富积累的根本在于劳动①；神田孝平作为典型的官学自由主义经济学者，在其著作《农商并》中提倡商工立国，倡导开国贸易，认为"一国以商立国，其国常富，以农立国，其国常贫，东方各国以农立国，西洋诸国以商立国，因此东方国贫国弱，西方国富国强。"② 福泽谕吉主张商工立国、开国贸易，认为"经济学的要义就是满足人们衣食住行的需要，提供资财，增加财富，使人们得到欢乐享受……经济的宗旨在于不束缚人的作业使其天赋自由的伸展"③。田口卯吉作为一个在野的经济学者，一生都将自由主义的经济思想贯彻始终，他一直致力于探求永久不变的经济理论，他认为资本主义社会是永恒不变的理想社会，自由经济、自由贸易是万古不变的真理。这些自由主义的经济主张既是日本当时大力学习西方的一个反映，也在一定程度上为日本资本主义的发展提供了理论指导。

明治初年输入的西方思想中，占据支配地位的是自由主义思想，但是随着日本在资本主义发展过程中社会问题的增多，自由主义脱离实际的态度使得其在与保护主义思潮的论争中逐渐败下阵来，而且日本逐步认识到作为后进资本主义国家的美国和德国所主张的保护主义、国民主义与日本富国强兵的目标更为吻合，因此日本学习的目光逐渐对准了德、美。德国国家主义、保护主义的思想以及社会政策理论通过留学生传入日本后，开启了日本国内对保护主义、历史学派等思想研究的热潮。保护主义早期的代表人物是若山仪一，他的《保护税说》和《自由交易探究》可以看作是日本历史学派发展的萌芽，他分析了日本的历史情况，认为只有基于保护主义才能"增加财货，实现致富"，并指出为了富国强兵，必须实行税制改革，他也强调国家独立，这一点和自由主义的主张是一致的。之后西村茂树和杉亨二对保护主义思想进一步发展，杉亨二认为，"考察内外形势，实施保护法，制定严苛的税则，权衡贸易利弊，这样才能渐渐增加国运，自由贸易使得我国商品滥出滥入的弊端日益显现。"④西村茂树也主张保护主义，和自由主义者激烈对峙，他分析了当时日本在贸易上与英国的"四不同"，认为"日本与美国的情况近似度比较高即'一异三

---

① 塚谷晃弘：《近代日本経済思想史研究》，雄三閣1981年版，第53页。
② 神田乃武：《淡崖遺稿：全》，神田乃武1910年版，第1页。
③ 慶応義塾編纂：《福沢諭吉全集》（第一卷），岩波書店1958年版，第508页。
④ 塚谷晃弘：《近代日本経済思想史研究》，雄三閣1981年版，第168页。

同',因此应该效仿美国的保护之法,防止货币的滥出,促进工业的进步"。①
继承历史学派系谱的犬养毅对保护主义思想的发展也做出了重要贡献,他基于
国家主义的立场主张保护主义,与田口卯吉展开了激烈的论争,他认为"一
个国家的经济既不同于世界一般的经济,也不同于一人一家的经济,而是介于
两者之间……每个国家在人种、语言文字、风俗习惯、法律制度、文明进度等
方面都存在差异,因此每个国家都有自己的经济而不是万国同一的经济……因
此论及一国经济,必须首先详细的了解这个国家的形势时情,分析利害得失,
才能真正促进这个国家利益的增长。"② 正是基于这样的认识,他从产业培育
的角度出发认为必须要实行保护主义。大岛贞益吸收了前人对保护主义的研究
成果并结合当时日本的政治经济新形势将保护主义的思想系统化、体系化,他
在自己的"贸易权衡论"中主张对后进国家的弱小工业予以保护以促进其发
展;他的整个理论体系都积极的吸收以李斯特为代表的德国历史学派的观点,
将日本保护主义思想先驱者们的研究成果系统化,而且广泛的查阅各种经济统
计资料,注重时代研究,因此大岛贞益是德国历史学派思想方法在日本的重要
实践者和发扬者。此外,他还关心日本在资本主义发展过程中日益扩大的社会
矛盾,积极思考当时出现的劳动运动和社会主义思想,这些都为后来日本社会
政策学派的建立打下了良好的基础。到了明治 29 年,金井延在先驱者住谷悦
治、冈利郎、饭田鼎等人的基础上通过进一步吸收德国社会政策学的思想创立
了日本的社会政策学派,这个学派主要通过其学术组织社会政策学会展开活
动,因此也称为社会政策学会或日本的历史学派。日本社会政策学会成立于
1896 年,其主要成员除金井延外还包括桑田熊藏、高野岩三郎、福田德三、
河上肇等人。这个学会以对社会政策学的研究为主,重点关注日本日益严重的
劳动和社会问题,它对日本第一部较为完整的劳动者保护法——《工厂法》
的制定产生了重要影响。此外,它还培养了一批杰出的社会、经济学者,这些
人后来成为马克思主义、社会主义思想在日本传播的重要力量,其中典型的代
表就是河上肇。到了 1920 年前后,社会政策学派随着内部马克思主义支持者
和社会政策、社会改良支持者之间的鲜明对立而不断走向衰落。

　　19 世纪的后半期,社会主义思想逐步传入日本,社会主义思想的传入最
初有两个途径,其一是 19 世纪 70~80 年代的自由民权运动,深受自由民权运
动影响的幸德秋水是日本早期社会主义思想最重要的传播者之一,他批判帝国

---

① 塚谷晃弘:《近代日本经济思想史研究》,雄三阁 1981 年版,第 169 页。
② 塚谷晃弘:《近代日本经济思想史研究》,雄三阁 1981 年版,第 169 页。

主义的政策，系统性的将社会主义思想介绍到日本，鼓舞了无数仁人志士；其二是通过以查尔斯·金斯利等为代表的基督教社会主义者的传教活动和著作。一战以后，日本资本主义和机械工业的急速发展使得劳动和社会问题频发，工会运动达到了战前的顶峰，在这样的社会现实下社会主义思想被大规模的介绍到日本并获得了迅速发展。从一战到二战前夕，日本农村萧条和财富过分集中的社会经济状况为社会主义思想的发展提供了现实土壤。深受马克思著作中所洋溢的道德热情吸引、对社会经济不公正现象表现出极大关注的日本学者为社会主义思想的发展提供了人的优势，而日本向德国学习又便利了马克思主义思想在日本的传播。这些有利因素在促使马克思主义思想快速传播的同时也涌现出河上肇、节田民藏等一系列代表人物，他们大都从马克思主义的经济学或马克思的劳动价值论入手展开研究和论战，从而使得马克思主义或社会主义思想不断深入人心。在这种学术活动和争论中，日本的马克思主义研究最终形成了以野吕荣太郎和山田盛太郎为代表的讲座派和以土屋乔雄、向坂逸郎为代表的劳农派，这两大学派也对二战后日本马克思主义的发展发挥了重要作用。

四、社会福利制度背景

（一）明治维新之前的社会福利制度

日本古代社会是以天皇为中心的中央集权制律令国家，由于生产力水平的落后，各种自然灾害所带来的灾荒、农业歉收、疾病瘟疫等原因会造成人们生活贫困和社会不稳定，所以当时就有针对这些贫困阶层人们的公共救济制度。这种公共救济制度的典型形式就是户令、赈给和备荒制度。古代律令国家为了维持社会治安和确保租税征收实行户籍法，在户籍法中有一项以邻里互助为特征的户令制度，这个制度主要是针对鳏寡孤独者以及身患疾病生活不能自理者，主张近亲赡养，如果没有近亲则由街坊邻里相互救济，所以这种公共救济制度并不是由国家来救济贫困者，而是将救济的职责委以亲族和地域邻里。赈给制度则是由天皇所实施的慈善救济制度，当遇到皇家庆典或是疾病、灾荒等天灾情况下，由国家对户令制度所不能救济的贫民所采取的一种救济制度。备荒制度则是政府在平时设置义仓和常平仓，义仓是由官府来进行谷物储备，常平仓是为了物资调配的需要，通过这两种仓的设置来备战备荒。所以总体来说，这一时期的社会福利制度是由正常年份的备荒制度结合平时亲族邻里互助的户令制度和灾荒时期国家的赈给制度三者共同构成的救济制度。此外，这一时期以日本佛教为代表的宗教组织也通过传教等活动展开民间慈善救济。

到了中世纪的封建社会，农民由于过重的租税、徭役负担以及自然灾害、疾病等原因也会陷入贫困。战国时代的大名为了富国强兵和民政安定也会实行一些治水措施、备战备荒、救济贫困者、租税减免等政策。这一时期除了佛教的慈善救济活动外，基督教也在日本展开了一定的传教活动，这些传教活动往往是宗教信仰灌输和慈善救济活动相结合。到了幕府统治时期，日本确立了幕藩体制并建立了严格的身份等级制度，农民作为社会的主体阶层承担了较重的年贡和劳役，同时经济的发展也造成了农民之间的阶层分化，一些贫困的农民流入城市成为了城市的贫民和流浪者。此外，下层士族、小手工业者和商人等之中也存在相当数量的生活贫困人群，这些贫困者成为了社会不稳定的主要因素。为了巩固统治，实现社会安定，江户时代幕府实行五人组制度作为日常的救济制度，并结合灾害救助制度对受灾者进行税收减免和日常备荒储蓄，同时保护病人和死亡人员，实行贫儿保护制度，禁止幼儿遗弃并救济被遗弃儿童。在灾荒年份，幕府通过低息借贷、对生活贫困者发放生活物资、设置临时住宅等形式进行救济。为了配合这些救济制度的实施，幕府设立了小石川养生所等救济机构、建立了救济基金。除了幕府外，各地方的藩主也通过社仓制度、住宅制度、备荒仓制度等进行地方救济。此外，以秋田感恩讲为代表的区域住民自身共济组织也逐步建立起来。

（二）明治维新至二战结束的社会福利制度

明治维新废除了幕藩体制，大量的武士及其家人、士族等失去了生活基础，这些武士和士族为了生计开始从事商业、手工业活动，又造成了一部分商人和手工业者的失业。同时明治政府为了加快近代化和资本主义道路，所推行的如地租改革、富国强兵以及殖产兴业的相关政策又进一步加剧了农民和工厂劳动者的贫困，所以明治初年形成了一个由武士、士族、商人、手工业者、农民、工厂劳动者所构成的较为广泛的贫困阶层。此外，这一时期以矿山劳动为代表的劳动环境恶劣问题也不断凸显。广泛贫困阶层的存在使得劳动暴动频发，为了维持社会稳定、安定人心，1871 年，明治政府制定了带有明确救济性质的《贫民临时救济规则》，这个规则以因贫困而流入城市的贫民为实施对象，后来救济的范围逐步扩大。1874 年，《抚恤救济规则》正式制定并执行。随着城市贫民和困难群体的不断增加，单纯依靠《抚恤救济规则》已不能满足需要，以救济和给贫困者提供工作机会帮助他们脱贫为目的的，国家和民间慈善组织也陆续在一些城市建立起来，其中比较有代表性的公营机构包括大阪府救恤厂、东京三田教育所、京都贫民授产厂、东京府养育院等；民间也开设了养育院、育婴所、盲哑院等机构，这些民间慈善组织有很多由宗教团体设立。

从甲午战争到一战结束，日本在近代产业培养的国策指导下，抓住了战争的机会，使资本主义获得了快速发展，产业革命的展开使得工厂和职工人数急剧增加，随之而来的工人劳动时间过长、饮食和住宿条件恶劣、工资收入低下等劳动问题日益严重。横山源之助在其著作《日本的下层社会》（1899）中曾对当时恶劣的劳动条件、飞涨的物价等所带来的劳动者生活贫困状况有过详细的介绍。严重的社会问题使得劳动工会陆续建立，同时社会运动、劳动运动也不断在各个行业发生。政府一方面以武力手段镇压运动，另一方面也开始重视劳动问题的解决并逐步强化慈善救济事业中政府的作用。这一时期救济的对象在此前生活贫困者的基础上，增加了工厂劳动者，同时有关劳动者保护的问题开始提上议事日程。1890 年，政府着手修改《抚恤救济规则》；1911 年，日本最初的劳动保护法《工厂法》制定并实施；政府还不断增加对慈善救济事业补助奖励金的支出。这一时期，针对战争中流离失所的流浪儿童、问题少年等不断增多的现象，政府开始大力发展感化事业和感化救济事业。感化事业是对不良少年的感化教育和治安对策的结合，1900 年，《感化法》制定并实施；同时为了救助战争中的伤病员，增强军事人员实力，1906 年，以军事援助为目的的《费兵院法》制定，1917 年该法又发展成为《军事救护法》。《费兵院法》以保护战争中负伤而不能正常生活的人员为目的；《军事救护法》的救助对象范围则扩大到伤病员及其家人、遗族，救济的内容也包括生活扶助、物资给予、现金给予、医疗、就业等更广泛的内容。

一战后，工厂生产量不断增加，劳动者人数急剧上升，经济快速发展并没有使劳动者受益，相反却造成了物价飞涨，从而使大量的劳动者生活陷入困苦。1918 年的米谷冲突和 1923 年关东大地震的爆发进一步加剧了人们生活的痛苦和社会矛盾。1929 年以后，随着资本主义主要国家陷入经济大危机，日本也面临了严重的昭和恐慌。在这场大恐慌中，金融机构和企业相继倒闭，失业者和生活困难者急剧增加，从而使劳资矛盾日益尖锐，这一时期的罢工和劳动争议事件数量比此前增加了近 10 倍。二战期间，男子作为战斗主力奔赴战场，妇女儿童则成为工厂劳动的主力，高涨的物价、低廉的薪水、恶劣的劳动条件、繁重的劳动强度、超长的劳动时间等因素都威胁着劳动者的身心健康。面对人们生活的困苦和社会矛盾的激化，日本政府的福利制度由此前单纯的救济事业向保障范围更广泛的社会事业转变。从公共的救济对策来看，由原来仅以有限的贫困群体作为救济对象向着更为广泛的国民和贫困阶层的防贫经济保护工作转变。政府于 1918 年设立救济事业调查会，1921 年设立社会事业调查会，社会事业调查会的工作涉及职业介绍、住宅规制、市场管理等诸多方面。同时这一时期取代原有的《抚恤救济规则》实行"救济保护制度"，救济保护的公共和私人组织在政府的行政主导下不断推进，中央和地方都创立了关联行政组织，民间的慈善救济设施和关联事业设施的数量不断增加。1929 年，《救护法》正式制定并实施，这意味着原有的《抚恤救济规则》已经退出历史舞台；1933—1937 年《儿童虐待防止法》《少年保护法》《母子保护法》等多部涉及妇女儿童保护的法律制度相继出台；1938 年，政府以原有内务省的社会局和卫生局为中心，将社会行政和卫生行政统一起来设立了日本的厚生省。此后，厚生省就成为了日本主管社会福利的主要的、专门的机构，它的诞生标志着日本的福利制度由社会事业向着社会福利迈进了一步。总体来说，日本从明治初期到二战结束的不到一个世纪的时间里，福利制度实现了从救济制度到社会事业再到社会福利的转变。虽然这种战时环境下的社会福利和现代意义上的社会福利还有一定差距，但是这种转变以及福利专门主管机构的设立为战后日本建立现代社会福利制度打下了坚实的基础。

第二节　日本福利经济思想产生的理论渊源

一、日本的慈善救济传统和文化传统

（一）近代以前的慈善、救济论

儒教是日本江户时代居于主导地位的宗教教义，它构成了个人伦理和社会伦理的基础。儒教思想中有着丰富的慈善、救济思想，近代以前日本的儒教救济理论主要通过朱子学派、古学派和阳明学派进行传播。朱子学派的代表人物具原益轩在其救济论中将"温和慈爱"作为"仁"的基本，主张"博施济众"，他认为，"救济"和"各司其责"是天道的表现，通过救济可以帮助庶民和贫困者"司其责"，天下皆亲子兄弟的情感可以扩大到四海之内；松平定信的救济论则通过对当时政府救济事业中的"常平仓"等的认识，认为救济行为既是一种伦理道德要求，也是社会稳定的需要。古学派的山鹿素行在其代表作《山鹿语类》中的君道篇中"民政"一节中对其救济论进行了详细阐述。他将救济与一般的小恩小惠区别开，通过对庶民进行调查，将贫困形成的原因分为残疾、疾病、多子女、自然灾害等不同情况，并认为救济是作为"万民父母"的君主所必需实施的爱民政策；荻生徂徕在《政谈》中认为圣人之道

15

最终应归结为"民安"，他将"民安"作为"仁"的本质，在他看来，"仁"不是单纯的爱情或慈悲或自身修养，而是和"民"统一起来的"安民"，使民"相爱相养相辅相成"是君王的职责。阳明学派的熊泽蕃山和三轮执斋都表达了"天地万物一体为仁"的救济观。三轮执斋认为，人都应该有恻隐之心，救济是情感和良知的表现。① 到了幕府统治的末期，经世济民的救济理论进一步展开。三浦梅园是幕末的哲学家，他在《慈悲无尽兴业要点与约束》中运用哲学和逻辑学的思想，将每个人生活的村落作为共同体来看待，认为共同体中的每个人具有"共感"和"逻辑关联"的普遍性，他将"四海之内皆兄弟"的情感基于"逻辑"的原则从共同体的视角来认识，成为了日本近代以前有关地域福利的最著名理论；佐藤信渊的救济理论在《垂统密录》中得到体现，他认为，所谓"垂统"就是行使天地的神义，祖先开创的事业应该由子孙后代继承并使其永续发展，富国强兵和慈善救济应该并行发展；大原幽学和二宫尊德则都通过对农业特点和农村经营的认识表达了有关共有财产制、地域改良、农村贫富差距缩小等的救济思想。② 此外，在近代以前，西方宗教中的慈善、救济思想，也通过传教和行医等活动影响了日本社会。荷兰医生彭佩以自己在长崎行医的经历撰写了《彭佩日本见闻》。在这本《见闻》中，他根据自己行医过程中的慈善救济实践，对贫困者的医疗费减免、学生的临床诊疗教育、医疗卫生条件的改善、传染疾病的防控和治疗等方面阐述了自己的救济观；渡边峯山的救济理论从关注和研究西方的救济思想和制度出发，立足于西方救济思想中对人的重视，重点介绍了西方的孤儿院、医院、女子学院、幼儿园等福利设施，并倡导"一视同仁"的福利观。③ 这些近代以前的慈善、救济思想和理论为日本近代以后福利经济思想的萌生打下了坚实的理论基础。

（二）日本的文化传统

在日本的封建统治时代，宗教领域中佛学、儒教、神道教、基督教等思想长期并存，其中以佛教和儒教的影响力最大。到了德川时代，幕府为了巩固其封建统治，以"朱子之学"作为钳制人们思想的武器，从而将儒教的地位提

---

① 吉田久一：《日本社会福祉理论史》，劲草书房1995年版，第25~28页。
② 吉田久一：《日本社会福祉理论史》，劲草书房1995年版，第29~32页。
③ 吉田久一：《日本社会福祉理论史》，劲草书房1995年版，第33~34页。

到了空前的高度。尽管儒教一家独大，但是在幕府施行锁国政策之前，日本佛教、基督教和神道教等其他宗教仍然得到了广泛传播。到了明治时代，政府为了加强以天皇为中心的中央集权统治，倡导"祭政一致"即神的祭祀的主宰者和世俗世界的主政者是一致的一种制度，改江户时期祭祀的神佛在京都而执政的机构在江户的二元存在制为祭祀主政同在东京皇居的一元存在制。明治三年政府颁布《大教宣布诏》规定神佛分离，尊神道，去佛道，所有神社设立神职官掌管神社的所有事务，各种祭祀、葬仪都按照神道教的礼仪进行。明治22年颁布《大日本帝国宪法》（即《明治宪法》）强调了天皇作为国家统治的核心地位，第二年颁布《教育敕语》，以此作为国民道德教育的国家指导原则。《教育敕语》要求人们遵守孝悌、和谐、诚信的道德，勤修学问，勤勉职务，为公共的利益尽心尽力，遵守国家宪法，但其核心思想在于要求国民为国效力，为天皇尽忠。虽然这些举措的根本目的在于维护中央集权统治，加强国家对社会生活的控制与管理，但是它客观上强化了日本的国家主义传统，从而为战时社会福利事业的开展以及战后的福利国家建设奠定了一定的制度基础。虽然这一时期日本确立了神道教在国家宗教信仰中的绝对领导地位，但是其他的一些宗教观念在日本也获得了发展。明治6年基督教解禁，传教士们开始在城市中心进行布道、社会福利和教育活动，在这些活动中基督教的信仰和道德观也对人们思想观念的形成产生了一定影响，如内村鉴三对上下尊卑观进行了尖锐的批判，宣扬基督教徒应该内在有严格的道德修养，重节操、正直、富有忍耐力、清廉。同时儒学和佛法在日本社会有着深厚的思想基础，日本传统武士道的伦理就渊源于儒学和佛法，武士道精神中所倡导的忠诚、仁义、亲孝等思想对日本传统社会有着广泛的影响力。虽然武士阶级不复存在，但是武士道正直率真、沉着，对弱者仁爱、重礼、重信义，富于羞耻心、忠义、克己的道德精神仍然植根于日本社会，这些思想、精神成为了当时很多社会实践家建立福利组织、从事慈善救济活动的重要指导。此外，倡导扎根本国传统，认识、保存、发展本国物质的、精神的优势，强调国家独立自尊的国粹主义思想正好迎合了日本国家主义的发展方向，在当时的社会中也有大批的拥护者；日俄战争以后，这种国粹主义逐渐向着排外、国家至上的方向发展，并在昭和时代与超国家主义结合，最终为日本走上军国主义道路奠定了思想基础。正是这些日本社会的宗教传统、武士道传统等为日本福利经济思想的萌生提供了重要的社会土壤。

二、西方的社会哲学思潮和福利思想

(一) 西方的社会哲学思潮

西方思想在日本传播起初是以涓涓细流的方式缓慢进行，但是随着日本的国门被列强打开，一方面，西方的思想如洪水猛兽般涌入了日本，对原有的传统造成了强烈的冲击；另一方面，明治维新以后，以国家富强为目的，日本政府掀起了一股向西方学习的浪潮，这种主动学习的态度使得殖民主义所强加的西方文化不但没有彻底摧毁日本原有的文化传统，而且通过与日本传统文化较好的融合形成了很多迎合时代需要的新思想观念，正是这些新的观念改变了人们的思想意识，也推动了日本社会的进步和发展。近代传入日本的西方思想中主要有自由主义、功利主义、民权主义、保守主义、国家主义、社会政策论和马克思主义或社会主义等思想。自由主义的思想是支撑近代资本主义的精神基础，早期传入日本的思想典籍中以自由主义为主，因此从明治维新到日俄战争前夕，自由主义思想在日本的经济和社会思想领域中都居于主导地位。此后随着战争的深入和社会经济环境的变化，自由主义思想逐渐被社会政策学派、马克思主义等思想所取代，但是西方自由、民主、人权、契约等的主张开拓了人们的视野，开启了人们运用这些新思想解决各种经济社会问题的新思维，也为后来其他思想在日本的发展和传播打下了良好的基础。明治时代自由主义启蒙思想的代表性组织是"明六社"，这个组织通过《明六杂志》传播自由主义思想，这些思想中有着丰富的慈善、救济观。如福泽谕吉在《西洋事情》《文明的概略》中就将自由主义与功利主义相结合，从独立自由的精神入手对自由人权观、贫困观、济贫法观、救贫设施观、相互扶助观等进行了详细阐述；中村正直作为近世阳明学派佐藤一斋的弟子，在《西国立志编》中崇尚独立自尊的风气，主张人们通过努力奋斗获得成功，同时对基督教慈善观、民间的自愿者活动也有详细的论述；森有礼认为，男女之间应该基于相互的合意、婚姻契约和爱情建立婚姻关系，他崇尚夫妻双方间的平等互爱的伦理。作为那个时代最著名的自由民权论者，被誉为"东方卢梭"的中江兆民除了出版大量译著介绍西方的自由民权思想外，还将自己的解放论、救济论，与儒教的"恻隐之心"、阳明学的"万物一体论"以及自由民权的思想等联系在一起，他认为对贫困者的救恤不仅是社会的义务，也是间接守护自己权利的一种"分内之事"①；植木枝盛则在《贫民论》中将贫困看做是社会矛盾的产物，他否定了自由放任主义将贫困的责任归结为贫民自身的观点，在他看来，从事生产劳动的贫民比起只想坐享其成的贫民应该是社会上更为尊贵的存在，因此，为了贫民地位的提升就必须团结起来主张贫民的权利、解决贫困的问题。② 正是这些饱含西方自由、平等、民权、慈善等思想的观念成为了日本福利经济思想的启蒙。

（二）西方的福利经济思想

在福利经济学创立之前，被誉为"经济学之父"的亚当·斯密虽然是自由主义的代言人，但是他主张人的利己心与利他心的统一，认为人应该站在他人的立场上产生爱他之心，由爱他主义产生人类的道德情感，不能轻贱那些处于贫困、苦难中的人们。亚当·斯密作为一个伟大的道德哲学学者始终拥有一颗福利之心。马尔萨斯则站在人口论的角度指出，人口增长的几何级数与生活资料增长的算术级数之间的差距是造成人口过剩的根本原因。虽然他基于此反对当时英国的济贫法，但是这种反对也促进了人们对济贫法的认识和反思。经济学大综合的集大成者马歇尔的经济学著作中有着丰富的福利思想，他认为，企业家的伦理性或称为经济骑士之道，表现为企业的社会责任和对社会的贡献，富裕的人或企业家如果对社会福利表达了强烈的关心，那么他们就能活用自己的财富，也能帮助消除贫困这一社会弊害。不仅西方古典经济学中有对福利问题的认识，马克思主义者们立足于对资本主义的批判，从不同的视角丰富了福利经济思想的内涵。马克思从分析资本主义贫困的根源入手，通过对资本主义制度进行深刻的剖析和批判，提出了社会主义和共产主义的构想，马克思批判英国的济贫法，支持工人运动，他的很多政策主张都对日本的劳动运动和日本近代第一部劳动者保护法——《工厂法》的建立发挥了重要指导作用。

1920 年英国经济学家庇古《福利经济学》一书的问世，开创了西方福利经济学的完整体系，庇古也被称为"福利经济学之父"。此后福利经济学经过萨缪尔森、希克斯、卡尔多、西斯托夫斯基、李特尔等人的批判性继承和发展又产生了新福利经济学。不论是旧福利经济学还是新福利经济学都以边际效用论作为其理论基础，以边沁提出的"最大多数人的最大幸福"这一功利主义

---

① 東晋太郎：《近世日本の経済倫理》，有斐閣 1963 年版，第 214~221 页。
② 塚谷晃弘：《近代日本経済思想史研究》，雄三閣 1981 年版，第 50~56 页。

原则作为其哲学内涵。因此，福利经济学也被称为"最具有伦理意蕴的经济学说"①。旧福利经济学以基数效用论来衡量效用的满足程度，用国民收入来衡量经济福利的多寡，因此庇古主张国民收入均等化，认为这有利于经济福利的增大。但是新福利经济学以帕累托的序数效用论和无差异曲线来衡量效用的满足程度，并认为在完全竞争的市场 经济中可以实现交换和生产的最优条件，他们否定了庇古的"收入均等化"主张，以补偿原则和社会福利函数来认识最大福利的实现和收入再分配之间的关系。新福利经济学遵循三个基本定律，即（1）不管初始资源配置怎样，分散化的竞争市场可以通过个人自利的交易行为达到瓦尔拉斯均衡，而这个均衡一定符合帕累托最优效应；（2）每一种具有帕累托效率的资源配置都可以通过市场机制实现，人们所应做的一切只是使政府进行某些初始的总量再分配；（3）在非独裁的情况下，不可能存在有适用于所有个人偏好类型的社会福利函数（即阿罗不可能性定理）。

二战结束后，新福利经济学在西方福利经济理论中仍然居于主导地位，到了 20 世纪的 60~70 年代以后，随着西方国家失业、通胀、环境问题、经济增长减速等经济社会领域一些新问题的产生，福利经济学的研究也出现了一些新的学说。比较有代表性的有相对福利学说、公平效率交替说、宏观福利经济学说、"政治周期"说等。相对福利学说是在新福利经济学的基础上通过吸收相对收入学说和有关"福利""快乐"的社会学、心理学等解释的基础上发展起来，它更强调福利的主观性质和相对性质，伊斯特林、米香等人是其主要的代表人物；相对福利学说认为，福利等同于快乐，收入的增长会带来欲望的增大，未必能带来福利的增加，因此，这种学说以一种消极的态度来看待福利增加的任何措施，带有浓厚的自由主义和虚无主义色彩。"公平"和"效率"两者兼顾一直以来被认为是经济学中的一个难题，阿瑟·奥肯在其著作《平等和效率：重大的抉择》（1975）一书中明确表达了自己的公平效率交替说，他认为既不能一味的"效率"优先，也不能盲目的"平等"优先，应该在两者之间找到一条既能维护市场机制又能消除收入差别扩大的途径；当"平等"和"效率"两者之间发生冲突时，双方应当达成妥协，这种妥协应当遵循的原则就是：某种"平等"以牺牲"效率"为代价或某种"效率"以牺牲"平等"为代价，但其中任何一项的牺牲必须被判断为可以得到更多的另一项的必要手段。宏观福利经济学说则将福利问题与宏观经济领域中的通货膨胀、就业水平等问题联系起来考虑，如托宾就认为失业成本比通货膨胀成本更高，对

---

① 孙英、吴然：《经济伦理学》，首都经贸大学出版社 2005 年版，第 17 页。

福利的影响也更大，因此在温和通货膨胀情况下，考虑成本因素时，失业的成本应该放在更重要的位置上。但是一旦通货膨胀变成了急剧、恶性的通胀后，它对全社会成员会有极其恶劣的影响，也会使社会福利状况大大恶化，这时就应该将通货膨胀的成本放在首位。一些西方经济学家根据政府政策着重点的变换提出了"政治周期"说，这种理论认为，资本主义国家经济的波动和政府经济政策的重点与几年一度的"大选"密切相关，当临近"大选"时，政府为了取得选民支持和信任往往会采取措施扩大福利开支，减少失业和救济贫民，使经济呈现出繁荣景象；一旦"大选"结束以后，为了弥补财政中的窟窿，防止过高的通货膨胀率影响社会经济，往往又会压缩福利开支，等到下一届"大选"临近时再重新增加福利。20 世纪 70 年代以后，罗尔斯《正义论》的发表打破了实证经济研究一统天下的局面，福利经济学的研究也开始向着规范经济研究回归，尤其是诺贝尔经济学奖获得者阿玛蒂亚·森对福利经济学的贡献，进一步开启了学者们对福利经济学研究中所涉及到的伦理问题、哲学问题等的重视。阿玛蒂亚·森等人的研究成果分析了导致阿罗不可能性结论的原因，即阿罗不可能性定理只适用于投票式的集体选择规则，该规则无法提示出有关人际间效用比较的信息，而阿罗式的社会福利函数实际上排除了其他类型的集体选择规则，因而不可能性的结果是必然的。这一研究实际上是对新福利经济学取代旧福利经济学功过的重新认识和评价。20 世纪 90 年代以后，随着环境问题的日益严峻，西方国家的福利理论在生态主义、绿色主义的影响下，也出现了绿色福利主义理论。维克·乔治和保罗·威尔丁在其著作《福利与意识形态》（1992）一书中系统性阐述了绿色主义福利的思想，绿色主义福利思想体系的基本主张是：其一，绿色意识形态的核心主题是增长的极限，他们普遍反对增长无限论；其二，不同生物群体的关系是平等互利的，动物和植物生活与人类生活同等重要，保护环境与自然就是保护人类自身的利益；其三，绿色经济可持续发展，与生态环境一样都是社会活动与环境变迁的主题，也是社会经济政策与活动的主线；其四，福利的政治生态学是动态开放的经济体系，是社会保险计划的基础，环境恶化与社会危机加剧必然降低人类福利水平；其五，生态公民权的兴起意味着人类应负有关爱自然伦理的责任，公民的福利水平与需要满足的状况在相当程度上取决人类对待生态的态度。此外，由于国家在主导社会福利的实施过程中发挥了极其重要的作用，因此西方福利理论中有关福利国家的理论产生较早。早在 19 世纪的末期，德国的施穆勒、布伦坦诺，英国的费边派等都积极倡导"福利国家"理论，西方福利国家理论的中心思想就是资本主义国家应当成为"福利国家"，这样的国家能够保障全体国民的福利，福利的实施必须以强大的国家财政手段作为经济保证。由此我们可以看到，正是这些西方福利经济理论中所表达的福利之心、救贫观、福利原则和福利思想成为了日本福利经济思想重要的理论来源。

三、马克思主义的理论

日本是东亚最早研究马克思主义理论的国家，早在 19 世纪末期，马克思主义思想就经片山潜、幸德秋水等传入日本并得到广泛传播。20 世纪 20～30 年代是日本马克思主义发展的第一个高峰时期，这一时期形成了讲座派和劳农派两大重要的马克思主义派别，他们通过对《资本论》的研究和对日本是否需要经历民主主义革命的争论，使得马克思主义的思想受到了越来越多人的关注。马克思主义理论中蕴含着丰富的有关劳动价值、工人运动、社会主义革命和资本主义未来前途等的论述和思考，这些理论和方法帮助劳动者更好地认清了社会现实和资本家对工人的剥削，从而成为了当时日本工人运动的重要指针。同时马克思著作中所洋溢的强烈道德思考又激发了日本有良知学者的社会正义感，这些学者正是运用马克思主义原理来理解和分析日本的社会经济现实，从而提出了很多真知灼见，这些深刻的见解也对日本福利经济思想的萌生产生了重要影响。从近代日本福利经济思想两个最重要的代表人物福田德三和河上肇的思想形成过程来看，两人早期同属于日本社会政策学派的成员。一战结束后，福田德三和幸德秋水一起翻译了一些马克思的著作并将马克思主义思想介绍给日本学者，后来福田德三主张社会改良、批判社会主义，逐渐和河上肇分道扬镳。河上肇则被马克思的著作和人格深深吸引，他称马克思为"19 世纪最伟大的思想家"。近代经济理论与日本传统思想结合构成了河上肇讨论马克思主义的主题，他的代表作《贫乏物语》和《第二贫乏物语》以对贫困问题的关注为出发点，描述了包括英国等发达资本主义国家在内的贫困现状，分析了贫困形成的原因，然后运用马克思主义辩证唯物主义的理论寻求贫困解决的办法。河上肇的著作一经出版，在日本社会引起了强烈反响，节田民藏、福田德三等学者围绕著作中的论点和河上肇展开了论战，正是这场论战促使河上肇重新思考自己的立场并对马克思主义著作进行更加深入的研究。此后，河上肇又针对日本新古典经济学代表人物小泉信三对马克思劳动价值论的批判展开了争论，他在批判新古典派理论的基础上发展了自己对劳动价值学说的辩护方法。他认为，马克思关于交换价值由生产商品所需要的劳动量来决定的学说实际上论述了商品的价值取决于在生产过程中劳动者所做出的努力和牺牲，这是人类社会明白无误、不可否认的事实。河上肇长期而深入的研究马克思主义著作，并于 1932 年出版了《资本论入门》一书，书中对马克思的劳动价值论和唯物史观进行了详细阐述。在他看来，马克思主义不单是一种哲学和经济理论，而且是"由实践构成"的，所以是"最革命性的理论"，这些思想观点都对河上肇的福利经济思想产生了重要影响。

第三节　日本福利经济思想的发展轨迹

日本福利经济思想从萌芽、产生、发展到逐步走向完善经历了一个半世纪左右的时间，从这么长的时间跨度来认识日本福利经济思想就必须对它的发展阶段进行一个分类。根据日本经济社会发展史的特点和福利经济思想自身的规律可以将日本福利经济思想整个发展轨迹分为三个大的阶段，即明治维新初期到二战结束的近代阶段、战后重建到福利国家全面建成的现代阶段以及 20 世纪 90 年代经济衰退至今的当代阶段。以第二次世界大战作为近代和现代阶段的分界点，在我国学术界已形成共识。二战后，以 20 世纪 90 年代这一时间段来划分日本福利经济思想发展的现代阶段和当代阶段主要是基于以下两个标准。其一是日本战后经济发展的特点。日本经济经历了短暂的战后复苏于 20 世纪 50 年代后进入了增长阶段，这种增长从 50 年代一直持续到 90 年代之前，其中 50~70 年代为高速增长阶段，70~80 年代为低速增长阶段。但是到了 90 年代泡沫经济崩溃以后，经济由增长转向低迷，此后一蹶不振，各类经济社会问题集中爆发，所以 20 世纪 90 年代是日本经济社会急剧变化的分界点，经济社会的巨大变化也带来了福利制度、福利政策方针、福利经济思想等的调整和转变。其二是日本战后福利国家制度建立的特点。二战后，日本在原有社会事业的基础上向着现代意义上的全面福利国家建设迈进，从战后初期到 90 年代之前，日本社会福利制度建设经历了 50 年代之前的初创期、50~70 年代的扩充期、70~80 年代末期的政策转换期这三个阶段。经过战后 40 多年的建设与发展，日本已经建成了一个基本内容涵盖社会保险、国家救助、社会福利、公共卫生医疗、老年人保健、住房政策、雇佣政策等几大领域，覆盖全民、内容全面、结构复杂、保障完善的国家福利制度。

一、日本早期的福利经济思想

从明治维新初期到二战结束属于日本近代史阶段。在这个阶段，日本完成了从封建农业社会向资本主义工业社会的转变，资本主义建立并得到迅速发展。这一时期，随着西方先进文化和社会制度的传入，日本不断受到外来西方文明的冲击，经济社会发生了翻天覆地的变化；同时两次世界大战以及甲午战争、日俄战争等的爆发，既使得日本抓住战争机会促进了产业经济的快速发展，也造成了一系列严重的社会问题和劳动问题，从而激化了社会矛盾；最后以战败告终的日本，经济社会都遭到重创，这也为战后的恢复与重建提出了新的课题。因此，整个近代史阶段是日本社会最复杂多变的时期。一方面，严重的社会问题催生了福利实践的开展，日本的福利立法如《工厂法》《救护法》等法律法规逐步建立起来，福利机构和福利组织相继设立；另一方面，多样性的社会经济环境为日本福利经济思想的萌生提供了现实土壤，也为福利经济思想的繁荣创造了条件。这个阶段，涌现出了诸如福泽谕吉、涩泽荣一、柳田国男、高野岩三郎等一系列的福利实践家和理论家。在这些人物中，思想最深刻、影响最广泛的当属被誉为"日本福利经济之父"的福田德三，以及日本马克思主义的重要传播者河上肇。福田德三从对人的"生存权"的认识和强调入手，通过对"生存权"社会政策的主张，从"个人、国家、社会"的社会哲学视角、"劳动国家"论的社会法学视角和作为"经济哲学"的福利经济学视角三个方面构筑了他的福利经济思想体系。河上肇早期从对贫困的认识入手，通过分析贫困形成的原因，提出了治贫的三个政策，即禁止奢侈、缩小贫富差距、国家经营，后期运用马克思主义的理论方法进一步深化了对贫困的认识，也明确了社会革命才是解决贫困的根本之道。

二、战后重建到全面福利国家建成期的福利经济思想

二战结束后，日本开始着手经济社会的恢复与重建。从经济上来看，日本经历战后初期的恢复后，到了20世纪50年代，经济增长步入了快车道，以"终身雇佣制""年功序列制"和"日本劳动组合"等为特征的日本式经营创造了令世界瞩目的高速增长奇迹；20世纪70年代以后，经济增长速度逐渐放缓，这种低速增长在90年代经济泡沫的崩溃中走向终结。从战后初期到20世纪90年代之前，日本以国家救济为起点，以战前已有的福利制度和法律为基础，建立了现代意义上的国家福利制度，福利制度的建立和现代福利思想的探索在相互促进，不断前进。日本在二战期间，以大河内一男、风早八十二、海野幸德等为代表的学者就展开过对社会事业和社会政策这两个基本概念及其相互之间关系的探讨，其中大河内一男那篇著名的论文《我国社会事业的现在和将来——以社会事业和社会政策的关系为中心》对社会事业和社会政策的基本概念、职能、现状，两者之间外延、内涵的相互关系以及社会事业、社会政策和福利设施这三个概念的区别都展开过详细论述。战后初期以对社会事

业、社会政策、社会福利等基本概念的认识为起点，日本学术界围绕着现代社会福利理论和制度的建立展开了广泛的讨论。这些学者中有的作为大河内一男的后继者继承和发展了他的理论，其中比较有代表性的有孝桥正一的社会事业理论和冈村重夫的固有论；有的则对社会福利展开深入研究形成了自己的研究特色，如竹中胜男的社会福利论、竹内爱二的技术论、鸠田启一郎的社会福利体系论等。同时盲目追求经济效益所带来的环境负效应不断凸显，有关公害问题的认识和福利保障也成为了60年代以后被关注的一个话题。如日本著名的公害问题专家宫本宪一就对环境问题进行了政治经济学探讨、小田康德也在专著中对日本经济高速增长阶段所带来的环境问题进行反思，并就公害的赔偿提出了自己的见解。这些人物中有关公害的福利经济思想研究最具代表性的当属都留重人，他从"素材面"和"体制面"寻求新的政治经济学，并以此作为方法论探讨福利和GDP之间的关系，从而提出了公害的政治经济学理论。70~80年代以后，随着福利财政、老龄化问题、企业内福利问题的凸显，藤田晴、坂本周一、丸尾直美等学者又对这些问题展开研究。例如，丸尾直美在福利国家系统论中分析了社会福利理论的新特点、提出了福利混合论的理论，并就高龄人口福利服务、福利财政改革和企业内福利改革提出了一些新的思路。

三、20世纪90年代后日本福利经济思想的新发展

从20世纪80年代的后半期开始，日本经济领域出现了过热增长，90年代以后随着泡沫的崩溃，日本经济走向衰退并长期在低迷中徘徊，此后经济社会领域所积累的问题不断凸显，为了政权的稳固，日本政府从桥本龙太郎内阁开始致力于经济社会全面的改革。这一时期日本社会最为严重的问题首推高龄少子化，从70年代开始，日本的老龄化问题开始凸显，80年代以后老龄化趋势进一步加剧，与此同时少子化的问题开始不断显现。到了90年代以后，高龄少子化问题逐渐成为制约日本经济复苏的结构性顽疾。同时经济泡沫崩溃后的日本，社会贫富差距不断加大，由小泉政权所推行的"结构改革"加速了原有雇佣体制的解体，也进一步加剧了贫富分化。日本严重的"格差社会"①问题和企业内福利改革问题成为了90年代后期以来备受关注的一个经济社会热点，藤田至孝、今村肇等对日本企业内福利的改革提出了自己的见解，大石

---

① "格差"（かくさ）在日语中意指贫富差距，文中的"格差社会"问题指日本社会日益严重的贫富差距扩大问题。

雄二、宇仁宏幸等对日本贫富差距问题表达了自己的看法。在这些学者的观点中，橘木俊詔的思想很具有代表性，他从企业法定福利改革和法定外福利改革两个方面对这种新福利制度提出了自己的构想。他首先系统性的分析了日本"格差社会"的不同类型，并通过援引大量的调查数据来充分论证当前贫富差距产生的各种原因，然后立足于"格差社会"的现实探讨了企业内福利的表现形式、实际效果和具体的问题点，从而提出了企业从福利领域中退出，构建基于"普遍主义"的新福利制度的主张。经济不景气所带来的社会问题也使得"金钱至上主义"挑战着传统的伦理道德观念。90年代后期，对经济伦理的研究开始走向繁荣；2000年以后，经济伦理与福利国家相结合的福利国家经济伦理思想在日本社会引起了很多学者的讨论，以盐野谷佑一、渡边干雄、铃村兴太郎等为代表的福利国家经济伦理思想的研究是这一时期福利经济思想研究中值得关注的动向。如盐野谷佑一在其福利国家经济伦理思想中通过分析福利国家构筑的伦理基础和福利国家的伦理目标，提出了积极的社会保障构建的理念。此后，对经济发展所带来的环境负效应的认识开始与社会福利理念相结合，于是绿色福利理念成为了当前日本社会广泛探讨的话题。以广井良典、平松道夫、仓阪秀实等为代表的可持续发展福利社会等的研究获得了迅速发展。例如，广井良典从理念和政策两个方面展开了"创造的福利社会"的构想，他从分析常态社会理念入手，提出了福利、经济、环境大融合的政策，并从"医疗福利重点型社会保障""人生前半期的社会保障"和"关于心理照料的社会保障"三个方面详细分析了"创造的福利社会"的建设思路。

第二章 日本早期的福利经济思想

第一节 19 世纪末至二战结束日本福利经济思想的发展状况

一、发展状况

这一时期，日本从封建社会进入了资本主义社会，并作为资本主义国家的后起之秀快速崛起，参加了两次世界大战，并成为二战的发起国之一。这半个多世纪的时间里，日本在经济、社会、政治、思想等领域发生了翻天覆地的变化。这些变化成为了福利实践重要的现实背景，也为福利思想的发展提供了广泛的素材。这一阶段，福利实践开始在一些大企业出现，如三菱长崎造船厂在明治 30 年就制定了本企业的职工救护法，建立了以伤亡补贴、疾病医疗、遗族救助等为主要内容的企业内综合共济制度；同时在经济思想领域中，不论是主张自由主义的福泽谕吉，从保守主义发展而来的日本社会政策学派的柳田国男、高野岩三郎、福田德三，还是深受马克思主义、社会主义思想影响的河上肇等都有了一些福利经济思想的主张。总体来说，这一时期日本福利经济思想表现出了以下几个特点：其一，先有福利实践，后有福利思想。日本明治 30 年左右，以纺织等轻工业为中心，以童工和女工为主要保护对象，以慰问金、抚恤金、补习教育、休假、住宿、强制储蓄、企业内合作组织、伤病补偿、死亡补偿等为内容的企业内福利制度在日本的很多大型企业中建立起来。到了 1911 年，日本才通过了较为完善的涉及劳动者保护的法律制度，即《工厂法》，这也是日本最早的涉及劳动者保护的法律制度。福泽谕吉的福利经济思想形成于这个期间，福田德三和河上肇的福利经济思想还要更晚一些。其二，处于福利思想的萌生阶段。不论是福泽谕吉、柳田国男还是福田德三、河上肇等，他们的福利经济思想都还处在萌芽阶段。因为这一时期对农民或工人等劳动者贫困问题的关注，更多是通过认识贫困的现状和济贫理念来主张解决贫困问题，且不说这些认识和主张本身的局限性，单从贫困问题本身来看，它也仅仅只是福利问题的一个方面，而且这些理念和政策与我们现代意义上的社会福利还有很大差距。其三，福利思想与社会学、哲学、法学等联系紧密。福田德三的福利经济思想从生存权的社会政策展开，通过对劳动权、劳动全收权和生存权的认识，从"社会哲学""社会法学"和"经济哲学"三个方面展开自己的福利经济思想。河上肇在对"贫困人"的概念进行界定时，也有着明显的生存权思想，这些思想理念都受到了当时西方国家自由、民主、人权等政治哲学思想的重要影响。

二、代表人物及其观点

（一）福泽谕吉

福泽谕吉（1835—1901）年轻时学习兰学，作为日本派往欧美学习的留学生，深受当时欧美自由主义思想的影响。他很早就将英国社会哲学、经济学等著作翻译成日语传入日本，是日本近代思想的启蒙者和经济学传统的开创者。作为近代日本自由主义经济思想的重要代表人物，他的思想对福田德三和河上肇产生了重要影响，他的福利经济思想是其自由主义经济思想的重要组成部分。

福泽谕吉所在的时代，西欧的福利国家还没有诞生，政府的作用是"国民公心的代表"。福泽谕吉所理想的国家是人类社会应该达到真正的公心与私心一致，这就要求人们不要有太多欲望和私心，均苦乐并给老幼病弱者以帮助，不要贪图利益，借贷活动必须讲诚信，这样才能营造一个溢满亲情的社会，这样的社会没有犯罪，不需要法律，也不需要政府和官吏。这种充满了温情主义的国家理念在其福利经济思想中有明显的体现。总体来说，福泽谕吉的福利经济思想包括两个方面：第一，他批判了传统的儒教思想，推崇西方的国家救济制度。他认为，作为幕藩体制思想基础的儒教思想，是封建残余的代表，他在《文明论的概略》中认为，"儒学之罪"就是不仅妨碍了人与人之间的正常交往，而且在所有的领域里都有罪恶。在他看来，儒教的仁爱、仁政观并不能解决社会的贫困，只有西方的慈善救济的理念和实践才是解决社会问题的方法。福泽精通英国的《济贫法》，他在《西洋事情》中就介绍了英国救贫制度中的贫院（即救护设施）、哑院（即语言听觉障碍设施）、盲院（即视觉障碍设施）、癫院（即身体疾患设施）、痴儿院（即精神障碍儿童设施）等。他根据《济贫法》的思想提出自己独特的日本温情主义贫富观，他认为贫富的差距就如天和地那样悬殊，但是这不应该被看作理所当然。为了纠正这种差距，应该让财富进行新陈代谢，依据道德主义来救贫，为贫困者带来一时的快乐。第二，将劳动作为社会问题来把握，主张解决企业中的劳资对立。福泽谕吉在《资本家与工人》一文中首先分析了西方国家存在的种种劳资对立现象。他认为，日本企业中的劳资对立日益凸显，究其原因在于企业家只顾眼前利益而对工人进行疯狂的剥削，在他看来，这种急于牟利的做法损坏了今后的利益，也使工人对资本家心生怨恨，不利于企业的长远发展，他将这种行为称为"自损的不智之举"。因此，他主张资本家应该改善工人的福利，在工人生病时给予医药，保持衣物、宿舍的卫生，给予工人时间上的闲暇，而不要对工人残酷的剥削、粗暴的对待，最后导致罢工事件对于资本家而言就得不偿失①。这里福泽谕吉不仅认识到企业福利的欠缺会造成产品质量下降、劳动效率的低下，影响企业的经营；而且还将企业内福利与工人运动等社会问题结合起来，因此他被称为日本"最早将劳动作为社会问题来看待的人"。

（二）社会政策学派的思想

日本的社会政策学派大致产生于1895年中日甲午战争前后。1890年，住谷悦治等先驱者们将德国社会政策学思想传入日本后，经过金井延、桑田熊藏等进一步的传播和导入，1907年，社会政策学派最终建立起来。社会政策学派以关心和解决日本的劳动问题为己任，在政策上它反对古典经济学对劳动问题自由放任的态度，它认为要解决劳动问题不能只从每一个劳动者角度来考虑，更应该从社会层面来解决，该学派立足于社会改良，主张政府通过制定法律、完善社会制度，在私有财产制的前提下预防和解决劳动问题。其中对私有财产制度的拥护也是社会政策学派和马克思主义学派的根本分歧。该学派的重要组织——日本社会政策学会，在1896—1920年期间，大多数年会的议题都围绕着日本的劳动问题展开讨论，表现出了对劳动问题的高度重视和广泛关注，这些讨论在当时社会上引起了强烈反响。金井延、桑田熊藏、高野岩三郎、柳田国男、福田德三、河上肇等都是该学会的重要成员。

柳田国男（1875—1962）深受英国功利主义"最大多数人的最大幸福"思想 的影响，他将"国民的总体幸福"作为国家的终极目标和自己人生的终极目标。柳田国男的"农业政策学"（简称"农政学"）是德国的社会政策

---

① 慶応義塾编纂：《福泽谕吉全集》（第15卷），岩波书店1961年版，第581~584页。

学和英国的古典经济学的混合物，他的"农政学"带有浓厚的伦理主义和功利主义倾向，也集中体现了他的福利思想。柳田国男以农民为研究对象，他认为，分散的小规模经营是造成农民贫困的根本原因，只有执行扩大农业的耕种规模、提高农作物生产总量的农业政策，才能让农业生产改善每个农民的生活状况，增加他们的幸福感。在他看来，"幸福的生产"和"幸福的分配"所对应的生产政策和分配政策是农民摆脱贫困、获得幸福所不可或缺的两个重要政策。从政策主张来看，他认为应该以资本主义的自立经营为目标，建立农业的产业组合，制定产业组合法，最终实现农民的富裕和国家的富强。高野岩三郎（1875—1971）也非常关心劳动者的问题，他通过社会调查来了解和把握劳动者的生活实际状态。他以东京月岛地区低收入阶层聚集的住宅街上的贫民中的劳动者为调查对象，调查他们的收入和支出情况，并将劳动者的困难信息进行标注，这个著名的调查被称为"月岛调查"。因此，他也成为了日本社会统计学的开拓者。高野岩三郎从东京大学辞任后，成立了大原社会问题研究所，他对日本的劳动者问题研究作出了巨大贡献[1]。

（三）涩泽荣一

涩泽荣一（1840—1931）是日本著名的实业家，他重视论语精神，反对利益独占。曾作为德川庆喜的幕僚参加万国博览会，并学习了西方先进的制度和技术。他热心教育、福利、国际交流等社会事业，在经济领域和社会领域都具有重要的影响力。涩泽荣一的整个思想体系中有三个重要的理念，即道德经济合一、打破官尊民卑的旧观念、以公益为目的实施事业创立组织。尤其是对公益的强调完全融入了他的经营理念中，他非常强调商业活动一定要以追求公益作为大前提，他所经营的银行、保险、造纸、航运等事业都以这个前提为出发点，他以商业为依托展开慈善事业，从而在广泛的福利实践中践行自己的福利思想。

涩泽荣一的福利思想总体来说包括两个方面：其一，福利是经济和伦理之间的调和。他反对经济发展了福利自然就会变好的盲目经济发展观，也不赞同不依赖于经济发展完全将福利诉诸于国民道德的观点。他认为，经济发展和国民道德两者都要兼顾才能实现公益。他这种基于经济复兴和伦理性的福利观主要体现在《论语与算盘》一书中。他认为，经济活动就应该要追求公益，为

---

① 藤井隆至《〈翻訳〉日本における社会政策学派の形成と崩壊（肥前栄一教授・山岸宏政教授退官記念号）》，《新潟大学経済論集》2000年，第68卷。

了发展经济，提高精神的伦理性是很重要的要素，经济和道德哪一个都不要有偏向，两者必须齐头并进。在他看来，随着经济的发展，人格的形成也同时实现，为了实现人的内在充实，福利所发挥的作用就在于能够调和人的内在充实和经济的充足。涩泽荣一将福利看作是通过追求公益实现人们经济的保障和伦理涵养之间的调和。其二，慈善事业观。涩泽荣一在践行慈善事业中逐步形成了自己的福利思想。他担任中央慈善协会会长职务并于 1908 年创立了东京养育院，这是当时民间重要的福利慈善机构。他认为，人如果贫困就会招致混乱，救助这些身处痛苦疲敝中的贫民就是慈善事业应该考虑的问题。在他看来，所谓慈善事业就是不止于恻隐之情，将有可能发生的社会混乱进行事前的防范，最终达到保障安宁的目的，所以他认为一个国家一天都不能缺少慈善事业。这种将贫困防患于未然，实现安宁福利的思想包含了我们现代意义上的从救贫到防贫，由事后救济变成事前防范的思想。此外，他还强调福利事业不仅应该注重物质层面的帮助，还应该重视精神上的亲切，即从心理和精神层面给救助者以帮助①。

第二节　福田德三的福利经济思想

福田德三（1874—1930）生于东京，就读于东京商科大学（一桥大学的前身）学习经济学，毕业后在应庆义塾执教，后赴德国留学，在德留学期间，系统性学习了德国的社会政策。当时作为后起资本主义国家的德国，产业振兴和科学技术都获得了迅猛发展，由此日本学习的对象就从英美转向了德国。福田在德国学习了最新的社会政策，回国后在其母校应庆义塾讲授经济学史、社会政策等课程，其所讲授的经济理论，从更广泛的层面展开，在当时的日本学术界产生了很大影响。他既批判河上肇的社会主义思想，也批判当时政府对于社会问题解决的不充分，面对一战后日本经济的不景气和关东大地震的震后复兴，他给政府提出了很多政策建议，还在当时的内务省社会局（后改为厚生省）从事政府工作，所以福田德三既是一个理论家也是一个实践家。从福田德三经济思想的变化过程来看，最初他以介绍德国的新历史学派思想为主，后来他认为德国历史学派的思想不能满足日本近代化的需要，于是到了明治末期，福田德三的研究对象就从历史学派转到了以马歇尔为中心的近代经济学和

---

① 大谷まこと：《渋澤栄一の福祉思想》，ミネルヴァ書房 2011 年版，第 404~414 页。

马克思主义。从明治末期到大正初期，福田德三对民主政治、民主主义理念产生了浓厚兴趣，他和民本主义倡导者吉野作造一起组建了黎明会，这个组织的目标就是从学理上阐明日本的国本，为世界人文的发展贡献力量，扑灭与世界大势逆行的专制主义、保守主义和军国主义思想，顺应一战后世界的新趋势，即自由主义、进步主义、民本主义，促进国民生活的稳固充实。此后，福田德三加入了日本社会政策学会，并结识了当时的讲坛社会主义者金井延，学会活动和日本的经济社会现实引起了他对福利经济问题的思考，此后他的两部著作《生存权的社会政策》和《社会政策和阶级斗争》相继出版，这两部著作是他福利经济思想的集中体现，福田德三从生存权的视角去认识福利的问题，引起了学者和政府对社会福利问题的关注，他对于日本社会政策的理论和实践的历史贡献具有不可磨灭的伟大功绩。因此，在日本，他被尊称为"福利经济之父"。从其学术贡献来看，他留下了近20卷的《福田德三著作集》，这些著作对于日本主流经济学的发展做出了重要贡献，东京大学、京都大学等日本著名的国立大学成为了传播主流经济学思想的重要阵地。福田德三还是一桥学派的鼻祖，至今在日本的社会政策、社会保障研究中都有着重要的影响力，日本最权威的社会保障研究机构——社会保障研究所历代的所长如山田雄三、马场启之助、小山路男、宫泽健一、盐野谷祐一等都与一桥学派有着重要的渊源。

一、生存权的社会政策

（一）"劳动权""劳动全收权"和"生存权"

福田德三认为，由于每个人都无法选择自己的出生，所以人们也就无法拒绝自己的生存权，生产资料的供给是有限的，而且所有权的存在使得生存资料未必能够保证自由充足，所以生存权的思想来自于生产要素和生活必需品的保证。不具有生活资料的人为了取得生活资料，就必须要获得劳作的机会，确保从事职业的机会就产生了"劳动权"问题；同时，即使能确保职业，自己努力的成果是悉数获取还是只能得到一部分，这就产生了"劳动全收权"的问题。最后，财产所有者不用担心终身收入的源泉并完全占有了劳动成果，那么无产者的"生存权"该如何被承认。福田德三正是通过这样的分析提出了自己对"劳动权""劳动全收权"和"生存权"的认识。

福田德三认为"劳动权""劳动全收权"和"生存权"都属于社会权。他将"劳动权"定义为："有劳动能力和劳动心，不能获取劳动机会或面临长期失业，就应该要求想要劳动的机会的一种社会权利。"① 他将"劳动全收权"定义为："劳动的施行者将劳动成果全部取得的一种权利。"② 他认为"劳动全收权"是顺应劳动者的能力将劳动成果完全归属的一种"给付原则"的彻底化，而"劳动权"则是主张确保就业机会的权利，这是失业对策的彻底化。"生存权"则是"与劳动能力、劳动机会、劳动行为等的有无无关，单纯以具有生存的事实为依据，在经济上对欲望要求合理的充足的一种权利"③。福田德三认为"生存权"是一种与社会存在方式和权利关系毫无联系的一种人的存在的根本性要求，所以他将生存权保障看作是福利国家存立的基础和社会政策理论的中枢。其"生存权"的思想来源于民主主义宪法的先驱《魏玛宪法》和安东·门格尔④的学说。福田德三将生存权看作是和劳动权、劳动全收权相并立的社会权利之一，他这一思想后来被日本战后研究社会事业法的小川政亮所继承。福田德三指出"'生存权'的承认不仅是人生存的保障，也是对人生存要求的认可，社会应该为了统一的文化价值而付出。"⑤ 同时他还展望道，"生存权不仅是充满矛盾的过去的产物，也是充满希望的将来要不断培育和发展的，现在为了促进社会思想的发达和文化的前途，学者们应该勤勉于对生存权的研究，这是最要紧的事情。"⑥

人类在经济组织中，为了自己经济欲望的充足，从事劳动获取劳动生产物，其经济行动具有欲望—充足、劳动—劳动生产物、欲望—充足……这样的一个循环构造。支撑这个循环构造的是欲望—充足、劳动—劳动生产物这两个方面。福田德三认为，现代资本主义经济以私人所有权制度为前提，这两个方面之间未必能保持合适的关系来发挥适当的机能。他指出，现存的财产权是一贯以来的权力关系的结晶，必然会为了它的保全和拥护倾注全力。罗马法以来的西方法律规范植根于私有财产权的"先占"原则，"先占"以外的权利弱势者，其欲望无法得到充分满足，最终会被自然淘汰。福田德三认为，以私人所有制为基础的资本主义经济是一种基于权利关系的经济机制，它建立在强者对弱者的财产先占之上，这种资本主义制度保证了企业经营者的不劳而获以及对

① 福田德三：《生存権の社会政策》，講談社学術文庫 1980 年版，第 120 页。
② 福田德三：《生存権の社会政策》，講談社学術文庫 1980 年版，第 130 页。
③ 福田德三：《生存権の社会政策》，講談社学術文庫 1980 年版，第 128 页。
④ 安东·门格尔（1841—1906），卡尔·门格尔的弟弟，维也纳大学教授，主要著作：《全劳动收益权史》。
⑤ 福田德三：《生存権の社会政策》，講談社学術文庫 1980 年版，第 192 页。
⑥ 福田德三：《生存権の社会政策》，講談社学術文庫 1980 年版，第 175 页。

剩余价值的占有，劳动者无法获取自己劳动的全部成果，所以欲望与充足、劳动者和劳动生产物之间的关系难以达到理想状态，社会政策的意义就在于矫正欲望与充足、劳动与劳动生产物之间的不适当性。

（二）"生存权"的社会政策

福田德三指出："'劳动权'和'劳动全收权'都是一种过渡的产物，生存权才是最终的目的。'劳动权'和'劳动全收权'都只是关于劳动的主张，无劳动能力者、无劳动欲望者都未涉及，所以它不是以社会全员为对象的社会政策的根据，只是一种阶级主张。不论是劳动还是劳动的产物都不是目的，而只是单纯的手段，即使劳动的产物全部归劳动者所有，劳动的产物也首先以满足人的生存维持为前提条件。如果社会权是社会政策制定的基础，那么这种社会权就必须是生存权。"① 福田德三在三种社会权中最重视生存权，并将它作为最终目的以及社会政策制定的依据。

生存权的社会政策是为了弥补对企业主或财产所有者有利的现行法律制度中的缺陷，保障劳动者可以和他们享受同等追求自由的权利，从这个意义上来说，这是为了推进新自由主义的社会政策。福田德三认为："社会政策不认同自然法说，也不把社会任意的重塑，它不是单纯对现存社会进行说明和顺应，而是对现实社会中的问题和缺陷进行改良，它不同于社会主义对社会进行彻底的颠覆和改造。"② 他将社会政策从哲学的视角审视，认为社会政策是一种与历史学派的自然法和社会主义的"革命哲学"相匹敌的一种"改良哲学"，它是将所有人类的生存权作为"文化价值"来看待的一种哲学理念。福田德三认为改良"不是对现状固执的否认和颠覆，而是对现实社会的状况——细细地斟酌，区分哪些是需要改变的，哪些是不用改变的。"同时"社会政策不是单纯的承认因果法则的作用，也不是无视因果法则的存在，而是顺应自然发展的大势，利用因果法则的作用来指导改良，而且在自然法则之外一定要立足于文化价值的判断。"③ 基于对社会政策的哲学基础的认识，福田德三指出，新的社会政策，把私法社会政策化，把民法上的规定从社会政策的哲学观点进行再检讨，不论在什么体制和自然法则下，现行政策制度的不完备在不断地完善，承认所有的人都能自由追求生存权的新社会政策也被逐步推进。

---

① 福田德三：《生存権の社会政策》，講談社学術文庫 1980 年版，第 189~190 页。
② 福田德三：《生存権の社会政策》，講談社学術文庫 1980 年版，第 185 页。
③ 福田德三：《生存権の社会政策》，講談社学術文庫 1980 年版，第 186 页。

福田德三认为"生存权的社会政策"中包含了三个要素，即将以物质和人格的欲望充足为目的的生产活动作为文化价值来看待的"社会哲学"、为了承认生存权而推进法制改革的"社会法学"、关于生存权被认可的社会再审视的"经济哲学"。这三个要素成为了福田德三福利经济思想的重要组成部分。

二、福利经济思想

福田德三的福利经济思想体系由"社会哲学""社会法学"和"经济哲学"三个要素构成。

（一）"个人、国家、社会"的社会哲学视角

福田德三通过研究欧美国家的历史发现，个人、国家与社会之间互为因果，而且当经济单位缩小、经济组织扩张时，一国的国民经济生产力就发达。基于此，他从社会哲学角度展开了对个人、国家和社会关系的认识。福田德三认为，个人为了不被淘汰，拥有在"国家中"的生活和"作为个人的生活"这"二重生活"，作为具有"自我决定的意志"的主体，个人能将这"二重生活"毫无矛盾的统一起来，形成"浑然一体的人格"，在这种"人格生活"中所具备的独立、自律性的人格成为了人与自然对抗的资本。福田德三主张国家应该尊重"个人人格"，使"个人人格"能够自由的发挥，好好的经营"人格生活"，这样才能实现"个人人格"与作为全体的"国家人格的完成"两者之间的统一。他同时指出，在人与自然对抗的"人格生活"中，如果作为"物格"的自然没有了"人格"的"意思和行为"的驱动，就会产生一种"复归于懈怠"的倾向，因此"人格"必须要不断地对"物格"依照"人格"的意思来进行"征服"。所以在他看来，人类征服和利用自然的过程就是"无限"的创造和使人格不断发展的过程，这其中劳动发挥了极其重要的作用。"人格生活"本来在作为个人的生活和作为国家一员的生活两者之间是统一的，但是现实中，拥有"人格"的劳动者不得不为了生存而受制于财产所有者，从而陷入了人格无法发展的矛盾；因此，劳动者就必然想要克服资产所有者的支配而发生劳动运动，其目的在于回复"人格"的地位，这种"人格性"回复的运动是在社会中实现的，社会的存在就是为了调和作为个人的生活和作为国家一员的生活，最终使得"人格生活"的经营成为可能。

福田德三在个人、社会和国家三者中特别强调社会，他将社会政策理解为"社会政策并不是为了政策而制定政策，在'社会'和'政策'这两个构成中，最重要的是'社会'这个词，而不是'政策'这个词，社会政策是为了

社会的政策。"① 福田德三认为 18 世纪末到 19 世纪初的 "社会的发现" 是和 16 世纪的 "个人的发现" 和 "国家的发现" 相并列的人类的三大发现。他指出 "发现社会的存在，研究其运行规律，在这个运行规律上对社会与国家之间的关系做出正确的解释，同时还要探究社会与个人之间的关系，这是社会政策理论研究的第一问题。"② 福田之所以如此在经济学中强调 "社会"，与其受到德国社会政策和历史学派的影响有很大的关系，这样的社会经济学视角和政治经济学、纯粹经济学都有所不同，而这正是其福利经济思想的理论基础。福田在国家和个人之间导入 "社会" 这一媒介，将个人经济问题和国家经济问题都作为重要的社会经济问题而加以重视，认为不论是资本主义还是社会主义都应该以无法消灭的社会问题作为其社会政策的主题来研究。对于 "社会" 这个词，福田认为 "国家不能完全囊括社会，个人也不能与社会相分离，关于社会的现象如社会运动、社会问题、社会主义、社会阶级、社会事业等场合都会使用社会这个概念。"③

（二）"劳动国家" 论的社会法学视角

劳动者为了获得 "人格性" 所进行的运动，超越了法律、制度等国家的 "外围"，这就意味着劳动者的劳动运动是一种 "非国家的、反国家的、超国家的" 社会运动，这种财产对劳动的斗争，不仅限于 "国家外围" 框架之内，而是从外围向内部进行渗透，这种在外围和框架内部相互的 "渗入运动" 或 "渗出运动" 会不断弱化 "国家外围" 的抵抗力，因此福田德三认为 "社会的发现" 就是这样一种 "渗入渗出运动"。在雇佣关系之下，劳动者为了回复 "人格性"，拥护财产权，就不可避免的要对现行的由财产所有者对他人劳动进行支配的法律和制度进行改革。

在福田德三看来，所谓社会政策的 "本领"，就是用 "国家这个容器来控制社会生活扩张的妨碍者" 或者 "使得国家的外围更加富于弹性，从而能够包容共同生活的斗争"。劳动者通过与 "非人格的斗争" 促进 "人格的发展" 和 "福利化"，社会政策在协调不同的 "斗争政策" 中发挥作用。福田德三所谓 "解放的社会政策" 就是要将人从 "痛苦的劳作" 中解放出来，使其作为自立的个人承担组织化、发挥创造性、获得自由，这样积极的社会政策融入了

---

① 福田德三：《生存権の社会政策》，講談社学術文庫 1980 年版，第 118 页。
② 福田德三：《生存権の社会政策》，講談社学術文庫 1980 年版，第 33~34 页。
③ 福田德三：《生存権の社会政策》，講談社学術文庫 1980 年版，第 22 页。

"社会运动"的要求，认可了劳动者的人格性。社会政策具体以劳动者的收入确保、身体保护和人格保护的"劳动保护三要点"为实施内容。这种积极推进社会政策"福利化"的国家不同于以财产权拥护为目标的"财产国家"，这样的国家不仅拥护财产权，而且为了劳动者"人格性"的回复，承认全民的生存权。福田德三将这种国家称为"劳动国家"。他认为，社会政策就是要实现从"财产国家"向"劳动国家"转换。

（三）作为"经济哲学"的福利经济学

福田德三将经济学分为"价格的经济学"和"福利的经济学"，他认为"价格的经济学"是至斯密创立以来一直沿袭下来的传统经济学；"福利经济学"来源于德国的哲学和伦理思想，目前还没有形成体系。在他看来，现实经济生活的经济行为都是"价格的奴隶"，福利经济学就是要将人们从价格的束缚中解放出来。能够用货币来衡量的福利和价格在很多的时候并没有被区分，所以价格经济学和福利经济学的分界线并不是那么清楚和明确。福利经济学衡量的是"满足的程度"，价格经济学衡量的是"愿望的程度"，两者都可以用"效用"这个词语来表示。福田德三认为一定要区别"满足的程度"和"愿望的程度"，建立真正的福利经济学的基础就在于这个"满足的程度"，这也是两种经济学的根本区别。

为了建立福利经济学，福田德三考察了经济学发展史，他从以亚里士多德为代表的希腊思想开始研究，并将亚里士多德的"流通的正义"作为福利经济学的思想依据，还认为经济学不仅应该基于效用理论，还应该用托马斯·阿奎那的基督教教义进行修正。正统经济学的给付原则、费用原则、交换原则等资本主义社会的原则都是以自由竞争条件下供求均衡为前提，经济政策的展开也是为了维持供求均衡。正统经济学的讨论大都集中在生产领域，马克思也是通过研究资本主义社会的剩余价值的生产，才发现了资本主义剥削的本质。但是福田德三认为，资本主义社会除了生产活动以外，交换和分配活动也非常重要，剩余价值的源泉不是在生产领域，而是在先行于生产的各种生产条件的分配。因此，不同于重视生产理论和消费理论的传统经济学，福田德三更重视分配理论。他的分配理论的中心是"收入"的概念，他认为，人们依靠收入维持生存。资本主义社会先行于生产的是各种生产条件的分配以及先行于生产条件分配的收入分配，价格只是决定这种收入的道具，对每个人而言，真正有意义的是收入本身而不是价格。关于收入分配的原则福田德三认为，共产主义社会的原则是"顺应各人的需要分配"，这一原则在资本主义社会应该修正为

"顺应资本主义的有效需要"进行分配。从储蓄、消费和福利之间的关系来看，他认为，对社会必要的储蓄才是真正的储蓄，对社会不必要的储蓄是一种有害于福利的储蓄，不论是过剩消费还是过剩储蓄，都会造成生产力的萎缩。为了避免这种情况的发生，应当在生产力的维持增进所必要的储蓄和生产力的维持增进所必要的消费之间保持一种正确的分配比例，维持这个比例才是实现真正的均衡，保持这种均衡的正是"收入行为"，它是"生产关系者"与"非生产关系者""利润获取者"与"雇佣工资获得者""收入获取者"与"收入征收者的国家"等之间的一场"福利战争"。

第三节　河上肇的福利经济思想

一战期间，日本抓住同盟国与协约国之间战争的机会大肆进行商品输出，完成了资本的原始积累；与此同时，日本国内发生了严重的通货膨胀，物价飞涨，人们生活陷入困苦，逐步形成了庞大的贫困阶层。1918 年"米谷冲突"事件中，米价的暴涨激起了民愤，大量的民众走上街头冲击米店，这一事件加剧了人民贫困也进一步激化了社会矛盾。在这种情况下，明治早期自由主义的氛围已经不能适应需要，以福泽谕吉为代表的个人主义、自由主义的思想影响越来越小，同时当时后起的资本主义国家德国不断强大起来，德国的强大使得日本将学习的目光转向了德国，尤其是德国的社会科学对日本影响很大，因此明治中期以后，日本社会经济领域逐渐受到两种思潮的影响，其一是马克思主义的经济思想以及社会主义见解的抬头；其二是在德国社会政策影响下的社会改良主义思想在当时日本的大学讲坛上占据了主导地位，这种两极分化的趋势越来越趋明显。河上肇就是前者的代表。

河上肇（1879—1946）江户末期岩国藩士族长子，就读于京都帝国大学（京都大学的前身）政治科，他在读新闻上连载的《社会主义评论》，烦恼于如何实现利己心与利他心的平衡，信奉绝对的非利己主义。他在母校京都大学教授经济原理和经济学史的同时，针对日本的社会状况于 1916 年发表了《贫乏物语》，这本书正是当时大多数日本民众生活状况的真实写照，尤其是 1918 年米价暴涨引发了"米谷冲突"后，该书引起了人们广泛的共鸣。正如柴田武男所述："《贫乏物语》不仅仅只是一本书籍，而是当时日本社会现实的深刻反映，所以在贫困的日本社会中，《贫乏物语》立刻产生了强烈反响。""《贫乏物语》所提出的问题有着重大意义，它使得日本思想界受到了前所未有的巨大震撼。"① 此后，河上肇逐渐受到当时日本马克思主义两大代表性派别之一的劳农派影响，不断向马克思主义思想倾斜，其名著《第二贫乏物语》则是以马克思主义经济学为中心。河上肇在日本享有很高的声誉，2016 年是河上肇逝世 70 周年，日本河上肇纪念会于 2016 年 1 月 20 日在京都大学举办了题为"河上肇其人与我们的时代"的大型纪念座谈会，会上一些学者运用河上肇的思想，围绕当前日本社会的贫富差距、就业难、劳动生存方式、大学自治等问题展开论述。

从一战到二战期间，贫困问题一直是日本极其重要的社会问题，河上肇正是立足于这种社会现实，运用马克思主义的世界观和方法论围绕着贫困的定义、产生的原因和济贫的对策等全方位展开其贫困观，他的福利经济思想通过解决贫困的政策得到体现，《贫乏物语》也提起了人们对贫困问题的广泛关注。二战后，虽然日本经济步入了长达 20 多年的高速增长期，全民实现"一亿总中流"② 社会，但是贫困问题依然广泛存在；90 年代经济泡沫崩溃以后，日本进入了经济和社会问题的高发期，社会贫富差距的不断扩大使得贫困问题再度突显，所以关于贫困问题的解决办法成为了日本从战前到战后的救济事业、社会福利事业的出发点。

一、贫困的认识及原因分析

河上肇从认识"贫困人"这个词语入手，来展开他的贫困观。他将"贫困人"分为三类，他认为："第一意义上的贫困人是相对于有钱人而言的贫困人，这是对两者的财富拥有进行比较后，相对于'有钱人'这个词产生了'贫困人'这个词，由于贫富差距的绝对存在，所以任何一个国家在任何时候，存在有钱人的同时就必然会存在贫穷的人。不同的人之间进行比较有贫富之分，不同的国家之间进行比较也有穷国和富国之分。"③ 河上肇认为这种类型的"贫困人"只是相对于"有钱人"而言的财富不充裕，但是他们生存的需要并没有受到威胁，所以还不是真正意义上的"贫困人"。他将第二类的

---

① 柴田武男：《貧困問題の歴史的位相（上）》，《聖学院大学論叢》2013 年第 26 卷第 1 号。

② "一亿总中流"的提法是指在 1970 年代日本人口达到 1 亿左右，国民的大部分都认为自己属于"中流阶级"；"中流阶级"在社会学上是介于"上流阶级"与"劳动者阶级"之间的一个广泛的社会阶层，相对于"中产阶级"对经济能力的强调，"中流阶级"更加注重人们所处社会地位的高低和社会威望的大小。

③ 河上肇著、林直道解说：《貧乏物語》，新日本出版社 2008 年版，第 14~15 页。

"贫困人"理解为"被救济者",在他看来,"这种'贫困人'接受救助,依赖社会慈善事业维持生活,只要对其进行了救济,就可以根除这种贫困,所以济贫的工作在于寻找'被救济者'。"河上肇认为,经济学意义上真正应该被关注的"贫困人"是第三类型,即"连仅仅只够维持肉体的自然发展的人类生存所必需之物都无法获取的人。"[①] 他认为:"对于人类来说有三个东西最重要,即肉体、智能和灵魂,人类所理想的生活就是使三者健全地发展。如果人的身体很健康,但是大脑很迟钝;或者人的身体很弱小,但脑子很灵活;或者人格很卑劣,不论是哪一种情况都会给人造成困惑。所以应该使人的肉体、智能和灵魂都维持自然的发展,顺应每个人的天分使这三个方面获得伸展,在这个过程中就需要必要的物资进行维持,而连这种必要物资都无法获取的人就应该被称为'贫困人'。"[②] 在河上肇看来,肉体、智能和灵魂三者在对贫困认识上所发挥的作用不一样,他认为由于智能和灵魂完全属于无形之物,是否贫困不容易计量;只有身体是可以计算长短、看得见摸得着的有形之物,因此在实际对贫民的调查中,一般都以身体作为一个简便的衡量贫困的标准,所以那些连维持身体的自然发展之物都无法获取的人就理所当然被认为是贫困的人。河上肇将这三种类型"贫困人"的特点归结为:"第一意义上的贫困人是相对于有钱人而言的贫困,它意味着'经济上的不平等';第二种意义上的贫困强调的是接受'救济',它意味着'经济上的依赖';第三种意义上的贫困是无法享受生活的必要之物,它意味着'经济上的不足'。"[③]

河上肇以食物等费用的支出为标准,描述了"贫困线",他认为,维持人类肉体自然发展最基本的需求就是食物,如果以热量来进行衡量,成年男子从事一天的普通劳动所需要的热量为2500卡路里;除了食品费外,衣服、居住、燃料等其他杂费计算在内,以此作为一个人一天生活必需费用的最低限度,这样计算出来的就是"贫困线",生活水平正好处于贫困线以及在它之下的就是贫困人群。河上肇根据当时英国著名的社会调查家本杰明·西伯姆·朗特里(1871—1954)和查尔斯·布斯(1840—1916)的贫困调查发现,即使是当时最发达的资本主义国家英国,贫困的问题也非常突出,其中每日都规律的从事劳动但所得收入低下、家庭人口众多、家庭成员死亡、疾病无法从事劳动、就业不规则、无职业等原因所造成的贫困比例分别为 51.96%、22.16%、

---

① 河上肇著、林直道解説:《貧乏物語》,新日本出版社 2008 年版,第 17 页。

② 河上肇著、林直道解説:《貧乏物語》,新日本出版社 2008 年版,第 17 页。

③ 河上肇著、林直道解説:《貧乏物語》,新日本出版社 2008 年版,第 26 页。

15.63%、5.11%、2.83%、2.31%①。不仅是英国，美国、德国、法国等发达国家贫困现象也广泛存在。例如美国依赖于慈善团体的第二类贫困人口的数量为 400 多万人，第三类贫困人口数量为 600 多万人②。河上肇研究这些国家的财富分配状况发现，这些富国的财富集中于只占全国人口极少数的人群手中，其中英国、德国、美国、法国 65% 的最贫困者所占有的财富比例分别为 3%、5%、6%、5% 左右，而占人口总数 2% 的最富有阶层所占有的财富比例分别高达 70%、61%、50%、60% 以上③。这种贫困和财富集中的现状促使河上肇展开了对贫困原因的思考。

在河上肇看来，人类通过进化实现了直立行走，解放了双手和大脑，头脑的发达使得人们能够更好地改造自然、创造财富。工业革命以后，机械大工业的快速发展促进了生产力的极大进步，财富的增长没有给人们带来更好的生活，反而出现了严重的贫困问题，因此他在《貧乏物語》中篇中详细分析了贫困的原因。他从批判马尔萨斯的人口论出发展开论述，在他看来，根据马尔萨斯的人口论，人口的增长以几何级数增加，粮食的生产以算数级数增长，粮食短缺必然会造成大量人口的贫困；但是近百余年间，机械的发明渗透到了人们生活的各个方面，它使得生产能力达到了前所未有的高度，人口繁衍的速度比不上机械发明所带来的生产力发展的速度，20 世纪财富的快速增长绝对是 18 世纪所无法比拟的。因此，将贫困的根源归结为人口增长过快的"人口论"显然不符合实际。

河上肇通过分析当时日本社会的消费现状指出："之所以生产了大量的产品、很多的人却还是因为没有获得充分的生活必需品而感到困难，究其原因与产品的分配方式不好有一定的关系，但是实际上，从一开始，生活的必需品就没有被充分的生产。虽然在都市的商店里陈列着各种各样的商品，但是真正的生活必需品供应不足，各种奢侈品的供应却过剩了。"④在他看来，这就是经济组织的根本缺陷。河上肇认为，当前日本社会经济组织的特征就是，虽然依据需要进行生产，但是与对生活必需品的需要相比，生产奢侈品的需要占据了上风，从而使得用于生产大多数人生活必需品的原料被用于生产了大量无用的奢侈品，即所谓"天下的生产力被奢侈品剥夺了"，这就是造成日本社会大量

---

① 数据来源：《貧乏物語》，新日本出版社 2008 年版，第 32 页。
② 数据来源：《貧乏物語》，新日本出版社 2008 年版，第 36 页。
③ 数据来源：《貧乏物語》，新日本出版社 2008 年版，第 39 页。
④ 河上肇著、林直道解说：《貧乏物語》，新日本出版社 2008 年版，第 96 页。

"贫困人"存在的根本原因。

二、贫困的解决对策

河上肇提出了解决贫困的三大对策。即"第一,世界上的富人自己废止对一切奢侈品的生产;第二,想尽一切办法矫正过大的贫富差距,使社会一般人群的收入较为均衡;第三,不要将各种生产事业委托给以营利为目的的私人经营,如军备、教育等,国家自己承担生产事业,同时对当前的经济组织进行大刀阔斧的改造。"①

河上肇首先从对西方古典经济学的认识入手展开对"自由主义""个人主义"的批判。具体来说他认为,发端于英国的近代经济学从根本上来说也是一种社会观,西方古典经济学将资本主义经济组织之下注重个人利己心作用的发挥作为经济社会进步的根本动力,而且将自由发挥个人利己心从事经济活动看作是增进社会公共最大福利的最善手段,所以英国正统的经济学讴歌资本主义的经济组织,极力主张自由放任或个人主义,并将这一理念作为国家经济、政治和社会的基本原则。从现实的情况来看,资本家对利润最大化的追求使得资本主义社会既存在着连维持肉体健康所必要的最低限度的衣食都无法获取的"贫困人";也使得满足有钱人奢侈消费的商品不断被生产出来,所以如果单从有钱人的利己心满足来看,这种自由放任当然很有利,但是如果以社会全体利益作为衡量标准,这种自由主义却未必合适。而且商品的生产活动以需求为基础,需求以购买力为条件,资本主义的生产活动实际上只能是满足有钱人的需求,所以如果单纯以需求来支配一国的生产力,显然是不合理的。一方面,放任某种需求未必能增加社会公共的福利,同时在满足某些个体需求时可能还会对社会其他群体的福利造成损害;另一方面,在各种需要被满足的需求中,先后顺序应该如何确定,如果单纯以需求者所提供金钱的多少来衡量需求强度,那么以这种需求强度为标准的分配制度就不是理想的分配制度,这也不是理想的利用社会生产力的方法。所以河上肇明确地指出:"现代经济组织下的个人主义是带来多数人贫困的最大弊端。"②

正是基于对"自由主义""个人主义"的批判,河上肇提出了其治贫的第一策,即废止富人的奢侈消费。他指出,社会经济组织从表面上看是商人生产了很多的奢侈品并在市场上销售,于是有钱人才会去买这些奢侈品,但实际

---

① 河上肇著、林直道解说:《貧乏物語》,新日本出版社 2008 年版,第 108~109 页。

② 河上肇著、林直道解说:《貧乏物語》,新日本出版社 2008 年版,第 131 页。

上，这是一种本末倒置的看法。因为这些奢侈品并不是只有制造者、销售者而没有购买者，而是售卖和购买行为并存，当然买和卖两者之间互为因果关系，大量奢侈品充斥市场固然有生产者的责任，但是最根本的责任不是生产者而是需求者，如果不论是谁都不去购买这些奢侈品，那么商人就会因为遭致亏损而放弃对这些产品的生产。河上肇认为，虽然禁止奢侈可以以国家政治制度或法律的形式来强制执行，但是从德川时代日本"禁奢令"的效果来看，却并不理想。因此他认为，仅仅依靠外部的强制力量来禁止奢侈是远远不够的，还应该通过个人的自制来不断努力减少对奢侈品的消费，所以他主张世界上的富人自己废止对一切奢侈品的生产和消费。同时他也认识到仅仅依靠富人自身勤俭节约有一定难度，因此他认为应该一方面抑制富人财富不断增加的态势，另一方面逐渐提高"贫困人"的地位，这样就可以缩小贫富差距。基于此他提出了第二个脱贫政策，即想尽一切办法矫正过大的贫富差距，使社会一般人群的收入较为均衡。他认为，这样一来，一国的购买力就可以向社会最大多数人的需求转移。河上肇治贫的第二策实际上是从社会政策层面来解决贫富差距过大的问题，在他看来，要想找到稳妥而又彻底的解决贫困的对策，最终还是应该归结到他的治贫第三策，即对现行的经济组织进行变革，变"个人主义"为"国家主义"或"社会主义"，因为他认为："社会政策的实施大多数时候是作为社会主义的一个部分或者渐进式的实现而被认识的。"①

　　河上肇认为，当前经济组织中存在着严重的贫富悬殊，只要放任富人对奢侈品的种种需求，社会的贫困问题就无法杜绝，所以如果想要从根本上消除贫困，就必须对现存的经济组织进行改革。他的治贫第三策认为，当前大多数人的生活必需品没有被充分生产的原因在于货物生产这一重要的事业被委托给了只以赚取利润为目的的私人经营，军备、教育等事业如果也委托给私人，就违背了教育的初衷，也不利于国家军事的强大，因此各种生产事业，尤其是国民生活必需品的生产调配，应该由国家来承担，实现由私人赚取利润为中心而从事生产的经济组织向国家（或社会）为中心的经济组织转变，只有对现有经济组织进行改造才是解决贫困的根本办法。这种改革经济组织，发挥商品生产中国家作用的思想实际上就是变经济上的"个人主义"为"国家主义"。河上肇指出："从学问上来说，如果说国家是社会的一种形态，那么与国家这个词相比，社会这个词包含的意义更加广泛，所以相对于'个人主义'，'社会主

---

① 河上肇著、林直道解説：《貧乏物語》，新日本出版社2008年版，第162页。

义'这个词比'国家主义'更加合适。"① 但是由于担心"社会主义"容易与对"无政府主义""世界主义"等的理解相混淆，所以他还是使用了"国家主义"来表明自己的治贫主张。河上肇从马克思的生产力和生产关系之间关系的理论出发来认识经济组织变革的意义，他指出："从经济上来看，当社会的生产力（表现为财富的生产力）增加时，与之相关联的社会生产关系或经济组织也会随之发生变动，而且经济组织是社会组织的根本，一旦经济组织这个基础发生了动摇，构筑在它之上的上层建筑如社会的法律、政治、宗教、哲学、艺术、道德等都会发生变动。"②。河上肇很重视经济组织的变动与人的思想精神变动之间相互的影响关系，他认为，当前经济组织中金钱至上的思想使得义理、人情沦丧，"个人主义""利己主义"的思想在现行的经济组织中广泛存在，如果经济组织向着"国家主义"的方向转变，那么"利他主义"思想就会慢慢渗透到人们的精神领域中去，思想意识的转变又会反过来促进经济组织的改良。因此，在他看来，要解决社会问题，除了着眼于社会组织的改造还应该重视对个人精神层面的改造，他所理想的精神层次是不论贫贱、患难，人们都应该保持一颗君子之心。河上肇在治贫第一策中提出要富人自觉禁止奢侈，实际上也包含了通过人精神层面的改造而达到一种节俭自觉的理想。

三、运用马克思主义理论的新治贫观

河上肇在杂志《改造》上连载了《第二贫乏物语》，该书于 1930 年作为单行本正式公开发行。日俄战争以后资本主义世界的形势发生了急剧变化，很多国家国内动乱、劳动者罢工、社会主义政党形成并遭到压制，西欧马克思主义如洪水般涌入日本，河上肇因自己的学问良心开始倾心于马克思主义的研究。《第二贫乏物语》以对马克思列宁主义忠实拥护的立场，探讨如何将资本主义社会中大多数人从贫困中解救出来。河上肇认为，资本主义国家产业经营活动中，资本家为了最大限度获取利润，从而尽可能地剥削和榨取劳动者的剩余价值，劳动者在长期长时间的劳动中身体健康和生命受到侵害，致伤致残的劳动者因为失去工作必然会在饥饿线上挣扎，由此陷入永久的贫困。因此，在他看来只有社会主义才能消除贫困，从而表达了对社会主义的向往以及必须要通过社会主义革命才能消除贫困的见解。他认为，资本主义生产形成了两种集中的趋势，其一是大量的社会财富集中在少数人手中，从而造成了资本的过分

---

① 河上肇著、林直道解说：《貧乏物語》，新日本出版社 2008 年版，第 17 页。
② 河上肇著、林直道解说：《貧乏物語》，新日本出版社 2008 年版，第 154 页。

集中；其二是大量的劳动者一无所有，成为真正意义上的无产阶级，这些无产大众主要集中在大城市。这两种集中趋势形成的原因在于资本主义极端不合理的财富分配制度，这种制度是造成的贫富差距过大和广大无产阶层贫困的主要原因。在《第二贫乏物语》中他清楚地认识到单从道德层面指责，或要求富人自主自觉的减少对财富的拥有或奢侈品的消费在现实中不一定具有可行性。在他看来，这种"物质生活的矛盾"不是单纯依靠道德说教就可以解决问题的，而是从"物质生活的矛盾"反映出了"生产力与生产关系之间所存在的矛盾冲突"，要从根本上解决这种冲突只有依靠社会革命。河上肇认识到社会的变革需要一个从量变到质变的过程，因此他指出："新出现的社会弊端是现存生产方式的必然结果，但同时也是这种生产方式必然会崩溃的前兆，而且这种崩溃是通过经济运动形态内部的不断变化，在将来的某一时刻，革除社会的弊害，产生新的生产和交换的组织。"① 河上肇最初作为日本社会政策学会的重要成员之一，其思想意识上有着明确的社会政策、社会改良的主张，如他在治贫第一策中主张通过人的思想精神的教化，使富人自觉的减少奢侈品的消费，即禁止奢侈；第二治贫政策中主张运用社会政策解决贫富差距问题。但是到了他的治贫第三策则主张发挥国家在经济组织改革中的作用，尤其是后来认识到只有社会主义、社会革命才是解决贫困问题的根本办法，这一思想转变的过程也是河上肇马克思主义治贫观逐步建立的过程。他真正站在社会下层劳动者的立场上，运用马克思主义的理论来思考贫困问题的对策，因此京极高宣指出："河上肇的经济思想，从某种意义上来说是从自由主义到军国主义统治下向马克思主义转变的表现，河上肇是那个黑暗时代极具日本良心来探求经济学真理的一个人真正的求道者。"②

第四节　简　要　评　价

从古代社会到二战结束前，贫困问题一直是日本社会福利所关注和解决的主要问题，只是不同时代贫困形成的原因、表现形式和解决对策有所差异。近代日本社会福利的理论、实践大部分都是围绕着治贫展开，不论是福田德三对生存权的认识，还是河上肇的贫困观，都是立足于当时日本的社会经济现实，

---

① 河上肇著、林直道解说：《第二贫乏物语》，新日本出版社 2009 年版，第 238~239 页。

② 京極高宣：《福祉の経済思想》，ミネルヴァ书房 1999 年版，第 161 页。

以社会广泛阶层所面临的生活困苦状态为关注点。实际上，河上肇在对贫困人三种类型的认识中，也有着非常明确的对人生存权保障的主张。他们都关心社会下层人们的生活，也致力于寻求济贫的对策。只是两者价值观的差异使得他们分别成为了社会改良和社会主义两种不同主张的代表。河上肇的价值观在于否定个人的利己心，认为经济活动不应该以营利为目的，所以他是超越经济主体利己欲望的国民经济全体利益的代言人；福田德三则将经济主体具有利己心的动机所从事的自发性活动作为追求社会进步的源泉，认为政策的干涉应当限定在促进个人自助的最小范围内，他是"社会政策自由主义"立场的坚定持有者。这种价值观的差异在两者面对日本农业政策的态度上也可以明显的表现出来。河上肇把小农制作为国民道德和强兵的基础来认识，主张小农保护，保存米谷关税，支持农业保护政策，是典型的农工商鼎立论的支持者；福田德三则认为农民缺乏盈利欲望的小农制是日本农业落后的根源，因此主张激发农民的盈利欲望，实现从小农制向自营农共同经营的大农业转化，反对农业保护政策，认为应该实行自由主义，通过市场实现生产资源的合理分配。

对于河上肇认为社会经济组织上奢侈品生产过剩，生活必需品不足，因此主张禁止奢侈，富人自觉减少奢侈品消费的治贫第一策，福田德三就进行过强烈批判。他认为，其一，即使社会减少了奢侈品的生产，增加生活必需品的生产，也不能从根本上解决生活必需品缺乏的问题；其二，让有钱人从道德层面上自觉减少奢侈品的消费根本就是一种徒劳无功；其三，需要决定生产的这一基本前提本身就是错误的。因为在他看来，只有肯定了个人的利己心，并把它作为社会进步的源泉，实行自由主义，以市场的力量来自发调节产品生产才是解决贫困的手段。实际上，福田德三的批判也从一个侧面反映了他与河上肇价值观上的根本差异。河上肇主张依靠富人自觉禁止奢侈品消费的想法的确存在着很强的空想主义色彩，到他《第二贫乏物语》发表时，河上肇已经由社会政策学派的一员变成了坚定地马克思主义者，这种思想观念的转变在治贫的主张上表现为明显的社会主义或马克思主义的治贫观，从这一点上来说有了很大的进步。

不论是福田德三、河上肇还是这个时代其他学者的福利思想，或是这个时代的福利实践都以济贫为主，因此这种福利思想更像一种救济思想。现代意义上的社会福利显然不只是社会救济这么简单，所以这些萌生中的福利思想是日本早期的福利经济思想。但是它研究问题所使用的经济哲学、社会哲学、社会法学等视角，它所运用的社会政策或马克思主义方法，它所主张的治贫政策和对生存权的重视，的确为此后日本福利经济思想的研究开启了新的思路，也对日本的社会福利实践和立法发挥了重要作用。例如日本在战时所制定的《生活保护法》（1950 年修改为新的《生活保护法》）的第 25 条就明确规定了对生存权的保护。

　　有关贫困的问题对于现代日本社会仍然具有很强的现实意义。日本至 20 世纪 90 年代经济泡沫崩溃以后，经济一直陷入低迷。日本社会长期以来实行终身雇佣制，这也被誉为日本企业成功的三大神器之一，在这一制度下，企业为员工及其家人提供了较为完善的福利保障。但是在经济不景气的情况下，日本企业中出现了很多的派遣制、契约制、代理制员工，这些非正式员工长期高强度工作，但是薪资收入和福利保障却非常低下，雇佣的不平等成为了日本社会贫富差距过大的重要原因。虽然现代日本社会贫困的原因和现状不同于近代，但是贫困给人们生活所带来的负面影响都非常大，因此必须寻找从根本上解决贫困的治贫之策，河上肇和福田德三的思想无疑对我们现代社会仍然具有重要的借鉴意义。

第三章　战后重建至福利国家建成期的福利经济思想

第一节　战后重建至福利国家建成期福利经济思想的发展状况

一、经济社会背景

(一) 经济背景

战后初期，由于战败以及广岛、长崎的原子弹事件使日本经济陷入崩溃的边缘，很多人因为饥饿挣扎在死亡线上，但实际上日本的经济却并不是从零开始起步，民需产业和轻工业的生产设备损坏较为严重，重工业受到的损失较轻。战前日本的重工业并不发达，二战使得日本与军需相关的重工业获得了较大的发展，这些技术实力也对战后的经济恢复发挥了重要作用，一些战时遗留下来的军需重工业开始向民需产业转移。战后初期日本陷入了严重的通货膨胀，物价达到了战前的200~300倍，随着通胀的发生货币也大幅度贬值，日元兑美元从战前的1美元兑2日元，贬值到了战后的1美元兑360日元①，因此，战后最紧要的任务在于经济振兴。日本战后进行民主化改革，国内体制实行大众民主主义制度，表现为以国民主权、男女同权为基础的普选制。财阀解体、财产税的征收，经济的垄断被打破使大资本家没落，实现了人与人之间的平等化；农业土地改革实行农家小规模的自作农制度，农业的生产积极性得到了提高，农民的收入增加购买力增强。美国在战后对日本管理期间也导入了一些政策和经济模式，如以综合所得课税为中心的税制，金融领域实行了短期金

① 伊藤修：《日本の経済——歴史・現状・論点》，中央公論新社2007年版，第55~56页。

融业务由商业银行办理、长期金融业务由证券市场完成的分业经营制，劳动组合也由以产业为中心转向了以企业为中心。

　　1955 年至 1973 年是日本经济的高速增长期，这一增长是由强烈的投资主导和生活方式的大变革开始的。这一时期总体的国际环境非常适合经济发展，整个世界的生产、贸易都在高速增长，1950—1973 年的世界年平均实际经济增长率为 4.9%，贸易出口量的年平均增长率为 7.9%；IMF（国际货币基金组织）和 GATT（关税及贸易总协定）主导的固定汇率制和自由贸易体制，保证了贸易活动的稳定进行，关税的减免逐步推进，日本汽车产业由此受惠。日本从 1956 年到 1970 年一直维持在 10% 左右的 GDP 增长率①，GDP 增长的主导因素是一种典型的内需主导型、投资主导型经济增长，以家庭生活消费为主导的消费支出对总需求增加的贡献最大，民间投资增速较快。战后日本的贸易结构以石油、铁矿石等原料的进口为主，出口高附加值工业制成品。1956 年，日本出现了战后第一次经济增长高潮，即"神武景气"；1958 年至 1961 年又出现了战后第二次经济发展高潮，即"岩户景气"。1961—1970 年，由日本池田勇人内阁制订并实施的《收入倍增计划》，通过充实社会资本、提高高生产率部门在产业中的比重、促进对外贸易和国际经济合作、培训人才、振兴科学技术、缓和二重结构、确保社会安定等措施，使得日本在此期间的国民生产总值和国民收入的实际年平均增长率达到 11.6% 和 11.5%，10 年间实际工资平均增长 83%②，这一时期，日本受益于经济的高速增长，由此诞生和形成了一个强大而稳定的中产阶层。到 1970 年该计划完成之时，日本的国民生产总值已先后超过法国和德国，仅次于美国，跃居世界第二位。

　　经济高速增长所累积的通货膨胀、两极分化、大都市人口过密和农村人口过疏等问题日益严重，同时企业和金融机构盲目的扩大规模，追求高额的市场占有率，只顾眼前利益，压缩了未来的发展和利润空间，股东监管弱化使得企业经营者权利过大，投机性的经营行为加大了企业的经营风险。1970 年代以后，国际经济大环境也发生了一些变化，布雷顿森林体系的瓦解，标志着金本位制的固定汇率制解体。汇率制度由固定汇率制转向了浮动汇率制后，国际资本尤其是各种投机性的短期资金流动频繁，由此国际经济金融环境发生了很大

---

　　①　伊藤修：《日本の経済——歴史・現状・論点》，中央公論新社 2007 年版，第 66~70 页。

　　②　伊藤修：《日本の経済——歴史・現状・論点》，中央公論新社 2007 年版，第 80 页。

变化。1973 年，中东战争导致第一次石油危机爆发，日本顿时陷入了缺油的恐慌，社会不安定因素开始滋生，通货膨胀与高失业率并存。1974—1975 年日本经济不景气最终使得延续了 20 年左右的经济高速增长走向终结，经济发展进入了低速增长阶段。面对经济不景气和日元升值，政府采取了扩张性金融财政政策，在此基础上，田中角荣内阁实行的"日本列岛改造计划"造成了油价与地价的双上涨，严重影响了工业生产和国民经济生活，一场抢购日用商品、哄抬物价的风潮，迅速从城市刮向乡村。企业在经济的不景气中举步维艰，从而加大了裁员力度，一些企业的非正式员工加入了失业的大军，同时政府为了减少财政支出，财政界为了减少税金负担，加快了社会改革的步伐。1980 年以后，第二次石油危机爆发对日本造成了一定的冲击，但总体影响不大。里根的经济政策使得美国陷入了"双赤字的困境"从而加大了美日之间的贸易摩擦，为了缓和与美国的贸易摩擦，1986 年以后，日本开始了以扩大内需为主的经济战略，主要包括以扩大公共投资为中心的财政支出方针和扩大民间投资减少储蓄。

(二) 社会背景

随着日本在波茨坦公告上的签字，第二次世界大战走向了终结，随之而来的是占领军对日本本土的占领以及以国内民主化和经济复兴等为特征的社会经济领域改革。战争造成了大量的人员伤亡，也产生了很多战争孤儿、遗族、从战地回国的士兵、失业者等。据统计，当时遭受战争灾害的有 925 万人，从战地回国的士兵有 306 万人，失业和半失业人员有 450 万人[1]。这一时期，粮食的生产量远低于预期水平，工业生产也低于战前水平。粮食问题和贫困者的生活维持成为了当时占领军和日本政府所要解决的首要问题。此后，占领军政府开始全面推进日本的非军事化、民主化改革，这些改革使得日本社会和日本人的意识发生了很大改变。随着军国主义和天皇制对人们思想禁锢的解除，信仰自由的思想开始深入人心。占领军政府通过发出人权指令和五大改革指令，废除了特高警察制度，并按照新的选举制度实行众议院选举，扩大女性的选举权。同时通过劳动改革推进了劳资关系的民主化，以劳动力保护标准的改善和民主的劳动团体结成为目标的《劳动组合法》《劳动基准法》《劳动关系调整法》等相继建立起来。1946 年，日本国家宪法颁布，在宪法中有关于社会福

----

① 菊池正治など編：《日本社会福祉の歴史》，ミネルヴァ書房 2003 年版，第 153 页。

利、自由、正义和民主主义的详细规定，宪法第 25 条有关"生存权"的规定
中，明确表达了所有国民都拥有追求文化生活提升、健康生活权利的思想；同
时表明了对个人尊重和幸福追求权的承认、对和平生存权的保障，以及关于权
利平等、男女平等一系列的规定。经过战后经济的恢复，50 至 70 年代，日本
进入了经济的高速增长期。随着经济的发展，城市化的速度也不断加快，到了
1975 年，日本城市人口已占总人口的 72.1%。"核家族化"① 的趋势不断显
现，到了 1970 年，家庭平均的人口数已经下降到了 3.87 人。城市人口过于集
中、农村人口不断减少所带来的环境污染、住房紧张等问题也日益凸显。这一
时期，日本高等教育的普及率也在不断提升，短期大学以上学历的人数占比从
1950 年的 6.2%上升到了 1975 年的 37.7%。医疗条件的改善和社会环境的变
化使得国民身体素质得到了很大的提高。1970 年的人口老龄化率（65 岁以上
老龄人口的占比）达到了 7.1%，由此日本进入了"高龄化社会"②。同时经
济快速发展对环境的破坏使得 1960 年以后公害问题日益严重，从 50 年代末期
开始，由于重化学工业的发展所带来的自然环境破坏，企业一味追求经济效益
所带来的农药问题、食品公害问题不断显现，以"酞胺哌啶酮事件""水俣
病""四日事件"等为代表的公害事件频发，使得越来越多的国民遭到了健康
损害，于是以公害补偿、企业追责等为主要内容的住民运动广泛展开。

二、社会福利制度发展状况

二战结束后，日本社会经济进入了重建阶段，社会福利事业也从二战前以
家庭成员和近邻的相互救助为前提、国家极其有限的社会救济制度为主导、民
间慈善家所从事的慈善博爱事业为补充等为特征的社会事业向着现代意义上的
国家福利制度建设转变。政治上，随着自由党和民主党的合并，日本建立了
"55 年体制"③，此后自民党作为政府的代表，成为了这一时期福利国家制度

---

① "核家族化"是社会中与大家族、复合家族等相对的一种家族形态，在日语中它
特指只由父母和子女构成的家庭形式。

② 数据来源：菊池正治など編：《日本社会福祉の歴史》，ミネルヴァ書房 2003 年
版，第 166 页。

③ 1955 年 10 月，日本左右两派社会党实现统一后，11 月，两个保守政党自由党和
民主党也实现联合，成立自由民主党（简称自民党）。此后，自民党在众议院拥有 2/3 左
右议席，成为日本势力最大的政党。社会党在众议院占 1/3 左右议席，成为仅次于自民党
的第二大政党。由此，日本政党政治进入了以保守的自民党长期执政、以社会党为主要在
野党的政治格局，史称"55 年体制"。

的主导力量。从战后到 20 世纪 90 年代之前，日本的社会福利制度建设经历了初创期、扩充期、政策转换期这三个阶段，经过三个阶段的发展，日本已经初步建成了较为全面的福利国家制度。

（一）国家福利制度基本框架的形成期（战后初期—50 年代后期）

二战结束后，在战争中丧失家园和家人的孤儿、流浪儿、失业者、伤病员等广泛存在，物资短缺所造成的恶性通货膨胀使得国民生活陷入了极其悲惨的境地，粮食问题以及贫困者、生活困难人群的救助对策成为了这一时期政府最大的社会课题。战后占领日本的联合国军司令部成为了当时日本的最高权力机构，司令部设立民生局和公众卫生局负责指导福利行政事务。1945 年，厚生省社会局开始恢复工作。同年 12 月《生活贫困者紧急生活援助纲要》《战争灾害儿童等的保护对策纲要》正式实施，这些纲要以一般生活困难者、失业者、遭到战争灾害者、士兵遗族、伤残军人、战争孤儿、流浪儿童等一系列生活极其困难的人群为救济对象。从 1946 年到 1949 年，支撑战后日本社会的"福利三法"即《生活保护法》（1946 年）、《儿童福利法》（1947 年）、《残障人士福利法》（1949 年）制定并执行，1950 年修订了原有的生活保护法制定了《新生活保护法》。在"福利三法"的基础上，1951 年以推进社会福利各项事业为目的的综合性法律《社会福利事业法》正式公布实施，由此标志着战后日本社会福利政策和服务的基本框架已经建立起来。以"福利三法"为代表的福利法规在二战后经济社会的重建时期发挥了政治性功能和社会性功能，有利于稳定的社会秩序建立。

（二）国家福利制度的扩充期（50 年代后期—70 年代中期）

经过 50 年代经济社会的恢复与重建后，日本经济开始走上了"黄金的 60 年代"。经济快速发展所带来的城市化进程加快，使得原有的家庭与社区相互扶助的功能逐渐衰退，随着家庭所具有的赡养功能缩小，政府在实施经济增长政策的同时也开始重视社会福利、社会保障的作用。这一时期经济高速增长所带来的社会财富增加也使得政府有比较充足的财源支撑社会福利建设工作的开展。1958 年政府颁布了《国民健康保险法》，1959 年颁布了《国民年金法》，这两项法律确立了日本"全民皆保险"和"全民皆年金"制度。经济快速增长所带来的多样化的福利需求使得原有的"福利三法"已不能满足需要，从 1960 年到 1964 年，在原有福利三法基础上又增加了《精神薄弱者福利法》（1960 年）、《老人福利法》（1963 年）、《母子福利法》（1964 年），"福利六法"的颁布标志着战后日本社会保障体制正式确立起来。

这一时期,日本社会福利制度建设的理念从此前的"救贫""济贫"向着"防贫"开始转变。福利制度建设中日益重视物质福利以外的福利设施和福利服务的供给,社会保障的预防、恢复、开发功能逐步受到重视,福利制度的受益对象也从此前的贫困阶层、低收入阶层向全体国民覆盖。

(三) 国家福利制度的政策转换期 (70 年代中期—80 年代末期)

前一阶段经济高速增长在增加人们收入、改善生活的同时也带来了诸如人口城乡分布不合理、环境污染、家庭结构及其功能的变化等一系列社会保障新课题。随着石油危机的爆发,日本经济高速增长走向终结,经济增速的放缓使得支撑大规模社会保障开支的财源受到了影响。同时 20 世纪 70 年代以后,日本进入了高龄化社会,高龄者和残障人士的照料和护理问题不断增加,此前的福利设施和服务已不能满足需求。1973 年政府导入了老年人医疗费用支付制度,该制度规定:70 岁以上老人的医疗费用由国家和自治体负担,即所谓老年人医疗费用无偿化。由于 1973 年用于社会保障的财政预算多于往年,因此这一年被称为"福利元年",但是这种趋势并没有持续下去,相反社会福利所面临的现实问题促使政府对于此前"天女散花"式的国家福利模式开始反思。日本从 70 年代后半期开始,由于财政赤字逐渐扩大,大藏省执行"小政府"政策,即尽可能缩小政府部门的规模及其权限,给企业以自由空间,为民间企业商业活动提供更多机会。1979 年 8 月,内阁的"新经济社会 7 年计划"明确了日本社会福利的方向,即将此前公共部门福利扩充以国家主导的模式,变为重视个人的自助努力和家族、地域社会等协作为特色的"日本型福利社会"①。这种"日本型福利社会"有七个关键点,即否定欧美国家公共部门过于肥大、低效率的政府主导型福利政策,重视个人的自助努力,重视家庭的相互扶助,重视地域社会的相互扶助,重视企业福利,重视民间的活力和市场机制,社会保障的政策应该是自助努力和家庭福利等机能的补充。这七个关键点成为了 1980 年代以后日本社会福利政策的基调。1982 年,日本颁布了《老年人保健法》这个法律旨在减少 1973 年实行的老年人医疗免费制度所造成的医疗资源浪费,减少国家在老年人医疗保健方面的支出;1986 年又对该法进行了修改,设立了老年人保健设施。1985 年修改了《国民年金法》,对种类繁多

---

① "日本型福利社会"这个词首次出现在村上泰亮与蜡山昌一合著的 1959 年版的《生涯设计计划——日本型福利社会的前景》(日本经济新闻社 1975 再版) 一书中。

的年金制度进行改革，设立了面向所有国民的基础年金以及针对公务员和企业人员的共济年金和厚生年金，由此形成了公共年金的"二层结构"。

（四）国家福利制度的基本内容

经过战后 40 多年的建设与发展，日本已经建成了一个覆盖全民、内容全面、结构复杂、保障完善的国家福利制度。这种国家福利制度总体来说由社会保障和雇佣保障两大部分构成，其基本内容涵盖社会保险、国家救助、社会福利、公共卫生医疗、老年人保健、住房政策、雇佣政策等几大领域。

社会保障的主体内容是社会保险，它具体包括医疗保险、养老保险、失业保险、工伤保险和护理保险。日本的医疗保险制度是最早设立的保险制度，主要由健康保险、国民健康保险和共济保险组合制度等共同构成。其中健康保险的保障对象是企业的在职员工，为他们在伤病、分娩、死亡时向其本人或家属支付医疗费或保险金，其保险经费财源来自于政府、雇主和被保险人三方；共济保险以各类公务员和私立学校教职员及其家属为主要保障对象，其保费的交付是由各共济组合成员的年龄构成、平均收入和赡养人口等多方面共同决定；国民健康保险的保障对象是从事农林渔业的从业人员、个体经营者、小企业雇员和无业人员，其保险财源来自于被保险人、国家和地方政府。养老保险制度又称为"年金制度"，主要由国民年金、厚生年金和共济年金三部分组成；其中国民年金具有强制性，凡居住在日本的 20~60 周岁人员都必须加入；厚生年金的保险对象是 65 周岁以下的企业在职职工；共济年金的保险对象是各类公务员共济组合和私立学校教职员共济组合的成员。失业保险制度建立于 1947 年，是战后政府为了应对高失业率的压力、保证失业者的基本生活所设立，后来被《雇佣保险法》所取代。社会福利主要包括残疾人福利、儿童福利和老年人福利，它旨在保障这些社会弱势群体的利益。

雇佣保障是企业对职员及其家属提供的生活保障，它涵盖了医疗、养老、住房、购房融资、雇佣等多方面政策，其中医疗、养老等内容通过社会保障来体现。雇佣保障制度在日本的福利制度中居于极其重要的地位。20 世纪的60~80 年代，日本经济快速发展的一个重要增长因素是国家大规模基础设施建设所带来的企业投资增加，这一时期的日本也被成为"土建国家"①，这些

---

① 土建国家在日语中指投入巨额公费用于土木工程建设，战后高度经济增长期的日本就属于"土建国家"（引自：宫本太郎著，周洁译：《福利政治》，中国社会科学文献出版社，2015 年版，第 2 页）。

公共事业领域的投资带来了经济的景气繁荣，也创造了大量的就业机会，由此形成了日本独具特色的雇佣保障体制。一方面是在流通业、制造业等领域的零散中小企业中实行的相对稳定的雇佣制度，这些企业受益于政府公共事业建设所带来的大量发展机遇和政府增强中小企业竞争力所实行的诸如资金融资制度等的保护政策，同时通过日本官公厅劳工组织协议会（简称官公劳）、中小企业工会组织等劳动组织以"春斗"①的形式迫使政府制定政策提高中小企业以及无组织劳动者的工资，因此这些企业的员工虽然不能保证终身雇佣，但是其稳定的雇佣环境也对员工及其家属的生活提供了极大保障。另一方面就是在电气、化学、石油等领域高生产率的大企业中所实行的极具日本特色的"终身雇佣制"，这项制度由松下公司创立于 1928 年，它是日本传统文化中忠诚、团结、集体主义以及家社会等理念的体现；它经过 60 年代企业内部以长期雇佣为前提，将年功制和能力主义管理结合起来并联动企业内福利待遇等为特征的日本式劳务管理模式发展而来，这项制度成为了大企业员工及其家人生活保障的主要来源。正是这种雇佣制度的模式使得日本的社会保障支出倾向于人生后半生的医疗、养老等的支出，而不太重视与失业有关的支出。此外，日本也有较为完善的住房政策，国家通过《公营住宅法》（1951 年颁布实施、1966年进行修正）以低租金的形式解决了低收入群体的住房问题，安定了他们的生活；1951 年《住宅金融公库法》的实施保证了银行以长期低利率向住宅建设提供融资；通过《地方住宅供给公社法》（1965 年）为大城市的中间劳动者阶层解决了住房问题；政府从 1966 年开始实施《住宅建设计划法》每五年为一个计划周期，到 2006 年该计划法废止时为止，经过 8 次计划的实施保证了大多数民众有房可居。

三、福利经济思想研究现状及代表人物

从战后到 20 世纪的 90 年代，日本经济发展经历了战后初期复苏、50~70年代的高速增长、70~80 年代的低速增长等几个阶段。这个时期是日本现代福利国家制度从无到有的建设过程，也是福利政策、福利法规不断出台并逐步走向完善的阶段。福利经济思想的发展为社会福利制度建立提供了重要指导思想，福利政策和制度也为福利经济思想的形成和发展提供了现实素材。大致来

---

①　春斗（日语写作"春闘"）是日本工会在每年春季（一般在 2 月份左右）组织的为提高工人工资或缩短劳动时间等一系列要求改善劳动条件的运动，又叫"春季生活斗争""春季劳资交涉"等。

说，从战后初期到 60、70 年代左右，福利经济思想探讨的问题围绕着战后日本社会福利理论的基础研究展开，主要涉及对社会政策、社会事业、社会福利等概念及其之间关系的认识；70 年代以后，由于经济高速增长所带来的环境负效应不断凸显，因此有关公害的福利经济思想就成为了这个时期所关注的一个重点。80 年代以后，随着人口老龄化问题逐步严重、福利开支所带来的财政困难日益凸显，有关高龄者福利、企业内福利改革、福利财政等成为学者们比较关注的问题。

（一）社会福利理论的基础研究

从战前到战后关于社会政策理论研究，最为著名的代表人物是大河内一男，此外，孝桥正一和冈村重夫作为他思想的后继者对日本社会福利理论的建立也发挥了非常重要的作用。除了这三个人物以外，在战时有关社会政策研究的代表人物还包括海野幸德、沼佐隆次、风早八十二等；战后对社会福利理论基础研究做出贡献的包括竹中胜男、竹内爱二、鸠田启一郎、木田彻郎等。

海野幸德从 1920 年开始起就致力于建立有关社会事业的系统化理论，他从社会政策和社会事业的差异出发，构筑了作为新科学的"社会事业学"，这些成果收录在他的专著《社会政策概论》中，1953 年他将这些成果总结和深化后出版了《福利学大纲——作为新科学的社会事业学》。他认为，虽然社会政策和社会事业都是为了实现全社会的"共同的福利"，但是不同于社会政策以阶级的全体为研究对象，社会事业以集团、国民等更为广泛的群体作为其研究对象，而且从性质上来说，社会事业是法律规范和自由之爱的结合。沼佐隆次早年作为日本内务省的记者参与了很多社会行政、福利行政相关工作，他的福利思想集中体现在《厚生省读本》（1938 年）中。他认为，社会政策是一个范围更加广泛的福利概念，社会政策包括了社会事业，社会事业的对象是处于贫困中的人群，这些人群中有的是由于先天缺陷而丧失了劳动所需要的体力和精力，有的是由于后天的原因如疾病、灾难或者财产丧失、失业、衰老、幼弱等而陷入贫困，他们都是社会事业的对象。社会事业的实行主体可以是个人或者公共团体，他们是基于民主的自由主义意识来进行救助工作。但是社会政策则是政治的强制活动的表现，它以全体国民的总体福利充足作为最终目的。风早八十二作为和大河内一男同时代的学者，其理论观点与大河有一定的相似之处，在其专著《社会事业》（1938）中，他从发展史的角度区分了慈善行为、慈善事业、社会事业的差异。他认为，社会事业作为一种社会的、计划的、合理的存在，是社会全体的一种相对的、目的性行为。他依据《资本论》

分析社会事业的对象，认为社会事业以"将来的潜在劳动力""劳动能力欠缺者"为对象；而社会政策以直接的生产承担者或者等待成为生产承担者的失业人员作为对象。因此社会事业的目的性不是直接由"生产性"决定的，它是为了补充社会政策生产任务的一种"半"生产或"不"生产，同时正是由于社会政策的欠缺才会使得社会事业的活动领域不断扩大。所以，风早八十二非常强调社会事业的这种"补充性"和"替代性"的特点①。

竹中胜男的研究成果主要收录在其专著《社会福利研究》（1950）中，他认为，在一个社会中，社会福利制度应该优先于其他社会制度。他试图运用科学的手法，探究社会福利存在的意义，并把社会福利作为一种社会科学来认识，尝试运用社会科学的方法将社会福利形成系统理论。他认为，社会福利是为了确保人们经营社会生活基础之上的共同福利，它是福利行为、设施、组织、政策的总称，它以"最大多数人的最大化幸福"为目标，基于一定的社会理论来合理的组织国家和社会生活。从政策层面来看，他认为社会政策以劳动者为中心，属于"生产的劳动政策"范畴；社会福利政策则是以日常消费行为的个人或家庭为对象，以日常生活中的困难解决和社会关系的调整为任务，因此是一种"分配的生活保全政策"。竹内爱二从技术论的立场来分析社会福利，他不仅从社会福利的技术范围来探寻社会福利的本质，而且将此前的慈善事业、社会政策、社会福利事业特定化，以确立"专门的社会事业"作为社会福利理论研究的目标。在其代表性的著作《专门社会事业研究》（1964）中他认为，当人们的"社会关系欲求""心理社会欲求""情绪欲求"没有得到充分满足时，在生活上就不能说享受到了福利，所以要通过建立"专门的社会事业"为满足这些福利需求提供援助。他主张从政治学、心理学、社会学、经济学、医学等学科层面将社会福利作为一门应用科学系统化。木田彻郎致力于将切合社会现实动向的社会福利理论体系化，在其专著《社会福利概论——作为实践的社会福利的理论体系》（1967）中他认为，社会福利就是要准确地把握社会状况以及所表现出来的社会问题，并寻找相应的解决对策，这就要求社会福利一定要与现实相对应，并随着历史和时代的发展作为一种制度确立下来。现代社会福利的职能应该由战前的事后救济职能向事前的危机预防职能转变，这就要求社会福利作为一种积极的制度必须要满足"科学性""客

---

① 杉田菜穂：《戦時期日本社会政策論の一考察：大河内一男・海野幸徳・沼佐隆次》，《同志社政策科学研究》2011 年第 13 卷第 1 号。

观性""计划性""预测性"这四个方面的条件，为了让这一制度能够很好地解决一个个具体现实的福利问题，专门的制度和技术就显得非常必要，只有制度与技术紧密结合，社会福利职能部门才能运用专业的技术指导福利实践，发挥社会福利制度的机能。鸠田启一郎继承了竹中胜男的理论，也受到冈村重夫理论的影响，在其专著《社会福利体系论——向着综合福利理论前进》（1980）中，他提出了六个福利基准，即为了不产生物质上的贫乏而提供经济上的保障、为了不产生贫困和紧张关系而提供职业保障、为维持身体健康创造合适的条件、为维持正常的个性发展而为精神健康创造条件、消除紧张享受健康稳定的家庭生活和集团生活的秩序化。他认为，社会福利就是在社会体制下，围绕着人们社会生活上的基本欲求充足展开，当由于人类主体和客体之间相互作用产生了社会不充足时，对不充足进行再调整或者采取预防措施，以维持人们正常的社会水平所进行的一系列公私社会活动的总称①。

（二）公害问题的研究

日本著名的公害问题研究专家宫本宪一曾在其专著《日本的环境问题——政治经济学的考察》（1976）的开篇就明确指出："20 世纪 30 年代资本主义的贫困表现为以失业为首的古典贫困问题，现代社会的都市问题和通货膨胀成为了新的贫困问题，这种新贫困将影响社会制度的发展，尤其是伴随经济增长所带来的环境破坏成为了左右地球命运的重大问题。"② 他认为，现代经济放任物质财富的不断供给，这样的经济社会制度使得人类环境遭到显著地损耗，社会制度的优劣往往以古典经济学所确立的 GNP 作为标准，但是现代社会以人类和环境保全及改善作为测度标准的时代已经到来了。环境破坏至人类社会产生以来就有，但是现代的工业化、城市化完全无视环境安全的无计划开发，大大增加了环境破坏的可能性，因此必须从公害的社会经济原因、具体的事项、社会的结果、公害的对策等方面进行制度上的规定。他通过分析具体的公害事件将现代的公害归结为三个特征，即损失金额巨大，损失日常化、区域广泛化，损失的社会不平等性。他认为公害产生的原因，其一是，对生产量和

---

① 工藤隆治：《戦後、日本における社会福祉理論の基礎的研究》，《宇部フロンティア大学人間社会学部紀要》2010 年第 1 卷第 1 号。
② 宮本憲一：《日本の環境問題その政治経済学の考察》，有斐閣 1976 年版，第 2 页。

利润的不断追逐造成企业过分的集中、集聚增大了公害发生的可能性；其二是，现代经济结构中重工业轻农业，在工业中优先发展重工业，尤其是重化学工业消耗了大量的资源能源，破坏了自然环境；其三是，城市化规模的不断扩大造成了城市和企业中的人口过于集中，大量生产生活垃圾的排放给环境造成了巨大压力。宫本宪一通过回顾日本的公害发展史以及现代日本社会所面临的环境问题从公共事业和环境权、公害对策及区域开发、环境保全等角度对公害的政治经济学展开了全面分析。

公害地域再生中心附属公害和环境资料馆馆长小田康德在20世纪80年代就有两部研究环境问题的代表性专著《近代日本的公害问题》（1983）、《都市公害的形成》（1987）问世。此后，其在《写给学习公害和环境问题史的人们》（2008）中对日本的公害问题尤其是战后初期到经济高速增长阶段的公害问题进行了详细分析，他明确指出："日本在经济高速增长阶段的50～70年代，国家和企业只重视生产力的扩大，而忽视和回避企业应该承担的环境责任。这个阶段从煤炭到石油为中心的能源革命使得产业规模急剧扩大，都市不断膨胀，在经济蓬勃发展的大形势下，公害所造成的损失从质和量上都有了全方位的广泛增加。"[1] 他分析了日本战后的四大公害事件，并从制度及立法、审判及赔偿、国际协调合作、公害的社会成本、人们的环境意识培养、公害控制的科学技术等方面进行了反思。

（三）福利财政和企业福利的研究

20世纪80年代以后，从有关老龄社会福利和财政问题的讨论来看。藤田晴在《福利政策的展望与费用负担》（1980）[2] 一文中分析了社会保障与政府支出和政府收入的变化关系。她研究了1962年到1984年各发达资本主义国家的政府消费支出、经常转移支出、社会保障支出、一般政府投资等项目的支出情况后发现，20多年间，这些国家政府支出的规模快速增加，社会保障支出的增长最为显著。她也研究了从1961年至1985年间各发达资本主义国家财产所得税、间接税、直接税、社会保障负担费用等项目所构成的政府收入情况后

---

① 小田康德：《公害・環境問題史を学ぶ人のために》，世界思想社2008年版，第52页。

② 藤田晴：《福祉政策の展望と費用負担》（全国福祉研究集会（シンポジウム）），《同盟》1980年第266号。

发现，社会保障给付扩大所带来的国民负担率有逐渐加重的倾向。同时她预测，在未来的 20 年，随着人口老龄化程度的不断加深，国民负担率与社会保障支出将会继续增大。坂田周一在《社会福利民间资金的今日课题》（1988）① 一文中分析了福利财政的三个困境，即财政困境、社会福利困境和民间资金困境。他通过比较 1956 年、1966 年和 1976 年三个年份前后国民收入、财政规模和租税负担平均增长率数据后指出，租税负担增长率超过了国民收入增长率，财政规模增长率高于租税负担增长率，由此说明税收既增加了国民负担又无法弥补不断增发国债和政府公债所带来的偿还负担。他认为财政的困境使得政府对社会福利上的民间资金投入有了更多期待，于是政府以"活用民间资金"或"地方分权"等名义向民间部门、地方公共团体进行福利事务或财政负担的转移，同时在 1976 年以后不断降低年金和医疗的给付水平并减少对地方公共团体的补助。民间资金以福利基金或自愿者基金等形式参与福利事业，一些地方团体作为出资主体从事民间社会福利事业或资助自愿者活动，这些基金的优势在于不受社会福利事业法的制约，由各个基金的出资主体决定资助对象，从而有了对开拓性、实验性的福利事业提供援助的可能性；但是作为主要出资方的地方公共团体，其出资的持续性无法保障。

从有关企业福利的研究来看，三菱电机的森本和人从本企业的实践角度出发，在《企业内福利展开的基本方向》（1985）一文中将企业内福利定义为"企业以 主要的从业人员为对象，不仅实现基本劳动条件的提升，还要实现生活稳定、健康确保、精神层面的充足等，从生活层面上进行劳务管理的一种政策"。② 他认为企业内福利机能的发挥应该注重：其一自助的努力，也就是使员工把企业当作自身研修的场所、企业尽可能的为员工能力的发展创造条件；其二活力的恢复，企业在劳动密集型向知识集约型转移过程中会带来员工的精神紧张和精神负荷，应该关心员工的精神健康，使其能够时刻维持工作的活力；其三自立的人才培养机制，这个制度主要是针对体力和精力仍然可以胜任工作却已到退休年龄而不得不退休的员工而言，目的是为了消除他们对退休的不安全感，使他们能够精神充实，更好地自立。藤田至孝在《企业福利新展

---

① 坂田周一：《社会福祉における民間資金の今日的課題》，《社会福祉研究》1988年第 42 号。

② 森本和人：《企业内福祉展開の基本方向》，藤田至孝監修，《企業福祉新展開の理念と実際》，劳務研究所 1985 年版，第 39 页。

开的理念和实际》（1985）一文中将造成企业福利环境发生变化的原因归结为高龄化社会的现实、薪资水平的改善、社会保障给付水平的提高以及由此造成的财政危机、劳动者需求的高度化及多样化、经济低速增长等方面。他认为在这种现实状况下，劳动者的身份具有了四重性，即国民、企业员工、工会会员和个体，这四重身份对应了四种不同的福利保障。当劳动者作为国民时享受社会保障，作为企业员工时享受企业福利，作为工会会员时享受工会的劳动者福利，作为个体时进行自助管理。因此，他认为福利是四个主体身份的共同责任，它们之间需要相互补充、不断完善。①

第二节　大河内一男及其后继者的福利经济思想

从明治维新到二战结束，日本并没有建立现代意义上的福利国家制度，因此，福利经济思想的发展也只是萌芽阶段。战后日本从废墟上崛起，加快了经济上追赶发达资本主义国家的步伐，同时有关社会福利思想的认识和讨论在学术界如火如荼地展开，理论的形成和完善又推动了社会福利制度的建立。这一时期关于社会福利的讨论围绕着"社会政策""社会事业""社会福利"这些关键词展开，讨论的源头来自于大河内一男著名的论文《我国社会事业的现在和将来——以社会事业和社会政策的关系为中心》（1938），这篇论文及大河内其后出版的专著《社会政策的基本问题》（1940）对日本战后社会福利制度建设和社会政策史和社会福利史的发展，产生了极其重要的影响。尤其是他对社会事业和社会政策之间关系的思考开启了日本战后对社会政策与社会福利理论探讨的高潮。日本的社会福利理论以大河内一男为起点，经过孝桥正一、岗村重夫等的发展以及其后竹中胜男、竹内爱二、鸠田启一郎、木田彻郎等的进一步深化，至20世纪80年代以后逐渐形成了较为完善的理论体系。随着战后福利思想的形成和发展，社会福利制度也逐步建立并不断走向成熟和完善。大河内一男虽然在时间维度上跨越战前战后，而且其主体研究成果在战前就已经形成，但是鉴于其对战后日本社会福利制度和理论形成所发挥的重要作用，本书还是将大河内一男作为战后福利经济思想研究的著名人物加以介绍，然后对其后继者在日本社会福利理论发展中的贡献进行概述。

---

① 藤田至孝：《企業福祉新展開の理念と実際》，藤田至孝監修，《企業福祉新展開の理念と実際》，労務研究所1985年版，第5~7頁。

一、大河内一男的福利经济思想

大河内一男（1905—1984），战中的日本左翼社会政策学者，毕业于东京大学经济学部，师从著名的进步社会政策学者河合荣治郎①，且深受其影响。1939 年任京都大学经济学部副教授，1945 年升为教授，专门从事战中社会政策研究。战后他在政府的各种审议会、委员会任职，积极参与政府政策制定等工作，1963 年出任东京大学校长，1973 年作为大内兵卫的后继者担任日本社会保障制度审议会会长，在担任会长期间，他积极致力于老人生活福利问题的解决，在任期间因病去世，此后他的工作由其弟子隅谷三喜男②接替。

大河内一男著名的论文写于 1938 年，当时日本作为后进的资本主义国家，在产业经济领域里形成了一些新的劳动关系，劳动者保护政策的财源紧缺，劳动者的地位不被认可，与劳动者保护与保全相关的政策和法律没有同步建立起来。同时随着侵华战争的全面展开，日本国内进入了全国性的战时经济状态，以军需生产力的全面扩充为目标，国民生活也围绕着战争展开，战时经济下的重要产业内集结了大量劳动者，这其中包括女性劳动者和青少年。这些劳动者作为军需生产力的重要承担者，其生活问题的解决引起了大河内一男的思考。他将生活分成"勤劳生活"和"消费生活"，并认为在战时经济条件下，"消费生活"的目的并不在于如何获取自身的满足，而在于维持一种能够提供劳动的国民资格，能够为军需生产力的发展培养和保持健全、勤劳的劳动者。大河内一男在战时体制下，从劳动者的保全入手，围绕"福利"即国民生活问题，提出了对"社会政策"和"社会事业"之间关系的认识。杉田菜穗认为："大河内一男理论最大的特征在于认为社会政策的本质是劳动力的保全和培养，他以'劳动力'为对象将'社会政策'概念化，从而与主要以非劳动力为对象的'社会事业'相区别开来。"③

---

① 河合荣治郎是日本战时著名的社会政策学者，他受到 T·格林（1836—1882，英国哲学家、政治思想家、伦理学家，新自由主义政治思想的先驱）哲学的影响，既与教条的马克思主义作斗争，也勇敢地批判当时的军国主义，受到右翼攻击，被迫提前退休。

② 隅谷三喜男（1916—2003）东京大学教授，日本社会保障制度审议会会长，长期从事劳动经济学研究。

③ 杉田菜穗：《戦時期日本社会政策論の一考察：大河内一男·海野幸德·沼佐隆次》，《同志社政策科学研究》2011 年第 13 卷第 1 号。

（一）日本社会政策和社会事业的理想和现实

大河内一男在考察日本社会政策的发展过程中发现，社会政策在形成中一直压制劳动者自主性和自律性的发挥，社会政策被理解为一种自上而下的慈善，不以劳动者而以贫民为政策对象，解决失业问题的不是失业保险制度而是土木救济事业。大河内一男具体分析了社会政策和社会事业的理想和现实，从社会政策看，他认为社会政策是为了应对劳动力的不足与失业，应该建立职业介绍所、劳动者培养机构，确立失业保险制度，保护劳动者作为生产者的资格，完善劳动时间的缩短和最低工资标准。但现实中，社会政策成为了慈善政策，将基于雇佣契约建立劳动关系的劳动者当作贫民对待，社会政策行使了社会事业的功能，失业保险制度缺失。从社会事业来看，大河内一男认为，社会事业应该从慈善事业向完善的社会福利制度转变，以科学为指导，满足最低限度的救济需要，对社会政策的生产机能从外部进行补充，并且不断推动增进社会文化生活的相关设施建设。但是在现实中，日本劳动立法欠缺，土木救济事业在经济窘迫救济中发挥作用，职业介绍设施作为社会事业来利用，社会事业负有培养熟练劳动力的职责，强调劳动精神，轻视劳动者应有的物质保障。日本社会政策和社会事业在现实中互为交叉，彼此之间职责不清，作用不明。基于此，大河内一男展开了对社会政策和社会事业以及它们之间关系的研究。

（二）社会政策与社会事业

大河内一男将社会政策看作是近代雇佣关系下，为了劳动者的生活保全所实现的一种政策，他认为"生活保全对于劳动者而言并不是一种慈善政策，也不是阶级协调的政策，而是在重要的产业中，从国民经济生产力展开的视角将人的生产要素进行保全和培养，从而为产业在长期内的稳定发展准备和提供人的要件。"① 在他看来，对于收入和工作时间的调整、少年和妇女劳动者的保护、一般工作环境以及福利设施等的种种考量，都不是慈善的范畴，其本质是生产承担者的资格、资质的培养和强化，这些都是政策体系中的社会政策应该在国民经济生产力中发挥的作用。关于社会事业大河内一男认为，社会事业的前身是慈善事业，社会事业也是狭义上的社会福利，它以专门为经济的窘困

---

① 大河内一男：《我国に於ける社会事業の現在及び将来——社会事業と社会政策の関係を中心として——（《社会事業》第 22 卷第 5 号昭和 13 年 8 月所載）（社会福祉のあゆみ）—（歴史再現）》，《月刊福祉》1984 年第 67 卷第 12 号。

者、孤独无援者等提供救济指导为目的，以物质救济和精神救济为中心。他认为，社会事业活动的对象，是不具备平常劳动能力的人，也是不能承担经济生产力的人，这些老弱病残虽然处于国民经济的循环之外，但却是社会事业的对象。对贫困者的经济扶助、教育设施、医疗保健设施，并不是把这些人变成劳动者，而只是单纯作为救济和保护的对象，这个帮扶过程也不存在与经济循环的联系，因此社会事业活动更多带有了救济的特征。

关于社会政策和社会事业之间关系，大河内一男指出："社会政策和社会事业之间基本的不同点在于，社会政策把'庶民'的福利，或劳动者，或者更为严格的说应该是生产者来捕捉，换言之，他不问产业的种类，不问雇佣关系所存在的不同场合，社会政策都将他们作为生产者来看待，这种情况下是将他们作为生产者的资格来提供救助。"① 大河内一男认为，社会政策与社会事业虽然都是以资本主义经济社会的所谓"庶民"阶级作为对象，但是社会政策的主要对象与资本主义经济社会中作为生产者或劳动者的资格相关联，政策本身是保证经济平稳、顺畅循环的一种手段；而社会事业则关注对一般消费者尤其是弱势群体的经济、保健、道德、教育等方面的救护，它脱离了资本主义经济社会再生产系统，与国民经济的运行没有太大关联性，已丧失了劳动者资格的"经济秩序外的存在"为对象。所以社会政策虽然立足于对劳动者的保护，但是这种保护和社会事业中的救济、保护不是一个含义。当劳动者作为社会政策对象的生产者资格丧失了以后，劳动者就切断了与国民经济之间的联系，此时这个劳动者就成为了社会事业的对象，大河内一男把这种情况称为"经济秩序外的存在"。他认为，社会事业实际上在社会政策的外围活动，对社会政策的周边进行强化和补充，以便于在"经济秩序外的存在"和"经济秩序内的存在"之间进行转换。大河内一男同时指出，社会事业与社会政策两者并行发展，相互补充关联，在经济景气时期，社会政策作用的发挥突显，社会事业以慈善事业的形式存在，退居产业社会的后方；在经济不景气时期，社会政策停滞或后退，社会事业的必要性扩大，对社会政策的缺陷进行弥补和替代。

（三）福利设施

除了对社会政策和社会事业这两种福利形式进行研究以外，大河内一男还

---

① 大河内一男：《社会政策论Ⅰ》（大河内一男集第一卷），劳働旬报社 1981 年版，第 117 页。

研究了企业内的福利设施，并将三者之间进行了区分。他认为，共济设施、医疗设备、图书馆、集会所、竞技场等福利设施都是与企业内的经营相联系的福利设施，它带有明确的劳务管理性质，其目的在于为经营活动确保劳动者的稳定性。福利设施从道义和理论上看，不是单纯为了福利而福利，也不是为了慈善而慈善的问题，它是经营者从肉体上和精神上来保证劳动者队伍的稳定而实行的一种制度，所以这些福利设施不会和企业的盈利精神相对立。在他看来，对于经营者而言，福利设施并不是不可缺少的经营要件，福利设施的必要性是随着日本近代工厂制度的发展而不断被认识和运用的，所以福利设施并不是永续经营必不可少的条件，它是雇主个人的、慈善的体现，与企业以盈利为目的的经营活动并没有本质的联系。

大河内一男认为社会政策、社会事业和福利设施是三个传统的福利领域，他们共同存在于资本主义经济社会中，彼此之间相互影响，又在各自的领域独立发挥作用。为了进一步明确它们之间的关系，大河内一男将三者从目的、对象和性质上作了区分。从目的来说，社会政策为了劳动者的保全和培养，社会事业为了非劳动者的救济帮扶，福利设施则以经营活动中劳动力的调配、确保和稳定为目的；从对象来看，社会政策主要适用于劳动者，社会事业以不具备劳动能力的人为对象，福利设施则适用于经营内的劳动者；从性质来看，社会政策属于经济内的福利，社会事业属于经济外的福利，福利设施则是经营内的福利，所以三种福利领域的各自管辖范围有所差异。

二、孝桥正一的社会事业理论

孝桥正一（1912—1999）是日本著名的社会福利学者，他从分析大河内一男 理论中的矛盾入手展开了自己独立的社会事业理论体系，他的专著《社会事业的基础理论》（1950）和《社会事业的基本问题》（1953）为战后日本社会事业理论的发展作出了重要贡献。吉田久一认为："日本战后50年间的社会事业、社会福利理论就是围绕孝桥正一和岗村重夫展开的，这一说法一点也不为过。"① 此前"广义的社会福利"，包含了公共一般政策的社会政策、社会事业的广泛概念，这种抽象的概念和政策体系的规定使得政策的实际效果不明确，孝桥正一把这种抽象的社会福利概念，用科学的知识进行具体明确化，构筑了能够体现实际政策效果的"狭义的社会福利"，他把这种"狭义的社会福利"规定为"社会事业"。

---

① 　吉田久一：《日本社会福祉理論史》，劲草书房1995年版，第155页。

孝桥正一首先分析了大河内一男理论在对象设定中存在的矛盾。他指出，大河内一男的理论认为当生产者的资格暂时或永久性丧失，切断了与国民经济的联系而成为"经济秩序外的存在"，这时作为社会政策对象的生产者就成为了社会事业的对象，这就意味着社会事业为与国民经济无联系的"经济秩序外的存在"提供服务。但是大河内一男也认为社会事业以救贫事业的活动为主要特征，为"庶民"或无产者等提供经济的、文化的生活指导以及预防需要救护群体的扩大，但是这些拥有"一般消费者资格"的"庶民"或无产者本身也与国民经济有着千丝万缕的联系，这样一来，社会事业到底是以与国民经济无联系的"经济秩序外的存在"为对象还是以与国民经济有联系的人为对象，两者之间就产生了矛盾。在孝桥正一看来，社会事业与其他的学问领域不同，对象的界定对社会事业具有重要影响，为了使得社会事业成为一门真正意义上的学问，就必须以科学的逻辑来进行对象的规定，所以他展开了对社会事业的研究。

孝桥正一以"劳动者"或"国民大众"作为社会事业的对象，他将劳动者所承担的课题分为"社会问题"和"社会的问题"两种。所谓社会问题是在资本主义经济体制下由于社会制度的构造缺陷等原因所形成的社会基础的、本质的课题，其具体表现为劳动问题或劳动条件的基本问题；社会的问题则是从基础的、本质的社会问题所派生出来社会困难等，如贫穷及由此产生的无知、怠惰、贪欲、饮酒、游荡、疾病、自杀、暴力、赌博、毒品、卖淫、盗窃、犯罪等社会问题。他认为这两种问题共存于阶级社会中，都由劳动者承担，彼此不应该分离对立。在资本主义社会中，由于作为生活手段的购买力会绝对的或相对的欠缺，从而必然会因为生活上的不充足或不完全充足而造成福利的侵害或缺乏，于是就会出现各种各样精神上、肉体上的颓废，这些都属于社会病理现象，这种"社会的问题"也是"社会病理问题"或"社会福利问题"。孝桥正一认为，针对这两种不同课题要采取不同的对策，解决社会问题的是社会政策，解决社会的问题的是社会事业。在资本主义经济条件下，为了解决问题所采取的社会对策存在一定界限，如对利润率的确保、资本的维持以及财源不足等都会成为社会政策的界限，这直接制约了社会政策的适用范围和给付内容。由社会政策界限所产生的"社会的问题"就必须有社会事业来进行应对，所以社会事业是作为社会政策的补充而以方针措施的形式逐步被体系化。基于此，孝桥正一将社会事业定义为："社会事业是针对资本主义制度构造所必然产生的"社会的问题"所采取的合目的性的、补充公的和私的社会的一系列方针措施的总称，其具体表现为了应对劳动者或国民大众社会必要的欠缺状态，通过一定的社会手段和组织行为所采取的精神的、物质的救济、保护以及福利增进。"①

孝桥正一从认识大河内一男理论中社会事业研究对象的矛盾入手，分析了大河内理论中"经济秩序外的存在"与"作为一般消费者的资格"之间关系，由此建立了自己的社会事业理论体系，这是对大河内一男理论的批判继承。孝桥正一的理论又不同于冈村重夫，他将社会事业产生的缘由看作是无法通过充分的收入来保证购买力所造成的人们生活上的社会必要的欠缺，并认为这是社会构造上的缺陷，这种将社会事业产生的原因归结为社会政策的界限而不是单纯的现象的认识，表现出了较强的理论深度。孝桥正一理论的出发点是将社会事业作为调和劳动运动的工具以维持资本主义社会的永久秩序。

三、冈村重夫的固有论

冈村重夫（1906—2001）虽然没有直接从大河内一男的理论中展开自己的研究，但是他也受到大河内的影响，同时通过改进与大河内一男同时代的海野幸德、小泽一、山口正等学者理论的基础上提出了自己的社会福利固有论，从而使得他成为了日本战后与孝桥正一齐名的社会福利论的著名学者，并在其代表作《社会福利总论》（1956）中建立了福利固有论的理论体系。

冈村将社会福利分为"自发的社会福利"和"由法律产生的社会福利"两种，他认为所谓"自发的社会福利"是民间组织或个人，由其自发的行为对有福利需求的人所进行的援助，是在法律规定以外所从事的活动；"由法律产生的社会福利"则是国家或地方公共团体等公共机构，基于法律，通过政策应对的形式对生活陷入困难状况的国民进行援助的活动。冈村理论的一个重要特点在于他从社会福利的历史发展阶段来认识社会福利的对象②。他认为，"由法律产生的社会福利"应该经历救贫事业、保护事业、福利国家这几个发展阶段。在救贫事业阶段，对于贫困的对象，以为了衣食住的金钱给付为中心，运用济贫处理原则，带有明显的援助特征。在保护事业阶段，以从根本上革除造成贫困的原因为目的，考虑预防贫困发生的方法，并对贫困发生的原因进行事后的应对。随着社会福利政策范围的扩大，福利国家的体制被构筑起

① 孝橋正一：《社會事業の基本問題》（全订本），ミネルヴァ書房1962年版，第24~25页。

② 工藤隆治：《戦後、日本における社会福祉理論の基礎的研究》，《宇部フロンティア大学人間社会学部紀要》2010年第1卷第1号。

来，地域内相互扶助关系的框架也不断建立，社会保障制度作为一种国家政策惠及社会全体并逐步体系化。这个阶段，社会福利政策不仅是为了救济特定的社会弱者，还是为了应对经济、医疗、保健、营养、教育、住宅等各种问题，全体国民都成为了社会福利的对象。

冈村重夫认为，福利国家保障全体国民的生存权，在进行社会救济的同时还要预防生活困难状况的发生，这样的福利国家系统重视社会与国民之间相互责任的承担，却轻视了个人的主体性。因此他认为，应该运用"社会福利固有观"将社会福利的对象和机能所具有的专门特质进行体系化。冈村重夫认为社会福利的对象是社会生活的基本要求。社会生活的基本要求是指具有生理和心理欲求的个人，利用社会制度进行社会生活，在这个过程中，个人与社会制度之间关系不断被表面化所形成的一些基本要求，具体包括：经济的稳定、职业的稳定、家族的稳定、保健医疗的保障、教育的保障、社会参加或社会共同的机会、文化娱乐机会等。与这些社会生活的基本要求相对应的是社会制度，具体包括产业经济和社会保障制度；职业稳定制度、失业制度；医疗、卫生、保健制度；家庭、住宅制度；学校教育、社会教育制度；司法、道德、地域社会制度；文化、娱乐制度；等等。社会生活的基本要求与社会制度相联系，以社会关系的形式展开，每个个体既受到社会制度约束也享受社会制度在社会关系中发挥的作用，从而在不断协调各种社会制度中经营自己的社会生活。冈村重夫认为，当生活问题被社会制度的不完备和机能的不健全而表面化后，个人无法调和社会制度与社会关系，此时就必须着眼于社会关系的主体层面，展开社会福利援助，回复社会关系的正常机能。所以实际上冈村重夫将社会福利的本质看做是社会福利援助原理①。

第三节　都留重人的福利经济思想

都留重人（1912—2006）是日本著名的经济学家，也被认为是战后能代表日本的国际学者。他留学美国，受到美国实用主义哲学的影响很深，同时又能很好地吸收近代经济学和马克思主义经济学的思想成果。1948 年他受到中山伊知郎的邀请，任东京商科大学（现一桥大学）经济研究所教授，后任一桥大学经济研究所所长、一桥大学校长等职，并编著了日本第一本《经济白皮书》。他积极参与国际经济学会和国际社会科学评议会等学术组织的工

---

① 冈村重夫：《社会福祉学総論》，柴田書店 1956 年版，第 300~308 页。

作，并于 1977 年至 1980 年担任国际经济学联合会会长职务。作为经济学者的都留重人立足于马克思主义经济学和近代经济学，运用实用主义哲学观，探求依托于经济现实的"新的政治经济学"。神野照敏认为，都留重人"既有追随体制需要进行转向的日本传统知识分子特质，又有绝不歪曲自己信念的真正国际人的一面，他的整个生涯都充满了追求人类社会理想的人道主义信念，而不是脱离现实的空想家。"①

都留重人从战后初期就非常关心公害和环境问题，他在其自传《回顾那些走过的路》（2001）中将自己关注公害问题的原因归结为两个方面，即一方面是受到河上肇《贫乏物语》的影响，尤其是书中所描述的战前日本足尾毒矿事件使得都留重人产生了关于"贫困""丰裕"等与人类福利有关问题的初步思考，并对日本环境问题的历史和教训展开反思；另一方面原因是以 1960 年剑桥大学的城市问题专题座谈会和美国关于经济发展与自然资源管理的研讨会为契机，都留重人以《技术革新、经济发展与城市的作用》为题发表了主题演讲，此后他就外部经济、外部不经济与公害问题展开了广泛研究。都留重人认为公害问题既是法律问题也是经济问题，公害涉及到发生原因、现象形态和损害状态三个层面，要探寻这三个层面之间的因果关系和解决对策不是仅靠经济学就可以完成，所以他主张不同学科之间的协同和综合研究。为了对公害问题进行全方位的透彻探讨，都留重人从公害现象的具体形态（即损害论）出发，探寻公害发生的原因（即原因论），并在损害论和原因论基础上进行责任探讨（即责任论），然后找寻解决问题的方法（即对策论）和分析由此产生的费用承担（即费用论），最后他考虑费用承担的"主体"以及"国民意识和运动"，从而形成了一个包括损害论、原因论、责任论、对策论、费用论、主体论在内的有关公害问题的完整研究体系。他从 1971 年至 2000 年在《公害研究》（现更名为《环境和公害》）杂志上发表了 60 多篇学术论文，其中不乏专题座谈会的研究成果，由此展开了对公害政治经济学的系统性研究，同时也引起了政府对环境与经济关系的重视。都留重人的福利经济思想形成于他对公害问题的政治经济学研究中，因此本书首先介绍他的新政治经济学，然后在此基础上展开对其福利经济思想的阐述。

一、从"素材面"和"体制面"寻求新政治经济学

都留重人认为，经济理论的价值在于是否能对现实发挥作用，因此研究

---

① 根井雅弘：《现代经济思想》，ミネルヴァ書房 2011 年版，第 183 页。

经济一定要与特定的具体状况相关联，如果脱离了具体状况而盲目的追求所谓唯一正确的理论，这种教条主义的态度就是"经济学的学问"而不是"经济的学问"。因此他非常注重将理论与特定的具体状况相联系来进行认识和评价，而不认为这些理论是固定的绝对不变，他往往能从不断变化的具体个别状况中发现出真理，这种务实的精神反映了实用主义哲学对他的影响。所以，神野照敏称他为"现实的理想主义者"和"科学的人道主义者"。关于经济学他常常使用"政治经济学"这个词来进行研究，因为在他看来作为研究资源稀缺性下人类经济行为的学问，如果纯粹用"经济学"这个词语来进行描述，就不能反映不同的时代、国家和经济形态下的差异，而"政治经济学"这个词则反映了这一学问，它能很好地与历史某一时代所表现的特殊体制相联系。

都留重人以资本主义体制作为研究对象，并认为环境这种资源不是与特定的社会条件完全无关的规定。他将经济现象分为"素材面"和"体制面"，所谓"素材面"是指人类经济所具有的普遍方面；同时他认为人类的经济活动也会受到人类社会历史变迁的影响，这种随着时代推移而发生变化的人类经济的历史特殊方面，他将其称之为"体制面"。都留重人分析了近代古典经济学和马克思经济学中有关"交换价值""使用价值""生产力""生产关系"等概念，他认为，与"使用价值"和"生产力"相关的侧面是"素材面"；与"交换价值"和"生产关系"相关的侧面是"体制面"。他将这两个面都看作是政治经济学方法论上的重要概念，并认为马克思使用的"生产力"和"生产关系"这两个词，就是人类经济活动"素材面"和"体制面"之间相互关联、相互渗透的反映。所以他主张将"政治经济学"从"人类经济现象在历史普遍方面的'素材面'和历史特殊方面的'体制面'的对立统一来进行把握。"[1] 都留重人认为经济学的研究表现出了过分注重"素材面"而忽视"体制面"的倾向。在他看来，资本主义的本性是利用剩余生产物获取利润的一种经济形态，同时也是剩余生产物所产生的利润归资本家所有的社会形态。自由竞争市场的经济行为模式和"商品逻辑"在大量的资本进入后会被"资本的逻辑"所改变，不论是价格标准还是经济主体的行为都会处于资本的统治之下。自由竞争、小规模、独立生产的个人企业体制会变为大型股份公司市场寡占所形成的法人企业体制，这一转变过程由三个阶段组成，第一阶段是资本

---

① 都留重人：《公害の政治経済学》（一橋大学経済研究叢書 26），岩波书店 1972年版，第 34 页。

对劳动的统治,即"资本"将"劳动力"变成为商品;第二阶段是大型资本对其他资本的统治,表现为大资本对小资本的侵吞;第三阶段是资本对市场的统治,即资本将所有市场外部的非市场领域存在全部商品化,最终实现对整个市场的统治。资本完全统治市场后,市场被寡占,作为生产者的企业成为了市场价格的支配者,生产活动不是以消费者的需求为导向,而是以利润最大化目标来培育市场和消费者的欲望。这就意味着立足于企业间自由竞争和消费者主权的正统微观经济学价格理论失去了意义。所以都留重人强调经济学的研究应当重视资本主义的体制层面。

二、福利与 GNP

都留重人寻求新的政治经济学,其最终目的是为了使人类福利得到实质上的提升。河上肇的《贫乏物语》开启了他对"贫困"和"丰裕"等有关人类福利问题的思考,他认为斯密的《国富论》已经明确了社会的丰裕程度不是以国内所存储金银的多少来衡量,而是以我们所能消费的必需品、便利品的多寡来决定的,这就意味着生产和交换行为最终是为了满足人们的需要,因此都留重人认为经济学这一学问,从一开始就是为了让人们能够幸福的生活,是与提升整个社会福利水平密切相关的学问。

经济学中一般用 GDP 或 GNP 来衡量国民经济的收入水平,都留重人从 GNP 与福利的关系入手,分析了 GNP 增加不会引起人们福利水平提升的五种情形。这五大情形分别是:第一,经费消费的增加所引起的国民收入的增加。他以美国住宅为了防盗所安装的"防盗警报器"所产生的高额设施费、管理费和东京都住在郊外的人们每天上班所增加的交通费为例指出,虽然这种类型经费的增加确实可以起到增大国民收入的作用,但是"防盗报警器"所产生的扰民负效应以及通勤时间过长所带来的人们身心俱疲使得这部分消费支出实际上是越少越好,因此这种经费对于人们福利的提升而言毫无意义。第二,收入的介入。都留重人认为,在契约社会中,往往会因为手续的复杂化而产生很多不必要的服务费,如果将本来就不必要的服务在社会中加以制度化,那么当提供这些服务时确实会增加 GNP;但是由于手续复杂化无端多产生的服务费用既造成了经济活动的低效率,也增加了人们的支出,这本身就是一种对人们收入变相的介入,并未真正提升福利水平。第三,无效的制度化。他指出,资本主义社会不是以商品的效用最大化而是以利润最大化作为生产的出发点,这就使得"无效的制度化"无法避免。他认为,最大的"无效的制度化"项目就是现代的防卫支出，对于任何一个国家适当的防卫支出是必要的，但是超过必要程度以上不断追加防卫支出，并将其制度化，这不但不能提升人们的福利，相反还会造成社会财富的浪费。第四，社会财富的浪费。他认为，牺牲已有的存量使流量增加是一种社会财富的浪费行为，例如在生产中使用不可再生的枯竭性资源，资源的存量会不断减少，作为流量的生产量（或 GNP）增大了，这种存量本来就是一种社会财富，除了枯竭性资源，清洁的空气、洁净的水、美丽的自然景观等都是存量型社会财富，在这种存量减少流量增加的过程中，虽然增加了 GNP，但是人们的福利水平并没有得到提升，甚至于会遭到破坏。第五，经济动态调整的非效率性。在他看来，市场对经济活动的调整从中长期来看，有时容易造成资源分配的无效，例如城市中心土地价格上涨，使得大量的湖泊被填埋，这些湖泊如果不被填埋还可以作为提升人们福利的休闲场所，但是市场价格机制所引发的填埋行为，虽然增加了 GNP，但是却造成了资源的浪费，这种市场的动态调整也是无效率的，它不能提升人们的福利水平。

正是通过对以上 GNP 增加却无益于提升福利的五个因素进行分析，都留重人认为，传统经济学以 GNP 等作为衡量经济发展水平的指标，这主要是从"素材面"（或生产力）层面来认识经济，但是生产力的高度发展并不代表人们就能获得更高的福利水平，相反盲目追求经济发展所带来的环境负效应还会降低人们生活的幸福感。因此，在对资本主义经济进行考察时，必须要从方法论上将"素材面"和"体制面"结合起来。涉及到人们的福利问题时，也应该多关注非市场经济因素，尤其是公害和环境问题对人类福利的影响。

三、公害的政治经济学

上述 GNP 增加的五个因素中，社会财富的浪费和经济动态调整的非效率性都和环境公害问题密不可分，这两个因素不但不能提升人们的福利水平，相反还会因为生态环境的破坏影响到人们正常的生活。都留重人认为公害问题与以下六个方面相关，即"第一，技术进步使得生产的社会化程度不断提高，因此经济主体从外部受到的影响不断扩大，其给予外部的影响也不断扩大；第二，作为经济主体的私人企业应该贯彻自主自责原则；第三，想要利用外部经济的积极动机，使得积累的倾向自然而然的增强；第四，将对外部产生的不利影响减到最小，集合周边区域的力量，产生从量到质的转变；第五，由于对每个经济主体公害的责任划分比较困难，因此每个经济主体都有义务避免公害的产生；第六，'外部'即通常所说的不特定的企业或个人产生公害的事态。"①他从"外部不经济问题"入手，展开其对公害产生原因的分析，他将资本主义经济深化和进化的过程看作是资本对外部统治的过程，这一统治过程随着生产活动中科学技术的应用，在"素材面"上会带来外部的不经济，生产活动所产生的排出物或废弃物（负生产效应），作为在市场上不产生价值的外部共有资源，污染了自然环境，因此，外部不经济就是公害产生的重要原因。从"素材面"来看，科学技术的飞速发展提高了生产力，但是这种生产力的提高已经超出了地球环境所能承受的范围。因此，必须正视由此引起的公害和环境问题，以"可持续发展"为目标是必然趋势。都留重人认为，要消解素材面产生的矛盾就必须从体制面上以"收入的公正分配"为目标进行改革。

市场经济活动中，生产物以收入的形式进行分配，分配的标准是根据各种生产要素在生产过程中的贡献进行，即"根据要素贡献进行分配"，这种分配方式不注重生产的过程，而以各种生产要素在生产经营过程中发挥贡献的大小对生产要素的所有者支付相应的报酬。从资本主义生产的实际情况来看，资本对市场的统治使得素材面上，生产过程中财富的创造更加依赖于生产手段即机械力而非劳动者的直接劳动，同时劳动者所创造的成果也难以直接逐一计量。因此，这种基于"要素贡献进行分配"的主张实际上是按"资本贡献进行分配"。根据马克思在《哥达纲领批判》中所指出的："劳动的解放要求把劳动资料提高为社会的公共财产，要求集体调节总劳动并公平分配劳动所得。"②都留重人认为，现行的分配方式并没有实现对劳动所得的公平分配，因此，他认为合理的分配方式应该是马克思所提出的共产主义社会的"按需分配原则"，在这一原则下人们的精神劳动和肉体劳动的对立消失，对于个人而言，劳动不只是单纯的谋生的手段，它还是自己生命的需要。在他看来，要实现"按需分配"首先就要使人们热爱劳动，要对社会分工进行根本性的再编，改变劳动的状态，他把这种劳动状态本身的改变称为"劳动的人类化"，在素材面所看到的生产的社会化程度扩大，要求体制面也要伴随着这种扩大而变化，这种变化与人们把自己作为"社会的个体"来发展的社会相联系。他认为，"按需分配"原则在福利领域的表现就是"市民生活环境最低标准"，这一标

---

① 都留重人：《公害の政治経済学》，岩波书店 1973 年版，第 29~30 页。

② 马克思：《哥达纲领批判》，中共中央马克思、恩格斯、列宁、斯大林著作编译局译，人民出版社 1997 年版，第 11 页。

准要求市民不仅要享受最低收入的保障，而且在医疗、教育、福利等社会保障方面的原则都必须要满足这种"市民生活环境最低标准"。他同时指出，"市民生活环境最低标准"并不是作为一种国家给予市民的恩惠，而是国民所必须享受的权利。

从具体的政策主张来看，都留重人将资本主义的本性从"剩余生产物产生利润"这一点来认识，他提倡将剩余生产物从社会福利的观点来加以活用，即剩余生产物"流量社会化"的方法。具体来说就是将剩余生产物利润的一个部分通过租税政策和物价政策收归到政府计划当局手中，把它作为原始资本用于民生类的基础设施建设，或者用于国民的社会保障，由于利润处于私人资本的支配之下，因此法人税的征收是"流量社会化"的一个有效手段。同时涉及到公害和环境问题的对策，他建议以"公害税"的形式来推进"流量社会化"，由于消费这一流量活动会造成作为存量的社会财富减少，因此征收"支出税"也是一个"流量社会化的手段。

第四节　丸尾直美的福利经济思想

二战结束至20世纪60、70年代，是福利国家的黄金时期，这一时期国家福利与经济增长相互促进，经济增长保证了国家福利的财源，成为了福利制度建设的坚实物质基础；同时福利政策执行实现了收入的再分配提高了低收入群体的消费能力，又促进了经济的发展。20世纪70年代末到80年代以后，福利国家进入了危机时代，社会保障和经济增长之间呈现出负相关关系，受石油危机的打击，主要资本主义国家经济停滞与通货膨胀并存的危机使得财政赤字日益严重，这一时期英国的撒切尔政权、美国的里根政权和日本的中曾根政权在政治上都倾向于保守主义，经济上以供给学派的理论为指导使得政府表现出强烈地抑制福利开支的倾向。与此同时，人口老龄化产生了对福利的巨大需求，尤其是日本在20世纪70年代以后，高龄化问题就日渐突出，如何能够既满足日益增长的老龄人口福利需求又减轻政府财政负担是一个急需解决的难题。正是在这一背景下，丸尾直美（1932— ?）提出了自己的福利国家系统论。丸尾直美是日本著名的经济学家，他在担任中央大学、应庆大学等知名大学教授的同时，还出任日本国际医疗福利研究所所长、社会经济生产性本部理事和福利政策特别委员会委员长等职务。他的研究领域主要集中在福利国家论、福利经济政策等方面，其专著《日本型福利社会》（1984）、《福利国家的经济政策》（1966）、《福利服务与财政》（1987）等在日本引起了广泛的关注。

一、社会福利的展开

（一）社会福利理念的新特点

丸尾直美认为，今后社会福利理念的发展呈现出以下几个特点：其一，常态化理念。日文中的"ノーマライゼーション"是英文 normalization 的音译，意指正常化、常态化、标准化。丸尾直美通过研究发现，很多北欧国家不将老年人或身心障碍人士隔离，使其与正常人同等生活，从而使得整个社会呈现出一种人人平等的正常社会状态。丸尾直美将常态化理念理解为，不论谁处于被照料的状态时，都应当尽可能的使他生活在自己熟悉的环境中，接受亲人的照料，使他尽量过平常、正常的生活。根据这个理念家庭照料系统的扩充以及居住地附近照料设施的设置非常必要。他认为，常态化理念应该与福利服务的普遍主义联系起来，福利不能仅仅只为贫困或特殊人群提供服务，而应该面向所有的国民提供保障，只要是高龄者都应该享受公共年金，受伤的时候都应该享受公共医疗保险服务，所有的瘫痪病人都平等享有被重点照料的权利。其二，综合系统化、网络化。这个理念在于强调医疗服务和福利服务有机的连接以及综合系统化的必要性。老年人保健的中间设施基于常态化、普遍化的考虑，在设置时应当将医疗服务功能和福利服务功能有机地结合起来。同时老龄人口的家庭内照料也应该在同一地域内建立医疗和福利综合的系统，这些系统还应该进一步推进其网络化。其三，福利生活质量的提升。这一理念是生活质量和劳动质量在福利领域的应用。丸尾直美认为，当前日本的医院设施和福利设施只能提供最基本、最低限度的社会保障服务，应该从尊重人的隐私、个性和自由的角度出发，缩小医院设施和福利设施与家庭住居环境之间的差异，营造一个舒适、宜居的环境；饮食的选择上也应该尽量提供可口的饭菜；同时注重隐私保护，重视个人的自由选择。其四，分权化与居民参加理念。丸尾直美认为，既然政府要兼顾财政赤字的削减和福利服务的提供，就应该将福利费用的分担由公共团体、社会保险和个人三个方面来共同负担，这种社会福利服务分权化的倾向将是今后的一个发展方向。而且随着福利费用负担的分权化，财源的调拨和政策的决策权也应该进行分权化改革。在福利费用分权化的同时，居民也应该关心并参与政策的讨论，这样一来，福利服务就由原来中央集权式的福利模式向居民参加、费用共担、公开透明的半自动、有监督的模式转变。

(二) 福利混合论

丸尾直美认为日本福利国家改革既要沿着新的福利理念，进行社会保障、雇用政策、住宅和居住环境政策的改革，并且兼顾财政赤字削减的目标；同时也要从根本上克服此前福利国家存在的内在缺陷，进行福利国家系统的改革。

丸尾直美首先分析了福利供给系统的三种形态，即公共部门（国家或公共团体）、民间市场部门（也包括企业内福利由市场供给的部分）、非正式部门（包括家庭、邻居、志愿者、非营利性团体等）。其中，公共部门的福利供给由政治的民主主义支撑、民间市场部门的福利供给以市场机制来发挥作用、非正式部门则是不同于前两者的非营利性福利提供者。如何将这三种福利供给形态有机地结合起来，是福利国家改革应该考虑的重点问题。丸尾直美进一步分析指出，这三种形态之间存在交叉重叠，其中公共部门和民间市场部门之间重合的是公私混合部门，这个部门既有政治的民主主义又有市场机制发挥作用。例如，日本医疗供给体系中，大量存在着民营医院和个人诊所，其医疗费用的大部分都是由社会保险费和公费来进行支付的，这就是一种典型的混合体系。同时政府部门也可以对志愿者活动进行辅助，这又是一种形式的交叉。丸尾直美通过研究瑞典的情况发现，瑞典为了扩大公共部门的福利保障，将民间企业和非正式部门的福利供给机能压缩到了最适度比例以下，这使得公共福利费用过高，加重了政府的财政负担。他认为，日本长期以来公共部门在福利提供中占据主导地位，这是造成政府财政赤字和福利低效率的根本原因。丸尾直美通过研究每个福利供给形态的优劣后指出："民间部门的优势在于活力和经营的效率性，非正式部门的互助性体现了人间的温暖，公共的福利供给有利于福利普遍性和公正性的发挥。"[1] 因此他主张福利国家系统的改革应该从两个方面展开：一方面，加强民间市场部门尤其是非正式部门在福利供给系统中作用的发挥；另一方面，他认为："福利政策的改革就是 要发挥这些部门的长处，最有效率的实现福利系统的综合化，这是今后福利政策和复合福利社会建设的一大课题。人类原本就拥有自爱心（利己心）、利他心、公共心，福利混合系统就是一个更好的与人类的这些本性相吻合的、高效的系统。"[2] 从实践

---

[1]　丸尾直美、隅谷三喜男：《福祉サービスと财政》，中央法规出版 1987 年版，第 26 页。

[2]　丸尾直美：《福祉国家の今日的課題—新しい福祉理念と経済社会システムの展望》，《社会福祉研究》1988 年 4 月第 42 号。

来看，日本在 1986 年政府厚生白皮书中明确提出了要在社会保障领域中尽可能地导入民间活力，探寻全方位的福利提供之道。

（三）高龄人口福利服务改革的思路

丸尾直美认为，随着人口急剧的老龄化，独居老人和瘫痪老人数量不断增加，在进一步完善年金和医疗保险制度的同时，还应该注重老年人福利服务的改革。他指出，应当将常态化理念融入到老龄人福利服务中去，重视民间市场部门尤其是非正式部门福利供给作用的发挥。

常态化理念就是要使得高龄者尽可能自由发挥自己的才能，自立、正常的生活。丸尾直美认为，不论医疗机构给老年人多少照料，都不如让生活能自理的老年人尽量在自己的家中接受照料，同时辅之以医生护士的定期访问制度。对于不能自理生活的老人，也没有必要在医院或老人之家进行重点护理，只需要住在自家附近的附带照料设施的住宅中，尽可能的让其正常生活。这样一来，介于老人之家和普通住宅（家庭）之间的方便照料的中间设施就显得尤为重要。丸尾直美将老人的照料设施分为三种，即医院、老人之家和普通住宅（家庭）。其中，医院以治疗为主、老人之家以照料和为需要重点护理的老人提供服务为主、家庭则适合于能自理生活的老人。这三种设施彼此之间有交叉重叠，交叉的领域就是中间设施或复合设施。他认为应该重点建设以下四类中间设施：第一类是介于医院和老人之家之间的养老院，它是具备医疗功能的医院和具有护理功能的老人之家两者的结合，是医疗护理一体化的设施；第二类是介于医院与家庭之间的康复设施和日间医院，康复设施主要为肢体受损的人群提供康复治疗，日间医院则主要是在精神保健或老人医疗领域内，对正在家庭接受护理的患者仅在白天进行治疗或康复训练的医疗设施；第三类是介于老人之家和家庭之间的附带照料功能的看护住宅，这种住宅最早始于 20 世纪 50 年代的英国，它是面向高龄人群建设的小型集体住宅，高龄者入住后，由管理员提供日常援助及处理紧急情况等服务；第四类是综合了医院、老人之家和家庭三者功能的、为重点护理人群提供服务的看护住宅。

丸尾直美认为，要实现从低投入的老人之家向中间设施转换，建设附带照料和警报功能的公营住宅。一方面，必须建立厚生省与民生部、建设省与都市住宅开发部等职能部门之间的协调，同时以医疗、保健、福利服务综合化为目标推进政府行政机构改革，从而使得高龄者能够以最快、最便捷的方式享受到福利服务，并节约行政成本。另一方面，应当发挥家庭、近邻、志愿者等非正式部门和民间市场部门的优势，提供有活力、有效率、体现社会关爱的复合型福利服务。

（四）福利服务的财政对策

丸尾直美首先通过研究社会保障给付费、公共年金、医疗保险给付费三项各自对国民收入比例的变化发现，日本至 1975 年以来，这三项均发生了很大增长，他预测到 2025 年，社会保障给付费占国民收入的比重将达到 31%，其中公共年金占国民收入的比重为 15%，医疗保险给付费占国民收入的比重为 11%①。公共年金、医疗保险给付费和老年人福利服务给付费成为了社会保障支出中最重要的组成部分，这三项与高龄人口的增加显现出明显的正相关关系。接着他又研究了人口老龄化的变化趋势，他发现，高龄人口占就业人口的比例、高龄人口占总人口的比例也不断攀升，他预测到 2030 年，老龄人口将占到总人口的 25.8%。然后他分析了高龄者比率、社会保障给付率和国民负担率之间的关系指出，随着高龄人口比率的上升，会带来社会保障给付率的上升，从而增加公共开支在国民收入中的比重，最后必然会加重政府财政和国民的负担率。

丸尾直美认为，福利的财源包括各类税金（如所得税、消费税、资产税等）、公司的保险费、公积金、福利接受者自己负担部分等。他通过对比 1994 年 OECD 各国税金收入的构成比发现，日本收入所得税的比率最高，消费税的比率最低。为了减轻福利供给所带来的财政负担，维持一个使得收入、消费、资产等平衡的公正稳定的税收体系，实现福利服务的可持续发展，丸尾直美认为应该从以下两个方面入手：一方面，扩大福利的财源，强化对所拥有的资产课税、征收环境税、提高消费税等；另一方面，实行福利预算的分权化改革，福利费用的分担由公共团体、社会保险和个人三个方面来共同负担，同时推进财源调拨和政策决策权的分权化改革。

二、企业福利的展开

日本的企业福利制度以明治初期纺织工厂中通过寄宿制、强制储蓄和强制购买等形式对员工进行劳务管理的制度为起点，经过明治、大正、昭和时期的

---

① 数据来源：丸尾直美、隅谷三喜男：《福祉サービスと財政》，中央法规出版 1987 年版，第 11 页。

发展，在战前逐步形成了以企业内教育培训、年功薪资、低薪水等为主要内容的家父长式温情主义的劳务管理模式。战后初期由于日本的社会保障制度没有同步建立起来，因此，企业内福利实际上发挥了代行社会保障的功能。日本企业以终身雇佣制、年功序列制和企业劳工组织制等为特征的企业经营模式为员工及其家人提供了包括住宅、生活援助、文化教育、医疗保健等较为全面的福利保障。但是 20 世纪 80 年代以后，日本的经济社会状况发生了较大变化，原有企业福利模式已经不能满足现实需要，丸尾直美基于此展开了对日本企业福利制度的思考。

（一）企业福利改革的原因

以终身雇佣制、企业劳工组织制、年功序列和薪金制等为典型特征的日本企业经营制度为战后经济的腾飞做出了巨大贡献，这一在世界上备受关注的制度在 20 世纪 80 年代以后却发生了一些变化。其一，典型的日本式经营模式受到挑战。丸尾直美通过数据研究发现，日本式经营三大支柱之一的企业劳工组织制度所对应的劳动组织率已经从顶峰时期的 55% 下降到了 1983 年的 30%[1]，劳动组织率的下降反映出日本式经营的基石开始松动。其二，大量非正式雇佣劳动者的存在。丸尾直美发现，即使在典型日本式经营特征的企业内部也存在大量的女性劳动者、兼职劳动者、劳务派遣制劳动者等非正式雇佣的法外同业者[2]。这些法外同业者所从事的劳动与法内同业者无差别，那么如何公平、公正的保证这些人群的福利利益是值得思考的问题。其三，随着生活水平的提高，人们的需求逐渐多样化，尤其是年轻人的福利意识也发生了很大变化，此前的企业福利制度无法满足人们多样化的需求和不断变化的思想意识。丸尾直美认为，传统家父长式的福利模式带有集团式半强制性特征，它忽视了人们的自由和个性的发挥，员工对这种制度的反感日益加深，因此有必要从满足员工多样化需求的角度出发进行企业内福利的改革。其四，人口和企业从业人员的快速老龄化给经济增长和社会保障的费用负担产生了很大影响。随着企业员工中老龄人口的增加，退休人群不断增多，这样一个庞大群体所带来的财政压力与日俱增。丸尾直美指出，此前的年功薪金体系、退休金支付标准已无法适应当前从业人员年龄结构的老龄化趋势。因此，以改善劳动者的职业生涯福利为

---

① 丸尾直美：《日本型企业福祉：生産性と働きがいの調和》，三嶺书房 1984 年版，前書き i 。

② 法外同业者是指，未参加生产协定和工资协定等组织的同业者。

目的，有必要对老龄者雇佣、薪酬体系、退休年龄、年功薪金、退休金以及企业年金制度等进行重新审视。其五，日本企业内福利的二重构造使得中小企业的福利充实势在必行。1960 年代以来，企业间收入差别的缩小以及社会保障的不断完善使得大企业和中小企业之间的福利差距慢慢变小，但是，有关退休金、企业年金、福利设施、劳动灾害保障等企业内的福利制度在不同企业之间差别依然较大。丸尾直美研究了 1981 年不同企业福利费用和一次性退职金的数据后发现，从业人员 5000 人以上的大企业员工的法定外福利费用是从业人员 100 人以下的中小企业员工的 3.55 倍；一次性退职金大企业员工约为 1800 万日元，中小企业约为 1000 万日元①。同时，与企业内福利制度密切相联系的日本型劳资关系，有利于加强员工与企业利益一体化的集体主义意识。因此他认为，如何能很好的解决上述存在的问题又能进一步发挥这种制度的优势是企业内福利制度改革需要认真考虑的问题。

（二）企业福利改革的"生涯综合福利计划"

根据日本经营者团体联盟（简称日经连）在《福利合理化的基本方向》中将福利看作是为从业人员及其家人的生活带来多样化的服务，而不是单纯的确保劳动力这一理念。丸尾直美从主体、目的、作用、对象、费用、政策重点等方面对企业福利改革提出了看法。从主体来看，他认为，此前的福利服务中企业的随意性较大，今后企业福利应该通过劳资协议来决定和运作，同时劳资双方共同设立的共济会②、福利会等组织将在企业福利中发挥主体性作用。从目的来看，此前企业福利的目的在于确保劳动者对企业的归属感和忠诚心、培养和维持劳动力、稳定劳资关系、提高生产积极性等，这些福利都是以企业为中心，因而很难得到员工真正的配合。丸尾直美认为今后企业福利的目的应该要确立适合从业人员职业生涯发展的综合福利，激发劳动者的工作意愿，维持良好的人际关系，这样才能真正的提高生产积极性、稳定企业的劳资关系。从作用来看，他认为此前的企业福利代行社会保障功能，是低收入的补充。今后

---

① 丸尾直美：《日本型企業福祉：生産性と働きがいの調和》，三嶺書房 1984 年版，第 9 页、第 253 页日本劳动省的《劳动者福利设施制度等的调查》（1981）。

② 企业内共济会是隶属于企业的，以企业职员为主要成员的、以推进企业福利服务事业为目的的福利团体，也可以叫做"从业人员互助会"、"企业福利会"或"共济组织"等，它始于明治中期，至今仍是日本企业内福利运营的核心组织，它发挥企业内福利共济组织的调节机能，以职员生活的稳定和提升为目标。资料来源：企業内共済会官方网站http：//k-kyousai.jimdo.com。

企业福利基于平等、补充的原则，应该在社会保障力不能及的领域发挥作用。从对象来看，企业福利的服务对象不论过去还是现在都是企业的在职员工和其家人，但是丸尾直美认为今后还应该包括退休人群和区域内的居民。从费用来看，此前的福利服务费用由企业全额承担，在他看来，这既加重了企业负担不利于资本积累和社会再生产的展开，也制约了企业综合福利服务的展开；因此他主张企业福利费用中的企业年金、共济会费、文体费用等由劳动者自己承担一部分。从政策重点来看，此前的企业福利一般通过慰问品、公司宿舍、医疗等方式作为收入的补充。丸尾直美认为，在现代社会中，企业福利应该以生活保障、财产形成、闲暇时间活用、健康管理等为重点，实现福利政策从个别的、收入补充的发展中国家型向集团化、生涯生活保障的发达国家型转变。最后他明确指出，企业福利改革的新方向是"生涯综合福利计划"，他认为这是包含极其广泛内容的、与劳动者的整个职业生涯相联系的、有关经济和精神需求充实的一种综合性制度。丸尾直美认为"生涯综合福利计划"由三个部分组成：包含体力增进、健康诊断、疾病预防、心理咨询等内容在内的身体福利计划，以俱乐部活动、职场娱乐、献血、福利志愿者等为特征的心灵福利计划，包括一次性退休金、企业年金、自有房屋援助、财形储蓄①、持股制、教育资金贷款等内容的安定福利计划。

第五节　简　要　评　价

战后从废墟上崛起的日本，在经济恢复并得到快速发展的同时，社会生活领域面临着一系列问题和困难，由此也催生了对现代社会福利制度建立的需求。但是关于社会福利与近代以来的社会救济的区别，社会福利的外延、内涵、保障的对象、范围，社会事业、社会政策与社会福利之间的联系和区别等一系列的理论问题，日本的学术界还没有形成清楚的认识，这种认识上的不确定性直接制约了日本社会福利制度的建立和完善。大河内一男的论文《我国社会事业的现在和将来——以社会事业和社会政策的关系为中心》虽然是在战前提出的，但是他对社会政策和社会事业的基本概念、理想和现实、两者之间关系的认识在当时就引起了海野幸德、沼佐隆次、风早八十二等学者的关注

---

① "劳动者财产形成储蓄制度"简称财形储蓄，为帮助劳动者创造资产，企业主每月预扣工资的一部分储蓄到金融机构的制度，可享受到税制方面的优惠措施或融资。（资料来源：新世纪日汉双解大辞典）

和讨论，正是这些讨论启发了人们关于社会福利相关概念的思考，这就为战后日本社会福利理论的形成和发展打下了坚实的理论基础。此后，孝桥正一、冈村重夫、竹中胜男、竹内爱二等学者沿着大河内一男的轨迹进一步深化了对社会事业、社会政策、社会福利等基本概念的认识和理解，从而形成了社会事业论、固有论、技术论、社会福利体系论等一系列有代表性的福利思想和理论，这对战后现代福利制度的建立和完善发挥了非常重要作用。同时经济快速发展的环境代价在 1960 年以后逐步显现，日益严重的公害问题引起了日本社会和民众的关注。从 50 年代末期开始，由于重化学工业的发展所带来的自然环境破坏，企业一味追求经济效益所带来的农药问题、食品公害问题使得越来越多国民的健康遭到损害。以宫本宪一、小田康德等为代表的环境问题专家就从公害的制度及立法、审判及赔偿、国际协调合作、公害的社会成本、人们的环境意识培养、公害控制的科学技术等方面进行了认识和反思。都留重人首先运用新古典经济学的"外部不经济"理论对公害问题展开研究，并从对现实问题的关注出发重新审视现代经济学，提出了关于"素材面"和"体制面"的政治经济学，并从关注经济增长和福利之间的关系入手，分析了对国民福利毫无益处的五种 GNP 的增长情况，最后它以政治经济学作为方法论从福利和环境的视角，主张运用"体制面"来纠正"素材面"所造成的问题。都留重人的理论以其对"唯 GDP 主义"的批判，帮助人们认识到过分注重经济增长、忽视环境问题对人类社会和人们生活所造成的负面影响；他将环境问题与福利经济学联系起来，拓宽了福利经济学研究的边界。同时他所主张的关于"素材面"和"体制面"的政治经济学也更深刻的将资本主义的环境破坏问题与制度缺陷联系起来，在一定程度上深化了对资本主义的批判。20 世纪 80 年代以后，福利指导理念从此前的国家主导型福利模式向重视个人的自助努力和家族、地域社会等协作为特色的日本型福利社会模式转变。这些做法的根本目的在于减轻社会福利开支所带来的财政负担，建立和完善适应人口老龄化社会结构的社会福利保障制度。针对这种现实丸尾直美从社会福利理念的新特点入手，通过分析公共部门、民间市场部门、非正式部门这三种形态的福利供给系统在福利服务中应该发挥的作用，提出了解决政府财政赤字和福利低效率的福利混合论，并专门针对人口老龄化问题提出了高龄人口福利服务改革的思路。所以丸尾直美的福利经济思想较好的立足于 80～90 年代的日本国情，抓住了福利领域改革的问题点，贴合了当时日本政府福利改革的政策方向。

第四章 20世纪90年代后日本福利经济思想的新发展

第一节 20世纪90年代至今日本福利经济思想的发展状况

一、经济社会背景

（一）经济背景

从1987年到1992年，日本经济出现了过热性增长，经济泡沫的产生不仅在金融投资领域，在实体经济领域，设备投资热使得民间企业的设备投资达到了经济高速增长期的水平，企业的用人需求大量增加，学生的就业前景大好，人们的消费需求不断增加并掀起了一股高档产品的消费热潮，股价、地价等资产价格也快速上涨，贫富差距进一步扩大。90年代以后，经济泡沫的崩溃以及1989年开始征收的消费税抑制了内需扩大，从而使得日本经济从低速增长转向了发展停滞。在这个阶段，一方面，生产过剩、库存积压、需求不足、金融系统弱化等使得人们普遍陷入悲观情绪；另一方面，金融混乱与通货紧缩并存，企业经营不景气纷纷调整和改组。在1998年亚洲金融危机影响下，日本国内长期积累的财政、金融、雇佣等领域中的问题不断凸显，国内关于经济结构改革的呼声日益高涨。日本从桥本龙太郎政权开始就推出了金融体系改革、经济结构改革、财政结构改革、社会保障改革、行政改革、教育改革等"六大改革"，一时间日本执政党和在野党之间出现了争相热捧"改革"的倾向。到2001年小泉纯一郎上台后，日本内阁开始了被称为"新世纪维新"的涉及经济、社会、财政、行政等多领域的全方位的"结构改革"。在改革的带动下，从2003年起，日本的经济开始复苏，主导复苏的主要是一些大企业和制造型企业，随着经济景气的恢复，就业人口不断增加，在正规雇佣人员的基础上，很多企业还增加了对非正规雇佣人员的需求，同时消费开始增加，长期存在的需求供给缺口也逐渐消失。然而经济复苏并没有持续多长时间，高龄少子化又给日本带来了劳动力供给不足、经济规模难以扩大、消费需求不旺、生活水平难以提高、经济发展后劲乏力等问题。小泉内阁下台后，日本的经济在频繁的政坛更迭中动荡不安。2008 年由美国次贷危机引起的金融危机席卷全球，日本经济受到重创，2009 年一季度的 GDP 环比增长率出现了 20% 的负增长，2009 年全年的 GDP 也出现了 5% 的负增长①。2011 年日本福岛核电事故的爆发，使得日本饱尝了经济发展所带来的环境代价的苦果，这一事故的发生对于低迷中的日本经济无异于雪上加霜。从 2012 年安倍执政至今，政府通过"安倍经济学三支箭""新三支箭"出台了很多拉动经济、改善民生出台的政策，但是其政策效果却不尽如人意。

(二) 社会背景

日本经济在 70 年代后进入了低速增长期，此后经济的不景气状况进一步恶化，并最终于 90 年代经济泡沫崩溃后陷入长期低迷。为了应对严重的经济衰退，1997 年以后，日本桥本龙太郎内阁模仿美国的格拉姆—拉德曼预算平衡法案开始制定日本的财政构造改革结果造成了财政危机、年金危机和医疗费危机。这种状况使得日本国民心理上备受打击，人们由此前的过度自信到自信心丧失，对经济和政府的悲观失望以及对美国的畏惧、对中国崛起的担忧等多重负面情绪并存。小泉内阁抓住了人们的心理，提出所谓"政治的平衡与妥协是艺术"这一竞选口号，得到了民众的广泛支持。小泉内阁开始了以财政再建和整理为主要内容的"结构改革"，这一改革立足于市场经济的优胜劣汰法则，主张个人通过努力奋斗成功，宣称高低收入者之间的收入差距是理所当然的。经济的不景气和小泉的"结构改革"打破了原有的稳定雇佣体制，大量中小企业的倒闭使得失业率急剧上升。日本在西方发达国家中一直以低失业率著称，直到 20 世纪 90 年代的前半期，日本的失业率水平仍然维持在 2% 左右的低水平，但是 1998 年亚洲金融危机爆发后，1998 年和 1999 年的失业率猛增至 4.1% 和 4.7%；2002 年小泉内阁的"结构性改革"使得失业率达到了 5.4% 的高峰，此后失业率回落到 2007 年的 3.8%；2008 年全球金融危机爆发，2009 年和 2010 年的失业率均达到了 5.1%；近年来日本完全失业率有所

---

① 数据来源：日本内务省统计局官网 http：//www. stat. go. jp/data/e-census/index. htm。

回落，2014 年、2015 年和 2016 年分别为 3.6%、3.4%、3.1%①。2001 年，以松下、富士通、NEC、索尼等各家电子公司为代表的大企业相继宣布裁员计划，这一举动标志着代表日本式经营显著特征的"终身雇佣制"受到极大挑战并面临瓦解。2004 年，有日本经济团体联合会（简称经团联）所做的问卷调查显示，"今后以长期雇用为中心"的企业仅占 29%。由于经济不景气，企业的大量裁员打破了员工原有的稳定生活，降低了员工的福利。为了节省用工成本，企业大量录用了派遣制等非正规雇佣人员。据日本总务省统计局的数据显示，2013 年 1 月日本企业正式雇员的人数为 3343 万人，包括打短工、合同制员工、派遣制员工等在内的非正式雇佣人员为 1827 万人；到了 2017 年 1 月正式雇佣人数为 3407 万人，而非正式雇佣人员增加到了 2407 万人②。大量增加的非正式雇员无法享受同工同酬的待遇，也得不到相应的经济和福利保障，工作的不稳定使得他们在生活状态的不安中逐渐沦为现代社会的权利贫困阶层。在日本社会大量存在着雇用环境极其不稳定的"不稳定无产者"，也有不论怎么努力工作生活都富裕不起来的"工作穷人"，正是这些群体的广泛存在，使得日本社会的贫富差距过大问题备受学术界和政府关注。进入 20 世纪 90 年代后，日本不仅高龄化问题日益严重，少子化的现实状况也十分严峻，日本社会的人口出生率长期维持在 1.3%～1.4% 的水平，2005 年日本首次出现死亡人口数量高于出生人口数量。据粗略测算，日本 50 年后的人口总数将下降到 8000 万人左右，100 年以后会降低到 4000 万人左右③。虽然安倍政府从 2015 年年底就开始执行以"一亿总活跃社会"为美好蓝图。以"产生希望强化经济""构筑梦想育儿支援""缔结安心社会保障"等为口号的所谓安倍"新三支箭"，但是由于人们的婚育观念和对经济前景的担忧，少子化的问题并没有得到根本的解决。

二、社会福利制度发展状况

（一）福利指导思想的变化

日本人口高龄化问题不断凸显的同时，由晚婚晚育、家庭子女出生数目下

---

① 数据来源：日本总务省统计局 http：//www. stat. go. jp/data/roudou/sokuhou/tsuki/index. htm。

② 数据来源：日本总务省统计局 http：//www. stat. go. jp/data/roudou/longtime/03roudou. htm#hyo_1。

③ 数据来源：《"一亿总活跃社会"建设方针及对策》，日本首相官邸官网：http：//www. kantei. go. jp/jp/singi/ichiokusoukatsuyaku/。

降等原因所带来的少子化趋势也越来越明显，因此，高龄少子化问题成为了日本20世纪90年代以后较为严重的社会问题。为了解决高龄化问题，日本政府于1995年和2001年分别制定了《高龄者对策基本法》和《高龄社会对策大纲》，明确了解决高龄社会问题的几个指导思想，即重新认识原有的高龄人口、重视高龄问题的预防、发挥地域社会的机能、男女共同参加和运用医疗福利信息等的科学技术。从解决少子化问题的对策来看，日本政府于1999年制定了雇佣、母子保健、心理教育等相关的政策；2003年，由地方自治体和企业主制定了几代共居的支援行动计划，通过对这个行动计划进一步的修改完善《少子化社会对策基本法》成立。此后，有关少子化对策的思路向着重新审视年轻一代的作用、激发年轻人自立自强的信心、子女养育的负担由个人完全承担向着社会全体分担转变等思路发展。总体来说，随着高龄少子化的到来和就业形态的多样化也催生了对多样化的福利需求，这也为日本社会福利制度的改革指明了以下六个方向，即基于自我实现与社会公正的理念，向着服务的利用者和提供者的对等关系的建立、面向个人多样性需求的区域综合支援、信赖和接纳的服务在质量和效率上的确保、顺应更广泛需求的多样性主体的参与促进、由民众积极参加形成丰富的福利文化土壤、信息公开确保事业运营的透明性①。近年来，随着核危机爆发对日本社会价值观、生活方式等的冲击，2011年，日本政府在《社会保障・税の一体改革成案》中明确了今后日本社会保障制度改革的总体目标，即建立中等规模、高功能的社会保障制度；基本原则即全世代原则、全民参与原则、多元性原则、完整性原则、安定财源原则。2013年日本内阁通过了《社会保障制度改革法案》，标志着日本福利制度建设进入了一个全面深化的阶段。

（二）福利制度的改革

90年代以后，社会经济状况的新变化促使日本政府开始对国家福利制度进行结构性改革，一些原有的福利制度也面临着变革或瓦解。政府从1994年开始将厚生年金的给付年龄推迟到65岁，并决定以男性自2001年起每三年延长一岁、女性比男性晚5年的形式进行支付；2004年小泉政权在年金改革中导入了固定保险费方式，保险费根据物价、人口和平均剩余寿命等决定保险费

---

① 资料来源：厚生省社会・援助局企画课监修：《社会福祉基礎構造改革の実現に向けて——中央社会福祉審議会社会福祉構造改革分科会中間まとめ・資料集》中央法规出版1998年版，第125页。

范围内的支付额度。从医疗上来看，政府从 1997 年开始对《健康保险法》进行修改，增加了受保者所应当承担的费用比例；2001 年以后，小泉内阁通过市场主义化的结构改革方式进一步削减了公共医疗费用的支出；2008 年，日本在原有的医疗保险制度基础上增加了专门针对高龄人口的高龄老人医疗保险制度，它的对象原则上是 75 周岁以上的老年人，财源来自于被保险人、国家和地方政府。从护理制度上来看，为了解决高龄人口的福利服务和福利设施问题，1997 年日本出台了《护理保险法》，并于 2000 年 4 月正式开始实行。护理保险制度成为了日本社会保险制度的重要组成部分，它提供包括保健、医疗、福利在内的综合服务，主要由居家服务和设施服务两个方面构成，这一制度旨在为因年老、疾病而全部或部分丧失生活自理能力的人群提供必要的护理服务或护理补偿。随着时间的推移和制度的稳定，护理保险也成为了社会保障抑制政策的改革对象，在护理保险实施的第 5 年，即 2005 年，护理保险改革开始实施，这次改革的首要目的是抑制保险支出和保费的上升。改革中提出了以社区为基础的新服务体系，如"社区紧贴型服务"的提供、"社区综合照料中心"的设立等都是这一时期改革的成果。

从雇佣保障制度的变化来看，80 年代以后，日本雇佣体制内部高生产率部门与低生产率部门之间的关系日趋紧张，受政府产业政策影响而立志于自立的大企业的劳动组织，与受政府政策和利益诱导影响而不得不谋求保护的农业、建筑业等地方上的行业之间的利益对立日趋尖锐化，大企业认为政府对低生产率部门的持续保护是削弱自己竞争力的主要原因，因此主张减少政府对低生产率部门的政策倾斜，这种对立使得原有的日本式雇佣保障体制被打破。随着大量非正式雇佣人员的产生，原有的存在于中小企业中的较为稳定的雇佣体制和大企业中的"终身雇佣制"逐步瓦解。同时日本政府于 1996 年、1999 年、2000 年和 2004 年四次修正《劳动派遣法》，一步步放宽劳动派遣行业的限制，推动日本雇佣政策从原来的"终身雇佣制""年功序列制"的雇佣体系向促进劳动力流动的方向转换。从住宅政策的变化来看，21 世纪以前，日本住宅政策长期以住宅金融公库、公营住宅法、提供公共租房的日本住宅公团和地方政府的住宅供给公社四大政策为支柱，这些政策解决了大部分国民的住房问题。2005 年，小泉内阁制定了与住宅有关的三部法律，以此对原有的住宅政策进行根本性改革；2006 年，小泉废除了《住宅建设计划法》，制定了《住宅生活基本法》。这一法律的颁布意味着以往由政府干预大多数国民住宅供给的"普遍主义型"住宅政策向着新的住宅政策转变。新的住宅政策核心的指导思想就是把住宅供给委托给市场，政府的功能局限于保证住宅市场的畅通、提高住宅质量标准以及向住宅困难户提供福利住房。

三、福利经济思想研究现状及代表人物

20 世纪 90 年代以后，日本经济社会的巨大变化使得这一时期福利经济思想从以下几个方面展开。泡沫经济崩溃以及社会经济体制改革所带来的日本传统雇佣体制的逐步解体使得日益严重的收入差距过大问题越来越引起社会各界的关注。2000 年以后，随着经济伦理发展进入繁荣期，有关福利国家的经济伦理思想在日本国内引起了很多学者的讨论。2008 年金融危机以后，资本主义国家的经济危机、社会危机、生态危机频发，尤其是 201 年的福岛核电事故更是引发了人们对于经济发展中环境成本的广泛关注，因此，有关可持续发展福利社会建设成为了日本国内讨论的热点问题。

（一）有关格差社会和企业内福利改革的研究

"格差社会"是现代日本社会关注的一个热点问题，日本经济理论学会 2007 年年会还将"如何看待'格差社会'"作为其"共通论题"。很多学者都对这个论题展开了广泛的研究，如日本马克思主义经济学者大石雄二以《"格差社会"的深化与市场主义经济学》为题目对日本的"格差社会"进行了考察，他认为日本"格差问题"产生于 20 世纪 80 年代以后，是由于经济全球化和日本新自由主义结构改革而产生，其具体表现为在大企业经营者和大股东的收入急剧增加的同时，贫困家庭和"工作贫民（working poor）"的数量也在急剧增加，大石雄二将形成这种状况的具体原因归结为结构改革放松了对派遣制度的管制导致非正规雇佣工人人数增加、成果主义工资制度的引进导致收入差距扩大、个人所得税的最高税率下降导致富人缴纳的税额减少、最低生活保障水平下降导致贫困人数增加等。大石雄二认为要缩小日本社会的贫富差距就应该把目前的非正规雇用劳动转变为正式员工、提高最低工资水平、贯彻男女同工同酬制度、扩大社会保障的范围、禁止民营化、中央政府通过转移支付缩小地区间收入差距①。宇仁宏幸以《日本收入差距扩大的要因》为题目对日本收入差距扩大的原因进行了实证分析，他通过研究发现 20 世纪 90 年代以后日本各个年龄段的劳动者在收入、消费支出、储蓄等方面都存在着差距扩大的问题，从而否定了内阁府提出的"日本的收入差距扩大是由于人口

---

① 大石雄爾：《"格差社会"の深化と市場主義經濟学》，《季刊經濟理論》2008 年第 45 卷第 1 号。

老龄化引起的'人口老龄化说'",认为"人口老龄化说"是在为小泉政府推行的新自由主义结构改革推脱罪名,而新自由主义结构改革正是造成"格差社会"的罪魁祸首①。

从对企业福利改革的研究来看,藤田至孝在《企业内福利与社会保障的一般关系》(1997)一文中对企业福利和社会保障从特点、主体、对象、理念、目的、根据、财源、机能、给付标准和保障范围等方面进行了详细的比较。他认为企业内福利是一种劳资自治的职场小范围内的私有福利,它具有内生性,会根据不同的需求进行直接的、日常的、具体的对应。它的实施主体是企业,实施对象是本企业的员工及其家人,以效率、共助、公平为理念,根据劳动协议、就业规则等制定,以企业的经营收益来决定支付能力,最终以提高员工生活质量、保证人才稳定、激发生产积极性和促进企业发展为目的。社会保障则是一种强制性的公共福利,它具有外生性,以满足平均的需求作为其提供福利服务的标准,它的实施主体是国家,实施对象是所有劳动者和全体国民,以公平、公共援助、效率为理念,它根据国家法律来制定,以保险费收入、国家税收等作为财源,提供包括收入、医疗、护理、育儿、住宅等一系列社会保障,最终以国民生活安定、社会经济稳定发展为目标。在他看来,只要理清了两者之间各自的内涵和外延才能更好的各司其职,发挥企业福利对社会保障的补充作用,避免企业福利低效率所造成企业福利开支的浪费②。今村肇(1997)在《关于企业内福利的企业行动和家庭行动》一文中首先对企业内福利进行了认识。他指出,企业内福利是企业活动费用的一个组成部分,是劳动费用中以非薪金的形式来表现的费用,从其作用上来看,它是公共机构供给的社会保障服务的补充,企业内福利的提供从质和量上都与企业的行动有极大的相关性。同时从费用负担的角度来看,家庭也会以保险费或税金的形式来承担社会保障的费用。因此他认为,从社会保障服务供给和费用负担两方面来看待企业内福利时,就必须要考虑作为家庭的行为方式,尤其要将劳动供给行为与社会保障财政相关联来认识。企业内福利的各种补贴、育儿护理援助等的制度是家庭劳动供给行为的重要影响因素,承担社会保障费用的家庭劳动供给行为

---

① 宇仁弘幸:《日本における賃金格差拡大とその要因》,《季刊経済理論》2008 年第 45 卷第 1 号。

② 藤田至孝:《企業内福祉と社会保障の一般的関係》、藤田至孝、塩野谷祐一编:《企業内福祉と社会保障》,東京大学出版会 1997 年版,第 22~30 页。

又会对福利财政收支产生很大影响①。

（二）有关福利国家经济伦理思想的研究

当代日本对福利国家经济伦理思想的研究立足于欧美已有的研究成果，然后对其进一步拓展和深化。

第一，对以罗尔斯、哈耶克、阿玛蒂亚·森等为代表的西方学者福利国家伦理观的正面评价。其中针对罗尔斯批判"福利国家资本主义"会造成"由于正义的丧失，收入和财产分配的不平等，沉沦和失望的下层阶级产生，这些人会成为社会福利的慢性依赖者并丧失对公共政治文化参与的兴趣"的观点，渡边干雄持赞同态度。渡边干雄指出："福利国家资本主义并不着眼于作为人们行动背景的社会、经济制度，它只是一种事后对收入和财产的再分配，它不能保障政治自由的公正价值。"② 渡边干雄主张建立"财产所有制民主主义"，认为它"以差别原理为理论基础，体现了互惠性，反映了超越单纯私利计算的公共性的一般利益，而非最大多数人最大幸福的全体利益。"③ 虽然在日本学术界一般都将哈耶克作为自由竞争和市场的拥护者，对弱者毫无怜悯的冷酷的思想家来认识，但是鸠津格通过研究发现，哈耶克的理论和政策主张并不是一味地批判社会保障，"哈耶克所否定的只是以向无法自立生活的人提供帮助的名义导入社会保障制度，但是这一制度在实际运作过程中，却成为了干预正当收入分配的一种手段"④。铃村兴太郎认为："阿玛蒂亚·森的潜在能力理论是对传统福利经济学所舍弃的规范经济学研究所作的一种根本上的探究和新奇的尝试。"⑤ 同时，"森的潜在能力理论由公共政策目标所对应的'善'的观念和关于这种观念的理性评价方法所构成，这是对福利经济学与伦理学基础

---

① 今村肇：《企業内福祉に関する企業行動と家計行動》、藤田至孝、塩野谷祐一編：《企業内福祉と社会保障》、東京大学出版会 1997 年版，第 85~89 頁。

② 渡辺幹雄：《ロールズにおける福祉国家と財産所有制民主主義》、塩野谷祐一、後藤玲子など編、《福祉の公共哲学》、東京大学出版会 2004 年版，第 56~57 頁。

③ 渡辺幹雄：《ロールズにおける福祉国家と財産所有制民主主義》、塩野谷祐一、後藤玲子など編、《福祉の公共哲学》、東京大学出版会 2004 年版，第 65 頁。

④ 鳩津格：《ハイエクと社会福祉》、塩野谷祐一、後藤玲子など編、《福祉の公共哲学》、東京大学出版会 2004 年版，第 111 頁。

⑤ 鈴村興太郎：《センの潜在能力アプローチと福祉国家システムの構想》、塩野谷祐一、後藤玲子など編、《福祉の公共哲学》、東京大学出版会 2004 年版，第 73~74 頁。

再构筑的一次有意义的尝试"①。

第二，对欧美已有的福利国家规范经济研究成果的补充和完善。铃村兴太郎在分析和认识森的福利经济理论基础上提出了自己的福利国家系统论。他所构想的福利国家经济系统由处于主导地位的"分权的竞争"系统和三个辅助系统即"竞争政策"系统、"调整政策"系统和"社会安全网"系统构成。在分权系统之下，"人们基于自律的意识和自己的责任范围来负担风险，也被赋予了获取自身发展机会和自由地发挥能力的权利"②。在三个辅助系统中，"竞争政策"系统主要在公平竞争规则设计和严格执行方面发挥作用；"调整政策"系统存在的价值在于其对竞争主系统机能的补充，从而尽量避免出现经济受损的状况；"社会安全网"系统的准确设计旨在为由自然、社会的偶然因素从而陷入困苦境地的人们提供自律性改善境况的机会。森村进分析了自由主义批判福利国家的理由，其中包括福利国家会造成更多人的贫困、妨碍自发的相互扶助和援助的行为、妨碍人们的自助努力、造成市场组织的非效率性、强化政府的权力等一系列理由，进而对于为了保障最低限度的生活水平、强制性的年金制度和经济平等的目的所展开的再分配持反对态度，但他认为出于恻隐之心或人道主义的考虑可以容忍最小限度的社会保障服务的国家供给③。立岩真也认为，自由主义所谓的自由未必对所有的个人都能平等地提供自由，而只是一种消极的自由；分配的正当化应该保证所有人的个人自由，但现行的福利国家并未使这种分配正当化。每个自律的个人在进行选择时都会受到既存价值规范的影响，不论哪种价值规范都必须通过和既存制度相联系才能获得正当性④。

（三）有关可持续发展福利社会的研究

将环境与福利问题联系在一起的研究中，比较早的是1994年丸尾直美以《面向21世纪的福利与环境新理念》为题，根据对以瑞典为代表的北欧国家

①　铃村兴太郎：《センの潜在能力アプローチと福祉国家システムの構想》，塩野谷祐一、後藤玲子など編，《福祉の公共哲学》，東京大学出版会2004年版，第75页。

②　铃村兴太郎：《センの潜在能力アプローチと福祉国家システムの構想》，塩野谷祐一、後藤玲子など編，《福祉の公共哲学》，東京大学出版会2004年版，第87~91页。

③　森村進：《リバタリアンが福祉国家と批判する理由》，塩野谷祐一、後藤玲子など編，《福祉の公共哲学》，東京大学出版会2004年版，第144~152页。

④　立岩真也：《分配論の構図》，塩野谷祐一、後藤玲子など編，《福祉の公共哲学》，東京大学出版会2004年版，第159~167页。

在解决高龄者福利服务、年金改革和废弃物资源再回收利用等的认识，提出了自己对于福利与环境问题的思考。此后，关于福利与环境之间关系的研究陆陆续续展开。2007年以后，随着资本主义国家经济社会现实状况的变化，学者们对环境问题的关注越来越多，有关持续可能的福利社会的研究成果也不断增加，其中比较有代表性的是名古屋女子大学教授平松道夫于2007年、2008年、2010年和2012年分四次在金城学院大学论集上以《持续可能的福利城市建设》（第1论：LOHAS健康持续可能的多样化生活方式；第2论：持续性都市；第3论：共同体的再生和变革；第4论：社会关系资本）为题，对以健康的文化生活为目标的生活方式变革、持续可能的城市建设方向、新环境状况下共同体再生和变革的可能性以及社会关系资本的现代意义等内容展开了论述。

千叶大学作为日本有名的学术研究型大学，其公共研究中心于2009年、2010年和2012年分别组织了三次有关持续可能福利社会建设的学术研讨会，其研究成果以特集的形式刊登在《公共研究》杂志上。2009年以"COE个别推进计划的总括"为主题，依托千叶大学的COE（面向持续可能的福利社会公共研究中心），对国内外相关研究成果进行了报告和梳理。其中仓阪秀实以《持续可能经济系统规划》、小川哲生以《亚洲福利网络规划》、柳泽悠以《亚洲、中东的传统、环境和公共性》、广井良典以《持续可能的福利社会》为题展开了论述，这几篇文章均载于《公共研究》2009年第5卷第4号。仓阪秀实认为为了将社会发展模式向低碳社会转移、应对人口减少和高龄化社会，实现持续可能的福利社会，就必须要立足于对经济的实物环境管理（即环境负荷管理）和以共同体为中心的社会再构筑这两个理念。基于此，从政策层面来看，应该将资源能源管理与经济的评价相分离，导入与环境负荷相适应的设计者责任制，引入与环境负荷总量相关的责任机制和交易机制，采用预防原则和顺应管理原则；同时扩充地域密集型的共同体商业公共投资，在地方自治体采用持续可能的政策目标，推进人口减少情况下的集中居住，导入环境税制改革。

2010年以"面向环境制约、人口减少的共同体的形成"为题，学者们探讨了环境质量评价与都市计划、在空间上返回共同体的方式、出生时人的经济的资源差别、社会关系资本的思考、持续可能的福利共同体的多极集中视点等问题。2012年将2010年的研究主题做了进一步深化和发展，以"人口减少、环境制约下的持续可能的共同体的形成"为题，学者们分析了转换期日本面临的经济社会难题，持续发展社会的条件以及人工资本、自然资本、人的资本和社会关系资本的概念和理论基础，发展持续部门的地域政策，进行人工资本维护的地域经济可能性，活用自然资本发展地域经济的可能性，加强人与人之间联系的共同体和城市构造，从持续可能性观点出发对地方自治体的政策进行评价，面向持续居住地域建设的政策等问题。大石亚希子以《评述 1》为题对社会资本扩充的方向性、人力资本的维持和充实、地方作用与国家作用的发挥等内容进行了论述；冈部明子以《评述 2》为题对人工资本变化所表现的人口减少、人口附着于土地的方式、"供给制约型"思维方式等进行了思考，并具体分析了馆山市的人口减少特征。馆山区政府城市规划部的部长石井进一郎以《评述 3》为题对馆山市在都市规划、城市计划道路建设、不同用途土地规划等方面的政策做法进行了反思，这几篇文章均载于《公共研究》2012 年第 8 卷第 1 号。在上述不同阶段福利经济思想的研究中，最有代表性的人物是橘木俊詔、盐野谷祐一和广井良典。

第二节　橘木俊詔的企业福利经济思想

日本社会贫富差距扩大的问题开始于 20 世纪的 80 年代，此后随着经济泡沫的崩溃和企业雇佣体制的不断变化而日益严重，当前日本贫富差距问题体现在男女收入不平等、不同年龄层次的人群收入不平等、企业正式雇佣和非正式雇佣人员之间的收入不平等诸多方面，"格差社会"问题已经成了影响当代日本社会经济发展的重要问题之一。橘木俊詔（1943— ?）是日本著名的公共经济学、劳动经济学的研究专家，他长期从事日本社会贫富差距、福利改革等领域的相关研究，他从教育差距、学历差距、男女差距等诸多方面对贫富差距问题进行了全面探讨。其出版的专著《从收入和资产看日本的经济差距》（1998）、《企业福利的终结》（2005）、《21 世纪日本的社会差距》（2016）等在日本国内具有较大的影响力。

一、"格差社会"的状况及形成的原因

20 世纪 60~70 年代，日本在经济高速增长的同时社会财富分配比较均衡，当时日本呈现出典型的"一亿总中流"社会结构，整个社会经济发展由庞大的中产阶级支撑并以其较高的效率性和公平性受到西方发达国家的赞誉。到了 80 年代以后，由于收入分配的不均衡日本贫富差距开始扩大，此后由于经济不景气，尤其是 90 年代泡沫崩溃以后，日本经济陷入长期低迷使得经济社会领域累积的问题集中性爆发，贫富分化的问题日益严重。橘木俊詔比较了

2004 年经合组织 24 个国家的收入分配不平等度的基尼系数和贫困率的数据后发现，日本的基尼系数为 0.314，贫困率为 15.3%[1]，两项数据均在这些国家中居于前列，由此说明了经过 20 多年的发展，日本社会的贫困问题和分配不平等问题已经日趋严重。社会的不平等有很多种表现形式如收入、资产、受教育的机会、男女就职等的不平等，橘木俊詔将各种表现形式的不平等分为两类，以收入、资产等形式表现的不平等称为"结果格差"；以教育、就业、性别等形式表现的不平等称为"机会格差"。他认为，"结果格差"与"机会格差"往往紧密相联，从职业收入的高低来看，一般受教育程度高的人可以拿到更高的薪水，受教育程度低的人职业收入更低，但是受教育程度的高低并非完全由自己决定。他通过研究发现，日本社会父母的收入水平和子女受教育的机会完全正相关，受教育程度又与职业收入成正比，这种机会上的不平等必然会带来经济收入和财产的不平等，因此，在橘木俊詔看来，"机会格差"是"结果格差"的重要原因，要想消除"结果格差"首先要保证每个人都有公平获得各项社会权利的机会。

橘木俊詔将平等社会崩溃的原因归结为以下几点：其一，经济长期不景气所造成的失业增加和非正式雇佣人员队伍的扩大。他认为由于 80 年代以后，经济增长速度减缓，此后经济泡沫的破灭使得很多企业的经营状况每况愈下，大量企业的破产倒闭增加了失业人口，同时勉强维持经营的企业为了节约成本纷纷降低了本企业的福利并倾向于雇佣小时工、短期工或派遣制等非正式的员工来从事生产活动。从 1990 年到 2000 年 10 年期间，日本的正规雇佣人员减少了 400 万人，非正规雇佣人员增加了 630 万人[2]，这两种雇佣人员之间形成了较大的收入差距。其二，收入分配系统的变化。日本 80 年代以后收入分配的方式由北欧国家中央集权式的薪资分配方式向英美国家企业自主分配的分权式方式转变，这使得规模大小不同、经济效益不同的企业之间收入差距逐渐增大。同时由于企业内部由"年功序列制"向"能力主义"管理模式转变，"成果主义"成为了薪资分配的标准，这必然造成企业内部不同员工之间的收入差距扩大。其三，税收制度的改革深化了社会的不平等。80 年代以后，日本所得税的累进税率从 1986 年的 70% 降低到了 2000 年以后的 37%，这使得税收对于调节高收入和低收入之间差距，实现社会公平的作用丧失了；1989 年

---

① 橘木俊詔、木下武男、坂東眞理子：《日本の格差：教育差・職種差・男女差の実態》（第 16 回女性学公開講座），《昭和女子大学女性文化研究所紀要》2006 年第 33 卷。

② 数据来源：总务省统计局官网 http://www.stat.go.jp/data/roudou/index.htm。

日本导入了消费税,此后消费税率从 3% 上涨到 5% 并逐渐上升;与此同时社会保险费的费率也不断上升,而福利给付却受到削减,这种税收状况深化了社会的不平等,扩大了贫富差距。其四,小泉内阁的改革进一步加剧了贫富分化。小泉纯一郎曾公然宣称有能力的人、勤奋的人拿高的薪水;没有能力的人、懒惰的人拿低的薪水,这本身就是一种公平,所以他无视日本社会的贫富差距问题,甚至认为日本社会仍然是非常平等的社会。小泉内阁基于市场主义原理、新自由主义原理所推出的经济社会的全面"结构改革"主张社会竞争、削减福利支出、降低累进税率,其目的在于增进经济的效率,但是从实际效果来看,损害了社会大多数民众尤其是社会下层人群的利益,加剧了社会的两极分化。

二、企业福利的问题点

橘木俊詔认为,在日本格差社会的现实下,应该重新对企业福利进行审视,尤其要对企业福利存在的必要性以及可替代性进行反思,从企业福利层面消除正式雇员与非正式雇员的不平等,给所有国民一个基于"普遍主义"的福利制度。

(一) 企业福利的负担状况

橘木俊詔首先将日本的企业福利做了一个详细的分类,他认为,企业给劳动者的支付总体来说可以分为两种,即薪水支付和非薪水支付。薪水支付表现为给员工发放的工资和奖金等以现金形式表现的收入;除此之外的支付都属于非薪水支付的范畴,它可以总称为企业的福利费用。橘木将这些企业福利费用总分为了七大类,即实物支付、退休金等的费用、法定福利费用、法定外福利费用、教育培训费用、募集费和其他费用。根据日本劳动者的《劳动条件综合调查报告》显示,不同行业的企业福利费用支出占劳动总费用的比例中电力、燃气等行业比例最高为 28.5%,其次是工矿业为 21.9%,最少的服务业为 14.3%①。在这些企业福利费用中最主要的是法定福利费和法定外福利费,其中法定福利费是社会保险中企业所缴纳的保险费用,而法定外福利费则包括了企业住宅、企业年金等种类繁多的项目。

橘木俊詔将日本的企业福利与世界上主要发达国家进行对比来研究企业福

---

① 数据来源:厚生劳动省官方网站 http://www.e-stat.go.jp/SG1/estat/List.do？bid=000001015687&cycode=0。

利的负担状况，通过研究后他发现：第一，企业负担。从法人税率和企业的纯社会保险负担率两项指标来看，各发达国家的企业法人税率中日本居于首位为42%，明显高于瑞典等高福利国家；企业的纯社会保险负担率中日本仅为11.2%①，属于较低水平，但是日本企业经营者关于社会保险费缴纳负担过重的抱怨声却从未停止过。第二，企业负担和员工负担的比例。从社会保险费率和企业与员工各自承担的比例来看，法国、德国、瑞典等的社会保险费率均为30%以上，而日本仅为19%；同时员工与企业各自负担的比例为9%和10%②。通过比较橘木俊诏认为，从总体上来看，日本企业的福利负担在发达国家中居于中等水平。

（二）企业福利的实际效果

橘木俊诏分析了企业提供福利的各种原因后将其归结为两点，即保证长期雇用和稳定员工队伍；提升员工的工作积极性，提高生产力。他认为在90年代以前，得益于终身雇佣制，大企业从业人员的长期雇用率非常高，企业福利的确起到了稳定员工队伍的作用。同时为了提高劳动积极性所配套的职工宿舍、单身公寓、运动设施、职工食堂等设施以及给员工的海外培训机会和针对女职工的育儿休假制度、公司内保育制度等也都在一定程度上提高了员工对企业的认同感和归属感。但是2000年以后，这种状况发生了很大变化，一方面，泡沫经济崩溃后的十几年间，很多企业面临了效益下滑、经营困难，这些企业开始想方设法促使员工离职，对员工进行长期雇用成为了企业经营的一大负担，同时劳动者队伍也逐步呈现出年轻化趋势，很多人认为在一个企业长时期工作无法实现自身的价值，所以劳资双方都表现出了想要打破长期雇佣的态度。企业对于不用缴纳年金保险和健康保险的已婚女性和小时工、计件工等灵活的非正式雇佣人员产生了浓厚的兴趣，这样的劳动群体迎合了企业节约人力成本的需求，成为了雇佣市场上的宠儿。另一方面，尼森基础研究所的《企业内福利和劳动者财产形成促进制度的调查》发现，员工们非常关心有关身体健康的维持和增进、压力管理和心理健康的维持和增进、对于疾病事故的金钱准备以及子女教育的资产储备等，而对此前企业福利中的职工宿舍、食堂等

---

① 橘木俊詔：《企業福祉の終焉：格差の時代にどう対応すべきか》，中央公論新社2005年版，第58页。

② 橘木俊詔：《企業福祉の終焉：格差の時代にどう対応すべきか》，中央公論新社2005年版，第61页。

表达了较低的认可度①。由此说明，企业想通过提升员工的技能和职业资格来提高劳动生产率的愿望难以实现，企业所采取的提高员工劳动积极性的企业外福利与员工的实际需求有较大的差异。

三、基于"普遍主义"的企业福利终结观

橘木俊詔立足于对企业福利的实际效果和当前日本社会经济现实分析，他主张企业必须从福利中退出的企业福利终结观。

（一）不同主体在福利提供中所发挥的作用

橘木俊詔对提供福利的各个主体进行了详细分析，他将福利提供的主体分为个人、家庭、国家和企业四大类。从个人来说，他认为个人是自己福利的主要承担者，应当以一种自立、自强的态度来面对自己的福利。在他看来，个人不仅要强制加入国家运营的社会保险制度，而且还可以参加由民间公司所提供的商业保险来满足医疗和养老需求，但这取决于个人的财源或储蓄。他认为家庭本来是基于爱情所组成的人与人之间的共同体，彼此之间本来应该互相帮助、相互关爱，但是现代社会中由于城市化所带来的"核家族化"使得家庭成员数量减少，家庭成员之间相互支援的体制在不断被打破；专业主妇的数量不断减少，使得子女和老人照料的人手明显不足；同时单身家庭、单亲家庭的增多，离婚率上升，家庭暴力、婚外情等违背伦理道德行为的增加使得家庭在福利中的作用不断弱化，由此所造成的老年人经济保障、疾病护理、未成年子女照料等福利问题都必须通过其他方式来解决。日本在战后基本建成了较为全面的福利国家制度，但是 70~80 年代以后，福利建设从黄金期走向了削减期，伴随着福利国家批判论的抬头，国家在福利服务中发挥的作用也在不断降低，因此，在橘木俊詔看来，完全依靠国家来提供福利服务也不太现实。大多数情况下，企业的经营周期短于个人的生命周期，尤其是在经济不景气的情况下，破产倒闭对于企业来说也是家常便饭，同时企业规模差异性较大，这使得从业人员所享受到的福利服务水平也千差万别，所以橘木俊詔指出："以企业为媒介的、针对所有人都普遍适用的、完全公平的福利服务是根本不存在的。"②

---

① 橘木俊詔：《企業福祉の終焉：格差の時代にどう対応すべきか》，中央公論新社2005 年版，第 94 页。

② 橘木俊詔：《企業福祉の終焉：格差の時代にどう対応すべきか》，中央公論新社2005 年版，第 157 页。

（二）基于"普遍主义"的新福利制度

橘木俊詔认为，既然企业所提供的福利服务增加了企业的成本负担，拖累了企业的经营效益，也不能迎合员工的实际需要，起不到激发劳动者工作积极性提高生产力的作用，而且劳资双方都有打破长期雇用的意愿，那么就应该使企业从福利服务中退出来，实行一种新的基于"普遍主义"的福利制度，这种福利制度既能减轻个人、国家和企业的负担，又能够使福利服务的接受者享受到更好的服务。

橘木俊詔认为立足于"普遍主义"的福利制度是国家（公共部门）不考虑每一个人的特性和属性，只提供让所有人安心的最低限度的福利服务，其表现为所有国民都执行统一的养老和医疗制度，通过向所有国民征收保险费或税费的形式保证福利的财源，国家向每个国民提供福利服务以此来发挥福利国家的作用。他从法定福利和非法定福利两方面的改革描述了基于"普遍主义"的福利制度建设的具体做法。从法定福利来看，橘木俊詔主张将由政府提供的各种社会保障特别是年金、医疗、护理等制度的财源获取方式，从原有的保险费缴纳方式改变为强制的税收征收方式。在他看来，当前采取保险费缴纳的方式存在着大量的逃避缴费现象，如果实行税收方式，既能保证财源的稳定性，也能减轻企业和个人的负担。国家可以要求企业缴纳法人税并向个人征收消费税，然后将这部分税收专门作为社会保障的财源，企业和个人都不再单独缴纳保险费，降低了企业和个人的支出，提高它们的可支配收入。从非法定福利费来看，橘木俊詔建议将非法定福利费薪金化，通过提高工资的形式将这部分费用直接支付给员工，如果短期内不能实行全部的薪金化也可以既向员工提供他们所关心的健康预防、疾病诊断等福利，又将职工宿舍、文化体育设施等的支出直接以现金收入的形式发给员工。在橘木俊詔看来，通过法定福利和法定外福利的改革，既增加了职工收入，减轻了企业和职工的负担，也能够使个人享受到差异化、个性化的福利服务。国民在享受了基于"普遍主义"的基础福利保障后，可以根据自己的需要运用增加的收入自由购买保险、享受民间提供的福利服务、运用更先进的福利设施或购入福利资产为自己提供更富足的养老生活。同时基于"普遍主义"的福利服务保障了所有国民享受社会福利的权利，实现了真正的公平，企业非法定福利费的取消有利于消除正式雇员和非正式雇员之间由于不同工同酬所带来的"结果格差"和"机会格差"。

第三节　盐野谷祐一的福利经济思想

当代日本关于社会福利理论问题的规范研究中最具代表性的当属盐野谷祐一的福利国家经济伦理思想，其在建构当代日本社会福利保障体系中发挥了重要作用。盐野谷祐一（1932—2015）是日本著名的经济学家。他一直从事社会福利保障的相关研究，历任日本国立社会保障及人口问题研究所所长、日本厚生省医疗保险审议会会长等职务。他的福利国家思想立足于"制度"和"理念"，从经济伦理的视角出发，以"卓越"为目标实现福利国家的再构筑。他认为："所谓福利，一方面是以社会保障为中心的福利国家或福利社会的'制度'；另一方面是人们以所期望的个体的或公共的目标来追求福利或幸福的'理念'。理念在制度中体现，制度和理念都具有多样性，由多样性的人类集团所支持。"① 他同时指出："论及福利国家的再构筑，与普通的讨论所不同的是，它不仅是经济的视角，还必须从经济和伦理两个视点出发来讨论这个问题。"②

一、福利国家构筑的伦理基础

盐野谷祐一首先批判了功利主义伦理学所主张的社会全体最大化幸福的思想，他认为，"第一，功利主义着眼效用和幸福的最大化，忽视了对自由、权利、卓越等价值本身的认识；第二，功利主义只考虑效用的总体值，会忽视个体间分配是否平等的问题；第三，功利主义以总效用这种一元评价主体的观点会无视立场不同的个人的社会选择过程；第四，效用总体的计算是以每个个体的效用为基础，容易造成个体为了追求自我利益最大化所带来的不道德行为。"③ 他赞同罗尔斯所建立的平等主义正义观。在盐野谷祐一看来，罗尔斯的正义观以每个个体所具有的不同人格作为其基本的价值前提，这种不同的人格不是作为手段而是作为目的来看待。罗尔斯不是简单的对功利主义进行批判，而是通过其理论体系从基础理论、道德理论和道德判断三个方面形成了一

---

① 塩野谷祐一、鈴村興太郎、後藤玲子：《福祉の公共哲学》，東京大学出版会 2004年版，はしがき i。

② 塩野谷祐一：《福祉国家の経済と倫理》，《季刊社会保障研究》1999 年第 1 号。

③ 塩野谷祐一：《ロールズの正義論と福祉国家》，塩野谷祐一、後藤玲子など編，《福祉の公共哲学》，東京大学出版会 2004 年版，第 38 页。

个完整的平等主义的正义观。其平等自由原则赋予每个人平等地享有各项基本
权利和基本自由；机会公平原则是为了保证在机会公平条件下职务和地位向所
有人开放；差别原则则是特定情况下允许适合于最少受惠者的最大利益的社会
经济的不平等情况存在。盐野谷祐一超越了自由主义对自由、公正等的认识，
体现了罗尔斯独特的政策主张，并认为贯彻这三个原则的分配顺序应该是：
"优先保证包含政治自由在内的各项基本自由能够平等分配，同时保证平等地
分配公正的机会，由此必然会带来社会财富和经济财富分配的不平等，于是就
要对社会境况最不利的人群进行再分配以使其最大限度地受惠。"① 他的这一
观点为社会再分配的正当化找到了依据。

　　由于罗尔斯的正义原则包含了政治、经济和社会三个方面的内容，因此盐
野谷祐一主张建构一个以"资本主义、民主主义、社会保障"三个层次制度
所构成的"福利国家"。关于资本主义，盐野谷祐一认为，"资本主义的市场
机制基于'效率'和'增长'的经济原理，为自由社会的发展准备了经济基
础。"② 关于民主主义，他主张"财产所有制民主主义"。"'财产所有制民主
主义'在事前就能减轻资产分配的不平等，尽可能使人力资本的投资机会均
等化，能够减小市场活动所产生的不平等"；同时这种民主主义"以财产私有
制的资本主义为前提，由民主主义统摄财产所有"③。关于社会保障，盐野谷
祐一指出，"社会保障制度的核心是对'境况最不利人群'的照料"，"社会保
障以个人分期支付保费，平均分摊社会风险，作为保险系统的社会保障制度正
是'作为公正的正义'的归结"；同时"社会保障制度作为对'境况最不利人
群'或'社会弱势群体'所遭遇风险补偿的一种保险安全网，必须要考虑各种
负面的偶然因素给人带来损害的救济问题"④。

二、福利国家的伦理目标

　　盐野谷祐一的福利国家经济伦理观以罗尔斯的正义原则为基础和出发点，

---

　　① 塩野谷祐一：《ロールズの正義論と福祉国家》，塩野谷祐一、後藤玲子など編，
《福祉の公共哲学》，東京大学出版会 2004 年版，第 44 页。

　　② 塩野谷祐一：《経済と倫理——福利国家の哲学》，東京大学出版会 2002 年版，
第 5 页。

　　③ 塩野谷祐一：《ロールズの正義論と福祉国家》，塩野谷祐一、後藤玲子など編，
《福祉の公共哲学》，東京大学出版会 2004 年版，第 48~49 页。

　　④ 塩野谷祐一：《ロールズの正義論と福祉国家》，塩野谷祐一、後藤玲子など編，
《福祉の公共哲学》，東京大学出版会 2004 年版，第 45~47 页。

其最终目标就是要建立一种开发人的能力，产生优越活动的"积极的社会保障"制度，而他用以说明这种制度的就是卓越的伦理。

第一，关于什么是"卓越"。盐野谷祐一认为，所谓卓越就是"德"的伦理学，它以人类的存在为评价对象，是与以人类的行为为研究对象的"善"的伦理学和以社会制度为研究对象的"正"的伦理学相并称的第三个体系。盐野谷祐一指出："关于道德或伦理的学问称为道德哲学或伦理学，这个学问区分了作为道德判断对象的三种类型；第一是人类的行为，第二是作为人类集团的社会制度或规则，第三是人所具有的性格所对应的人心。这三个对象可以称之为'行为、制度、存在'，对应于这三种对象的差异所形成的三种不同的伦理学研究范式即'善、正、德'。"[1] 他进一步指出："'行为和善'、'制度和正'、'存在和德'这三个研究范式昭示了评价对象与基本的价值语言之间的对应关系。……德的伦理是关于个人的存在和性格的研究，卓越的概念主要属于这个伦理范畴。"[2] 然后他将卓越主义具体理解为"良好的生"，意指"使构成人类本性的各种特性得到发展，高水准地达成各种成果"[3]，而成果的评价在不同领域有不同的客观标准，创新是卓越主义最显著的形态。

第二，关于如何实现"卓越"。在盐野谷祐一看来，资本主义、民主主义和社会保障三者是构筑卓越社会所必不可少的制度保证。资本主义的市场机制为自由社会的实现准备了经济基础，同时"社会保障是一种对市场机制进行辅助和补充的制度，它立足于'正义'这一伦理原则；民主主义谋求人人都平等地参与社会活动、实现政治上的民主和公共空间的自己管理"[4]。从实现的具体途径来看，盐野谷祐一从分析罗尔斯的"道德人格"概念入手，认为"罗尔斯作为基础的价值前提所设定的'道德人格'是具有善的观念、正义的感觉、平等的尊敬和享受照料权利的'自律'的主体，……为了实现'道德

---

[1] 塩野谷祐一：《経済と倫理——福祉国家の哲学》，東京大学出版会 2002 年版，第 21 页。

[2] 塩野谷祐一：《経済と倫理——福祉国家の哲学》，東京大学出版会 2002 年版，第 23 页。

[3] 塩野谷祐一：《ロールズの正義論と福祉国家》，塩野谷祐一、後藤玲子など編，《福祉の公共哲学》，東京大学出版会 2004 年版，第 50 页。

[4] 塩野谷祐一：《経済と倫理——福祉国家の哲学》，東京大学出版会 2002 年版，第 5 页。

人格'的提升，最应该被重视的是'自尊'"①。他进一步指出："'自律'和'自尊'之间的关系以卓越主义作为基础，自律是人类理性的存在，也是道德立法的主体。""在'自律'观念的指引下，个人在享受自己权利的同时也伴随着义务，这个义务就是通过陶冶人格和提高能力，最终可以达成卓越主义。"② 盐野谷祐一将卓越主义理解为每个个体都负有自我实现义务的一种普遍主义，这种普遍主义具有公共财富的性质：个人通过自我努力，自身的善得到体现从而获得自尊，而自尊是人生最重要的基本财富，这样的卓越主义与人生的意义联系在一起，从而实现了伦理学立场上的自由的卓越主义。

三、积极的社会保障的构建

盐野谷祐一在其福利国家的目标中提到了"积极的社会保障"思想，认为社会保障制度不应该止于消极的安全网络建设，而应该向着以实现人类的能力开发和卓越的"积极的社会保障"推进。

当代英国著名社会学家吉登斯在其《第三条道路》一书中曾对当代资本主义福利国家改革开出了处方，他的基本思路就是将一般意义上的"福利国家"变为"社会投资国家"，其指导原则是："在可能的情况下尽量在人力资本上投资，而最好不要直接提供经济资助。"③ 在他所构建的积极的福利社会中，"福利开支不再是完全由政府来承担和分配，而是由政府与其他机构一起通过合作来提供"。"个人与政府之间的契约关系发生了转变，自主和自我发展将成为重中之重"，从而最终实现"变匮乏为自主，变疾病为积极的健康，变无知为一生中不断持续的教育，变悲惨为幸福，变懒惰为创造"④。吉登斯的这种"社会投资国家"理念，成为盐野谷祐一"积极的社会保障"思想的重要来源。他认为这种"社会投资国家"的效率和正义，以经济自由和社会福利为媒介，成为以共同体为基础的卓越⑤。

---

① 塩野谷祐一：《ロールズの正義論と福祉国家》，塩野谷祐一、後藤玲子など編，《福祉の公共哲学》，東京大学出版会 2004 年版，第 50~51 页。
② 塩野谷祐一：《ロールズの正義論と福祉国家》，塩野谷祐一、後藤玲子など編，《福祉の公共哲学》，東京大学出版会 2004 年版，第 51 页。
③ 安东尼·吉登斯：《第三条道路》，郑戈译，北京大学出版社 2000 年版，第 122 页。
④ 安东尼·吉登斯：《第三条道路》，郑戈译，北京大学出版社 2000 年版，第 132 页。
⑤ 塩野谷祐一：《経済と倫理——福利国家の哲学》，東京大学出版会 2002 年版，第 373 页。

盐野谷祐一首先从分析传统社会保障所面临的"需要"和"能力"之间的矛盾入手。他认为："很多的福利国家，往往会面临这样一种困境，即基于对福利的需求而进行的给付超越实际所能承受的能力，从而使国家自身陷入一种危机状况，因为需要往往伴随着一种主观的贪欲，社会保障的支付会大量消耗有限的资源，社会保障制度本身缺乏一种调节'需要'和'能力'之间矛盾的机制。"① 鉴于此，他主张建立一种根据"需要"进行分配和依据"能力"从事生产活动相结合的积极的社会保障制度。在这种积极的社会保障制度中，"依据'能力'的生产活动不仅是经济价值的生产，还意味着文化的生产"。"'积极的社会保障'不单单是制度组织的构筑，也不单是消除'需要'与'能力'之间经济矛盾的需要，而是道德和精神世界再构筑的要求。"② 盐野谷祐一所主张的福利国家三大制度中，资本主义和民主主义是社会保障的基础，社会保障是为了消除"能力"和"需要"的矛盾而存在的。具体来说，"资本主义解决生产的'能力'问题，民主主义解决生活的'需要'问题，社会保障统合'能力'和'需要'"；同时，"资本主义也是不断竞争的经济创新的温床，民主主义是文化价值多元性的拥护者，……社会保障关注人类需要的特性，以'效率、竞争'的理念和'正义、自尊'的理念为媒介，在多样性的社会实践中使得'卓越'的理念得以发挥，实现了对资本主义和民主主义之间的调整"③。

由上我们看到，盐野谷祐一正是立足于他所构筑的福利国家的三大基本制度，积极推进以能力的开发和卓越的实现为总目标的"积极的社会保障"制度。

四、关于盐野谷祐一福利思想的讨论

盐野谷祐一的福利国家经济伦理观在日本学术界引起了广泛讨论，很多学者对其著作《经济与伦理——福利国家的哲学》给予了积极的肯定和高度的评价。如有江大介认为："盐野谷祐一的经济伦理思想，将经济学和伦理学这

---

① 塩野谷祐一：《経済と倫理——福利国家の哲学》，東京大学出版会 2002 年版，第 258 页。

② 塩野谷祐一：《経済と倫理——福利国家の哲学》，東京大学出版会 2002 年版，第 375 页。

③ 塩野谷祐一：《経済と倫理——福利国家の哲学》，東京大学出版会 2002 年版，第 376 页。

两个在近代独立发展起来的学问领域进行了新的'接合'，并以政治作为这种接合的媒介，超越了此前的著作。"① 川本隆史认为："盐野谷祐一将经济和伦理用'善'作为接口进行接合，一方面，'正'和'德'规制了'善'的世界即经济的世界；另一方面，经济通过'资源、财货、善'的运作，对伦理提供了'正'和'德'的评价对象，深化了罗尔斯对功利主义的批判。"②

在给予盐野谷祐一赞誉的同时，也有学者对其福利国家经济伦理思想提出了一些批评意见。

第一，对盐野谷祐一所谓的"卓越"社会提出了异议。盐野谷祐一描绘的卓越社会是："所有的人作为一种有德性的存在其能力得到充分发挥，产生有个性的生存方式，作为一个整体产生高度有人情味的社会就是'卓越'。"③ 森村进认为，盐野谷祐一所谓的"卓越"不是快乐的享受，"而是社会的'实践'这样一种客观成果的生产能力"④。因此，它具有一种典型的"精英主义"意味，而非盐野谷祐一所说的普遍主义。对于"卓越主义"，森村进提出了三点看法：（1）这种卓越主义只重视能力的实现，却轻视无为的快乐；（2）它夸大了人生的统一性，对日常生活中经验和行为给予了过低的评价；（3）就个体而言可以提倡选择卓越主义的生存方式，但如果整个社会都以此为目标则就是道德说教、权威主义⑤。同时森村进认为："保障真正生活的丰富，并不是收入的多寡，人与人之间的关系是很重要的因素，它关注的是这样一种自然的状态。"⑥

第二，对福利国家租税和保险主张的批判。盐野谷祐一认为："把保险方式和租税方式作为一个整体来理解的道德原则，以及将其置于基础地位的民主

---

① 有江大介：《書評塩野谷祐一〈経済と倫理——福利国家の哲学〉》，《経済学史研究》2003 年第 43 号。

② 川本隆史：《書評塩野谷祐一〈経済と倫理——福祉国家の哲学〉》（公共哲学業書 1），《季刊社会保障研究》2003 年第 4 号。

③ 塩野谷祐一：《経済と倫理——福利国家の哲学》，東京大学出版会 2002 年版，第 381 頁。

④ 森村進：《書評塩野谷祐一〈経済と倫理——福祉国家の哲学〉》，《一橋法学》2002 年第 3 号。

⑤ 森村進：《書評塩野谷祐一〈経済と倫理——福祉国家の哲学〉》，《一橋法学》2002 年第 3 号。

⑥ 森村進：《書評塩野谷祐一〈経済と倫理——福祉国家の哲学〉》，《一橋法学》2002 年第 3 号。

主义政治意识是社会保障制度的财政基础再建设所不可缺少的。"① 对此，很多学者都提出了不同看法。川本隆史认为，盐野谷祐一的想法与日本现实的税制改革不相符合，日本税收三原则"公正、活力、简洁"中的"公正"和"活力"理念在现实中几乎无人问津，"依据道德原则进行税制改革仅仅只是盐野谷祐一的一个美好愿望而已"②。

第三，对社会保障法的"效率"理念的批判。在盐野谷祐一看来，商业保险会由于逆向选择以及信息不对称等原因的存在，使得保险供给者通过提高平均费率的方式来为保险定价，这会造成保险的无效率。而由政府主导的社会保障，实行独立于每个人风险概率的平均保险费率，显然能够纠正保险市场的失效，实现社会保障的"效率"。但森村进认为，社会保险强制每个人支付平均的保险费，必然造成低风险个体被迫支付了他所不愿意承担的高额保险费，而且商业保险在应对信息不对称问题及制定保险费率上绝对会比政府主导的社会保险更加有效率。"那些福利国家的拥护者认为国家比市场更能解决信息不对称问题的想法只会导致糊涂的'政府的失败'。"③

第四节　広井良典的福利经济思想

広井良典（1961— ?）日本著名学者，京都大学、千叶大学教授，他一直从事公共政策、社会保障和科学哲学等相关研究，在国内外多个组织机构担任重要职务，如日本医疗政策机构理事、国土交通省土地利用规划制度研究会委员、国际协调机构（JICA）社会保障分委会委员等多项职务。他从与社会保障、医疗、环境、地域等相关的政策研究出发，围绕照料、人生意义、时间、社群等主题展开了自己的哲学思考，其部分著作在日本国内获得多个奖项。広井良典从理念和政策两个方面展开了他对"创造的福利社会"的构想。

一、常态社会理念

広井良典指出，从战后至今，日本社会一直以经济增长或物质财富不断扩

① 塩野谷祐一：《経済と倫理——福利国家の哲学》，東京大学出版会 2002 年版，第 369 页。

② 川本隆史：《書評塩野谷祐一〈経済と倫理——福祉国家の哲学〉》（公共哲学業書 1），《季刊社会保障研究》2003 年第 4 号。

③ 森村進：《書評塩野谷祐一〈経済と倫理——福祉国家の哲学〉》，《一橋法学》2002 年第 3 号。

大作为价值理念，不论是企业和经济组织、政治和行政机构、家庭和工作方式，还是教育和人的价值观，全部都以经济增长作为行动目标。他认为当前以高的经济增长率作为目标毫无意义，日本社会已经进入了一种"脱离增长型经济"或者叫做"常态型经济"状态，是一种"不以经济增长作为绝对目标，而以人的丰富作为发展方向"①的"常态型社会"。广井良典将进入"常态型社会"的原因归纳为以下几个方面：其一，资源的制约和环境问题日益深刻。在这种情况下如果还一味地追求经济高速增长，社会就会孕育极大的危险。福岛核电事故的发生就是典型的例子，资源的枯竭和环境的恶化又会给后代人带来极大的负荷。其二，日本和很多发达国家一样，人们虽然经济富裕、物质生活丰富，但是却不能带来幸福感，只以强大经济为目标显然没有意义。其三，日本社会高龄少子化的结构性顽疾，使得日本长期面临劳动力供给不足、经济规模难以扩大、消费需求不旺、生活水平难以提高、经济发展后劲乏力等问题，安倍的经济增长政策收效甚微。此外，"过劳死"、贫富差距过大、财政赤字严重、通货紧缩风险等问题的长期存在直接制约了经济的增长。同时经济持续低迷产生的一系列经济、社会问题催生了对社会保障制度新的需求，国民对现行福利制度的不安全感日益加深。因此广井良典指出："为了把日本建设成为一个新的福利国家，就必须全面的审视哲学、伦理学、政治学、经济学等的学问，从福利、经济、财政、环境、地域等领域全方位的进行考量。"②

广井良典通过考察人类历史过程发现，人类史上经历了三次"常态型社会"阶段。第一次是在狩猎采集期，这是最朴素的能源摄取阶段，极其低下的生产力和落后的生产方式，以及对自然的高度依赖使得这一时期只能维持一定数量人口的生活，由于受到资源和环境的制约，在达到一定界限后会进入"常态型社会"。第二次是在农耕文明时期，这一时期人类能够利用自然获取能源，生产力得到了极大发展，经济也获得了快速增长，但最终会因为资源和环境的制约，在达到一定界限后进入"常态型社会"。第三次就是后工业化时代。在工业化时代，经济增长和生产力的发展达到了人类历史上前所未有的高度，市场化、产业化、金融化、信息化等是这个时代的标志性特征，这一时期能源消费和人口数量急剧增加，物质生产量不断扩大，人们的消费欲望也不断

---

① 广井良典：《生命の政治学：福祉国家·エコロジー·生命倫理》，岩波书店2015年版，第248页。

② 橘木俊詔、广井良典：《脱"成长"戦略：新しい福祉国家へ》，岩波书店2013年版，前書きⅵ。

膨胀。当人类社会进入后工业化时期,工业化时代所遗留下来的经济、社会、政治、生态等危机不断爆发,这些危机严重影响了后工业化时期的经济增长,同时也会因为受到资源和环境的制约,在达到一定界限后进入"常态型社会"。広井良典认为,目前日本就面临着人类史中的"第三个常态期",因此必须要根据这一现实来进行经济社会的构造转换。在他看来,常态期并不意味着不变化、发展停滞,"常态期正是文化创造的时代"。迄今为止的经济增长时代实际上是人们受到市场化、产业化、金融化等的约束和支配,经济组织构造以对物质的考量作为行动的准则。今后将迎来的常态化时代则是"人类从经济增长的义务中解放出来,能够在真正意义上发挥个人的创造性"①。

広井良典通过对环境、福利与经济之间关系的分析认为在"常态型社会"下资本主义的生产方式应该从"劳动生产性"向"环境效率性"转变。具体来说他认为,人类与社会的存在方式可以由"个人、共同体、自然"或者"经济市场、社群、环境"这三个层次的重叠构成来理解。个人从传统的社群中独立出来,利用技术从事产业经济活动,人们积极的利用自然、改造自然,随着人们活动领域的逐步扩大,实现了从近代社会向产业社会的转变。在这个过程中,一方面,由于个人与社群之间联系逐渐弱化,为了向孤立无援的个人提供支持,产生了对福利或社会保障系统的需求;另一方面,市场经济活动的无限扩大,必然会对自然环境造成影响,资源的有限性和废弃物处理的矛盾使得环境问题不断凸显。所以福利问题和环境问题不是完全无关的存在,而是作为人与社会存在方式中的重要组成部分密切相关。他进一步指出,"福利、环境、经济"之间的关系可以看作是"平等、持续发展、效率性"之间的关系。因为环境的职能涉及财富的总量或规模问题,最终应当实现可持续发展;福利的职能关乎财富的分配,最终应当实现公正平等;经济的职能在于财富的生产,它注重的是经济的效率性。正是基于此,広井良典认为应该建立"持续可能的福利社会"即"随着个人的生活保障和分配公正性的实现,经济发展与资源环境制约并存的长期存续社会"②。他认为此前经济发展的思路是典型的"劳动生产性",即使用较少的人力实现更多的生产,其结果是造成生产过剩和大量失业。现代社会的生产活动应当以活用人、节约自然资源、降低环境

① 広井良典:《創造的福祉社会:"成長"後の社会構想と人間·地域·価値》,筑摩書房 2011 年版,第 46 页。

② 広井良典:《環境と福祉の統合:"持続可能な福祉社会"とケアをめぐる展望》,《日本緑化工学会誌》2009 年第 35 期第 2 号。

负荷为指导理念，因此生产的方式应该从"劳动生产性"向"环境效率性"或"资源生产性"转变。

二、福利、经济、环境政策的大融合

广井良典认为，"创造的福利社会"的建设必须将社会保障政策、雇用政策、环境政策和都市政策等分属于不同领域的政策融合起来。从雇用政策与福利政策的融合来看。二战后，日本企业实行"终身雇佣制"的用人模式，在这种模式下，日本企业承担了社员及其家属在人生各个阶段的生活保障机能，这种制度实际上就是企业发挥社会保障的作用。此后，随着日本社会"核家族化"的不断深入，家庭规模的缩小也使得家庭本身成为了一种稳固生活保障的场所，这种状况使得日本社会保障给付中与失业相关的给付和与育儿支援相关的给付比重明显较低。但是，随着日本经济发展速度放缓，尤其是进入90年代后，经济不景气的现实状况和雇佣的流动化使得原有的"终身雇佣制"模式逐渐难以为继，同时"核家族化"中女性作为个体的地位不断凸显，女性社会进出的频繁也使得她们需要更多的福利保障，原有的以企业和家庭在社会保障中发挥作用的模式逐渐不能适应现实需要。日本社会中存在着一种非正式的社会保障模式即"公共事业型社会保障"，这种模式就是让公共事业发挥实质的社会保障的作用，通过公共事业建设 提供各种各样的职业机会，从而为这些行业的从业人员提供生活保障的一种理念。这种理念的实质就是将社会保障融入生产部门，将企业生产的保障与个人生活的保障融为一体，通过广义的产业政策来实现对个人的保障①。从理论上来说，当存在失业时，"公共事业型社会保障"通过各种公共事业建设可以刺激经济景气，促进经济增长，从而能够消除失业。但实际上，经济增长却未必能降低失业率，因为经济增长在"劳动生产性"发展模式下会产生更多的生产过剩和失业，从而陷入"经济增长、劳动生产性提高、失业"的怪圈。为了解决这个问题，广井良典认为既要转变思想又要将福利政策和雇用政策结合起来。具体来说：第一，强化与失业相关的社会保障系统建设。完善当前不充分的失业保险制度，进行职业培训，为劳动者职场流动提供支援，推动"公共事业型社会保障"向包含积极雇用政策在内的"失业关联型社会保障"转变。第二，缩短劳动时间。在不降低收入水平的前提下，通过劳动时间的缩减，既降低失业率又减少对环境

①　广井良典：《生命の政治学：福祉国家・エコロジー・生命倫理》，岩波书店 2015年版，第 67~70 页。

产生的负荷。以雇佣政策为媒介，实现经济增长目标向降低环境负荷、充实社会保障的目标转变。同时由于一定水平的失业率无法避免，所以应当接受"与失业共存"的理念，让人们享受闲暇①。

从环境政策与福利政策的融合来看，广井良典认为，两者之间要实现统一就必须考虑区域水平、国家政策、全球化三个方面的因素。通过区域内自发的相互扶持型组织的创立和区域内货币流通的准备，建立区域内"自然、社群、经济"一体化的自立系统。社会保障和福利国家建设既要立足本国实际制定相关政策，也要从全球化的视野下来把握，将全球化下的财富再分配，在地球所能承受的规模水平下实现分配的公正性和发展的可持续性。同时广井良典通过考察欧洲发达国家环境税理论和实践后发现，环境税能够很好地实现福利政策和环境政策的统一。他认为，由于企业的社会保险费负担重，所以很多企业倾向于较少雇佣，从而使得失业率大幅上升，通过征收环境税既能提高人们的环境保护意识，实现经济的可持续发展，又能充实社会保障资金的财源减轻企业负担。其具体做法是，通过对资源、能源消耗的行为征税（如征收石油税、煤炭税、电力税等），充实社保资金，同时降低企业每年社会保险费的支出比例。

从都市政策和福利政策的融合来看，广井良典认为，广义上的福利政策包括高龄少子化的对策、人们的生活保障、几代人之间的交流和不同年龄人口的平衡等多方面的内容；都市政策则要考虑公共交通设施的设置、住宅福利设施与购物场所之间的空间位置关系等问题。虽然目前日本的社会保障政策和都市政策（包括都市规划、土地所有等）分属于完全不相关联的领域，但是今后改革的方向应该是在都市政策和城市建设中包含"福利"的思路，在福利政策中导入都市或"空间"的视点。具体措施包括：建设能为高龄者提供医疗服务配套的高层住宅小区、住宅规划应当考虑几代同居和不同年龄段人群交流的需要等。

三、"创造的福利社会"建设的三个要点

广井良典指出，"创造的福利社会"建设应该把握"医疗福利重点型社会保障""人生前半期的社会保障"和"关于心理照料的社会保障"三个要点。

他认为，今后日本社会保障的发展方向是"医疗福利重点型社会保障"，

①　广井良典：《生命の政治学：福祉国家・エコロジー・生命倫理》，岩波书店 2015 年版，第 73 页。

这是超越各个领域的社会保障政策的总体方向。他将"医疗福利重点型社会保障"解释为"将容易引起市场失灵的医疗和福利领域委托给公共领域进行保障,与此同时,大幅缩小年金在社会保障中所占的比例,并考虑缩减作为社会保障主体的、以收入再分配机能为中心的基础年金的规模,在'医疗福利重点型社会保障'中,强化'福利'尤其是与失业和保育有关的福利的比重。"① 在他看来,医疗和福利领域与人们的需求最为相关,风险预测的困难、巨大的个体差异、信息不对称所造成的"市场失灵"等原因使得这个领域只能寻求公共的保障。同时从年金来看,年金的作用在于保障退休后基本的生活费,要实现"基础的生活保障的平等",但是日本现行的年金制度中,每月领取 30 万日元年金的人和每月领取 3~4 万日元年金的人都为数不少,这显然丧失了年金"基础的生活保障的平等"。此外,由于住院和照料所产生的负担会加重生活的不安,医疗费用中的自付部分和各种照料费用都会加重患者的经济负担,因此当前"混合治疗"② 扩大的趋势越来越明显。但是广井良典认为"混合治疗"会由于医疗信息的非对称性以及患者在医患关系中的弱势地位,使得患者被强加了不必要的费用负担,并且"混合医疗"会造成医疗服务阶层化的扩大,不利于社会的公平性,因此还是应该强化医疗和福利领域的公共保障。

广井良典主张提高"人生前半期的社会保障",并将人生前半期的教育与"创造性"的发挥联系起来。他认为,20 世纪 90 年代以来,随着日本进入老龄化社会,针对"高龄者"的社会保障开支占到了整个社会保障支出的绝大部分,根据一般的观点,人在进入老龄期以后,由于退休带来的收入减少和身体机能下降所增加的疾病开支,使得这个年龄段人群成为了"风险"的高危人群,因此,社会保障理应向他们倾斜。但是广井良典通过研究日本从 1983 年到 2007 年不同年龄段人群的失业率数据发现,1995 年以来,日本 20~30 岁左右人群的失业率不断上升并且远超过 50~60 岁左右的人群。同时由收入差别带来的储蓄以及土地、住宅等存量资产拥有量的差异使得日本社会的贫富

① 広井良典:《生命の政治学:福祉国家・エコロジー・生命倫理》,岩波書店 2015 年版,第 60 页。

② 所谓混合治疗,就是将公共医疗保险所认可的检查法及药物和目前尚未被保险适用范围认可的治疗法并用。原则上,厚生劳动省可以禁止医疗机关使用那些有效性和安全性上存在疑问的治疗方法。资料来源:维基百科日文版 https://ja.wikipedia.org/w/index.php。

差距不断扩大，其结果是，在人生初始阶段拥有共同起点的人群最终有着不同的人生境况。广井良典指出，造成这种状况的根本原因在于，资本主义经济产生了大量的生产过剩，当经济无法维持高速增长时，过剩的劳动力不能被经济活动消化就必然带来高失业率。因此宏井良典认为应该强化"人生前半期的社会保障"，尽快完善与失业相关的社会保障建设。他还特别强调教育在"人生前半期的社会保障"建设中的重要作用。他认为，接受了充分且合适的教育对于一个人今后的人生才是最大的"生活保障"，尤其对于年轻人群而言，教育对其人生观的培养和职业技能的训练有着极大帮助，教育是强化其"人生前半期的社会保障"的重要要素。同时他指出，教育涉及对价值取向的塑造，在"常态型社会"环境下，人们从"经济增长义务"的一元价值观中解放出来，通过教育可以使得一个人在真正意义上发挥"创造性"。在不同年龄阶段的教育中，广井良典主张政府加强学前教育和高等教育的投入。在他看来，现代社会很多孩子认知能力的基础在进入小学前就已经形成，通过推进幼儿教育的无偿化和对家庭提供育儿补贴等形式，从经济层面和家庭层面给幼儿提供一个良好的文化环境。日本社会中，父母的家庭收入和子女的大学升学率之间有着明显的正相关关系，广井良典认为这不利于社会的公平和人才的培养，因此他呼吁政府加大对高等教育的投入力度，推进大学免学费和奖学金制度。

广井良典主张强化"关于心理照料的社会保障"。他指出，在日本，个人一生之中使用医疗费的一半以上是在 70 岁以后，随着日本老龄化社会形势的不断严峻，老龄化所带来的医疗开支会持续上升。但是现代社会疾病低龄化的趋势越来越明显，在这种情况下，他认为应该增加"人生前半期的医疗"。同时在他看来，现代社会疾病不仅由于身体内部因素引起，焦虑等心理状态、与劳动时间和社会相关的社会因素、与自然相关的环境因素等一系列复杂因素都可能成为疾病的诱因，总体来说就是疾病由身心的状态而生。但是日本现行的社会保障体制中，从事心理治疗岗位的人员偏少、报酬偏低，儿童心理咨询及家庭调解等与家庭相关的心理辅导不完善，与失业相联系的自杀预防措施等也很欠缺。基于此，广井良典主张运用"福利、环境"综合化的理念，在福利和医疗活动中尝试引入自然环境疗法，如园艺疗法、森林疗法等，通过与自然的关联对被照料者产生积极效果，从而强化"关于心理照料的社会保障"。

第五节 简 要 评 价

20世纪80年代以后，日本经济告别了此前的高速和低速增长，经济开始走下坡路，尤其是90年代泡沫崩溃以后，各种经济和社会问题层出不穷。日益严重的高龄少子化问题、企业雇佣环境变化、经济不景气所带来的财政赤字增加、养老和医疗等所带来的财政状况恶化等一系列问题困扰着日本社会，这些问题也使得这一时期日本政坛领袖更迭频繁。针对这一时期日本严重的"格差社会"和雇用环境变化对企业福利所提出的挑战，大石雄二、宇仁弘幸、藤田至孝、今村肇等都提出了自己的见解。橘木俊詔立足于社会贫富差距的现实来看待企业内福利，他首先分析了日本贫富差距过大的现状和产生的原因，接着对于企业内福利给企业带来的负担和实际效果进行了探讨，并得出企业应该从福利领域中退出的结论，最后提出了通过企业法定福利和非法定福利改革，建立基于"普遍主义"的新福利制度的主张。这些主张可以在一定程度上解决企业内正式雇佣和非正式雇佣人员所带来的不平等，也有利于降低企业的经营负担、营造全民平等的社会保障环境。经济不景气所带来的伦理道德下滑、人心涣散、人们的自我认同和自信心丧失使得90年代以后日本进入了经济伦理的复兴期，渡边干雄、森村进、铃村兴太郎、盐野谷佑一等学者对福利国家经济伦理思想的研究和讨论标志着经济伦理的研究逐步走向成熟。盐野谷祐一的福利国家经济伦理思想建立在对功利主义批判的基础之上，以罗尔斯的平等主义的正义观为出发点，构筑了一个较为完善的福利国家三层制度体系，即"资本主义、民主主义、社会保障"，其最终目标就是要建立一种开发人的能力、产生优越活动的"积极的社会保障"制度。日本社会在价值观上历来提倡个人服从集体的整体主义价值理念，这与西方社会强调个人主义的社会价值理念有很大差异。这种对集体主义的过分强调在一定程度上忽视了个人的价值实现，因而，盐野谷祐一在"积极的社会保障"中强调对人力资本的开发，关注人类需要的特性，重视正义和人的自尊，倡导在多样性的社会实践中发挥"卓越"的理念都是值得肯定的。2008年金融危机以后，资本主义国家的经济危机、社会危机、生态危机频发，尤其是2011年的福岛核电事故更是引发了人们对于经济发展中环境成本的广泛关注，因此，可持续发展的福利社会建设等相关问题成为了日本国内讨论的热点。以平松道夫、仓阪秀实、小川哲生、柳泽悠、广井良典等为代表的日本学者就围绕健康生活方式变革、持续可能的城市建设方向、社会发展模式转变等内容展开了广泛讨论。广井良典从与社会保障、医疗、环境、地域等相关的政策研究出发，围绕照料、人生意义、时间、社群等主题展开了自己的哲学思考，他所主张的福利、经济、环境政策的大融合以及对于"创造的福利社会"建设应该把握"医疗福利重点型社会保障""人生前半期的社会保障"和"关于心理照料的社会保障"三个要点的构想，很好的贴合了当前经济社会中的失业增加、心理压力过大、经济与环境的和谐发展等现实问题，他的主张也为这些问题的解决提供了良好的政策和思路。

第五章　日本福利经济思想的总体评价

第一节　日本福利国家建设的主要力量

一、战后日本政治对福利国家建设的作用

日本学者宫本太郎将各主要资本主义国家战后福利体制的发展分为三个阶段，即战后福利体制的形成期、雇佣体制的基础结构的福利国家形成期和被迫削减福利的福利国家衰退期。宫本太郎分别分析了这三个时期日本的福利政治情况，在他看来，在福利体制形成期，日本作为后发型资本主义国家，福利国家形成于20世纪60~70年代，这一时期快速的经济增长导致的社会紧张和保守政党政治优先的主张，是日本式福利体制不断扩大的主要原因；"福利元年"前后福利体制的扩大是基于政治的产物。到了20世纪80年代中曾根政权的福利削减期，日本依靠日本式经营和"土建国家"以雇佣体制为主体，为民众提供生活保障。进入20世纪90年代的福利体制重组期，经过小泉政权的"结构改革"，雇佣体制解体，福利也被进一步削减。

纵观日本福利体制和福利思想发展的过程我们也会发现，每一个阶段"政府"和"政治"一直在日本福利制度形成中扮演中重要角色。在近代阶段，日本政府为了最大限度为战争准备充足的人力、物力、财力，推出了一系列的防贫、救贫等社会保障措施，从早期的《抚恤救济规则》《工厂法》等到后来的医疗保险、养老保险等的立法，虽然福利制度建设的目的是处于战争的需要，但是它在一定程度上缓和了国内阶级矛盾，为战争的展开创造了稳定的国内环境。二战结束以后，日本进入了国家重建和全面社会福利建设的新阶段，经过战后40多年的发展，日本已经建成了较为完善的福利国家制度。在这个制度建立过程中，日本国内不同政党基于政治斗争、巩固政权、提升民众支持率、积累政治资本等的考量，推行了各项福利政策，这些福利政策虽然是为了缓和阶级矛盾、巩固资产阶级统治的需要，但是从客观上来看，它的确为

人们的生活提供了更加稳定的保障。

二战以后，日本政府在大力发展经济的同时也非常重视国家福利制度的建立，对应于日本经济的高速增长阶段、低速增长阶段和经济低迷等不同时期，国家福利制度建设也经历了从社会保障的框架基本形成到扩充、调整再到政策转换等的发展过程。50 年代后半期，日本经济上已经进入了高速增长阶段，但是国内许多农林渔业的从业者、中小企业的劳动者以及大企业周边的不稳定就业人员的生活没有得到改善和保障，这种雇佣状况与大企业的稳定雇佣并存，形成了当时日本的双重雇佣结构。1958 年，为了在选举中获得民众支持，日本的自民党和社会党在首次对峙中都将国民年金和国民健康保险放在了政策承诺的中心位置，这种选举政治在客观上推动了"国民皆保险、皆年金"政策的实施，也提高了人们对社会保障的关注度。在日本经济高速增长期的前几年，执政的石桥湛三和岸信介内阁都将经济持续性增长放在了重要位置。为了平抑经济过快增长所带来的行业和地区差距，他们都认为将农业部门和个体经营者纳入社会保险的范围是缩小差距的重要方式，因此他们都主张通过社会保障来提高民众的最低生活水平。两者的差别在于石桥内阁实行所谓的"生产主义的福利国家"，主张首先大力发展生产再进行福利国家建设，同时有关"住宅建设""充实教育及其设施"等都被提及；岸信介内阁则更注重覆盖广泛的国民社会保障制度的实现。但是两者进行社会保障建设的目的都是为了经济持续稳定增长的需要。到了中曾根政权时期，日本经济处于低速增长阶段，这一时期雇佣体制的裂痕开始扩大，国内以大企业为代表的高生产率部门和以中小企业为代表的低生产率部门之间的矛盾日益尖锐化。中曾根正是为了争取以大企业的主要成员为中心的城市新兴中产阶级的支持而展开自己的政治话语，他执行了大企业所提出的"小政府"政策，并主张大幅度削减福利开支，这一举措在一定程度上缓解了当时日本日益严峻的财政赤字，也促使政府对此前福利服务的提供方式和政策效果进行反思。20 世纪 90 年代经济泡沫崩溃后，日本经济在政坛的频繁更迭中动荡不安，自民党为了重新夺回执政权，以"改革"为口号实现了与社会党、新党等的联合，从桥本龙太郎的"六大改革"到小泉纯一郎的"结构改革"日本进入了社会经济的结构改革期。日本政府于 1996 年、1999 年、2000 年和 2004 年四次修正《劳动派遣法》，一步步放宽劳动派遣行业的限制，推动日本雇佣政策从原来的"终身雇佣制"向促进劳动力流动的方向转换。对《劳动派遣法》的修正在一定程度上顺应了当时一部分企业和员工想要打破"终身雇佣制"，以更加灵活的就业方式实现自身价值的愿望，但是它也造成了此后日本日益严峻的"格差社会"问题。

正如日本学者宫本太郎所言"'差距社会'论代替了'过度平等社会'论并得以迅速扩大。"①

二、劳动运动对福利国家建设的作用

我国学者罗志如、厉以宁等曾将战后发达资本主义国家实行社会福利设施的过程总结出了如下规律，即"先是人民群众进行改善生活条件和劳动条件的斗争，斗争取得了一定的成果，实行了某种社会福利设施或增加了某些福利支出。但是随着福利支出的扩大、财政赤字的增加，又造成了通货膨胀加剧、经济恶化，这样又使得人民群众再次为了增加福利支出而斗争"。② 正因为福利制度的实施是为了缓和阶级矛盾、巩固政权统治的需要，所以它的实施往往是人民群众为了改善劳动或生活条件而不断斗争的结果，在这个过程中，劳动运动对于社会福利建设起到了极其重要的推动作用。日本的劳动运动也是贯穿社会福利制度建设始终的一个非常重要的社会现象。从高岛矿坑事件和山梨县生丝劳动争议等日本早期劳动运动开始，整个近代阶段，围绕着劳动时间延长、低工资问题、严酷的劳动条件、恶劣的劳动环境和劳动疾病救治等问题所展开的劳动运动在日本的企业特别是工业企业中此起彼伏。这些劳动运动迫使政府重视劳动问题，为了缓和阶级矛盾，日本第一部较完整的劳动者保护法《工厂法》于 1911 年颁布并实施。战后随着社会民主化改革的不断推进，日本共产党的活动逐步公开化，日本社会党、劳动总同盟、全劳连等党派和组织也相继建立起来，这些组织成为了战后领导劳动运动的中坚力量。同时战后的劳动运动已不局限于解决企业中的劳资纠纷、争取劳动者的正当权益，而是扩展到了与全体国民社会福利建设相关的方方面面。例如，为了应对朝鲜战争所带来的经济不景气以及冷战体制下军费开支的增加，1954 年日本政府公布的财政预算中大幅度的削减了社会保障费开支。这一举动立刻遭到了社会保障、保健医疗、地方公共团体等组织的强烈反对，他们发起了一场全国性的反对削减运动，这个运动提高了国民对社会福利、社会保障的关心，也加快了全民皆年金、皆保险制度建设的进程。又如，20 世纪 60 年代后，由于公害问题频发，人们在讨论公害发生原因、预防措施、解决对策等的同时，有关公害受害

---

① ［日］宫本太郎著：《福利政治：日本的生活保障与民主主义》，周洁译，社会科学文献出版社 2015 年版，第 106 页。

② 罗志如、厉以宁等：《当代西方经济学说》，北京大学出版社 1989 年版，第 419页。

者的损失赔偿、救助、补偿等的社会福利问题也引起了人们广泛关注。这一时期，有关反对企业污染、进行公害审判、妥善补偿公害受害者、加快公害立法等的社会运动频发，这些运动提高了人们对于环境问题重要性的认识，也促使很多学者和政府关注福利与环境的关系。因此，劳动运动无疑对于社会福利制度建设、福利立法的建立和完善发挥了非常积极的作用，劳动运动和福利实践也成为了福利经济思想形成所必不可少的宝贵的现实素材。

三、日本专家学者对福利国家建设的作用

（一）学者们对福利政策的评价促进了福利指导思想的转变

针对池田勇人内阁和岸信介内阁在经济增长和社会福利建设两者优先度上的差异，学者田名部康范分析了 50 年代保守势力福利国家论的各种潮流及其对日本的影响。他认为，虽然"55 年体制"后自民党将"福利国家"建设作为其纲领，但是实际的执行者是改进党和自由党代表的岸信介派议员，他们以欧美福利国家作为模型来主导日本的社会福利建设。而石桥湛三和池田勇人都把英国作为反面教材，因而对于社会保障表现出了消极态度，两人都极力主张生产主义，所以这种政策上的冲突实际上是自由主义、保守主义和社会民主主义理念在日本福利制度建立上的交锋①。80 年代以后，日本通过行政改革削减了福利支出，通过税务改革弱化了税收的再分配功能。对于这一时期福利削减成为可能的原因，学者宫本太郎认为，70 年代后半期，虽然福利支出增长受到了抑制，但是地方公共事业建设等仍然在进行，这使得地方和都市的雇佣率趋于稳定，所以雇佣体制的继续降低了福利削减的影响力②。20 世纪 90 年代以后，小泉内阁的"构造改革"被日本国内很多学者看做是造成社会福利大幅削减、人们社会保障缴费增加、社会贫富分化不断扩大的重要原因。学者薮野祐三认为，小泉政府实行了以从国家到市场的民营化、养老金的结构性调整、自治体财政的"三位一体"化改革等为特征的"结构改革"，这一改革以战后保守政治的利权诱导型政策的实施为基本方向，将国民的课题和政策的课题融合在一起来维持自己的政权。因此从根本上来说，这种政策不是对特定的

---

① 田名部康範：《日本の保守勢力における福祉国家論の諸潮流：1950 年代を中心として》，《社会政策》2011 年第 2 卷第 3 号，第 67~78 页。

② （日）宫本太郎著：《福利政治：日本的生活保障与民主主义》，周洁译，社会科学文献出版社 2015 年版，第 87~88 页。

压力团体和市民进行利益诱导的政策，而是以全体国民都分担痛苦来推行的结构改革。薮野祐三进一步指出这种所谓的"痛苦"就是"格差社会"和基于"成果主义"的高度竞争①。2015年安倍政府的"新三支箭"政策在很多日本学者看来其目标的实现非常困难。大前研一认为，"新三支箭"的数值目标无法实现，当前经济的低迷状况和大量的失业人口使得 GDP 的数据很难达到，而且即使结婚的家庭全部都生育子女也无法达到 1.8% 的人口出生率。要使每年近 10 万的护理离职人员全部回到工作岗位，需要提供大量的福利设施，这是当前紧张的财政状况所无法满足的。同时要使日本维持在一亿左右的人口规模，则合计特殊出生率为每个女性将生育 2.07 个孩子，这显然也不可能。据此大前研一认为，安倍的"新三支箭"目标只是一个美好的愿望②。正是这些学者们对福利政策的认识和评价，帮助人们更理性、更全面地看待社会福利，也提起了政府对福利政策可行性和效果好坏的反思，如学者们对经济高速增长时期大规模的福利扩张所带来的福利低效率、福利财政的困难和人口老龄化问题等的看法，促使政府开始对"天女散花"式的福利服务方式进行反思，也为政府福利指导理念从国家主导型福利制度向"日本型社会福利"转变提供了理论依据。

（二）学者们通过影响执政者来作用于福利政策

日本福利经济思想从近代到当代的发展过程中，涌现出了很多著名的研究者，这些福利经济思想的倡导者们大都具有如下两个特征：第一，他们几乎都在国内外知名大学系统性的接受过经济学、社会学、哲学、法学等学科的理论教育，深受西方思想影响，且在日本著名大学任教期间，培养了一批优秀的学生，这些学生成为他们思想的传播者和践行者；第二，作为日本知名学者在科研院所或政府政策研究机构担任要职，自己有机会参与或影响到政府政策的制定和执行。例如，福田德三作为日本近代经济学重要的开拓者之一，早年留学德国，深受社会政策学派、新历史学派思想的影响。他作为日本社会政策学会的核心成员之一，与吉野造作一起组织黎明会宣传自由主义、民本主义思想；他是日本福利国家论的先驱者，曾在内务省社会局（后来的厚生省）担任要

---

① 薮野祐三：《画期としての小泉政権—"構造改革"に見る政策の文脈と収斂》，《政治研究》2008 年第 55 号。

② 大前研一：《"新・3 本の矢"を厳しく非難"いずれも達成不可能"》，《週刊ポスト》2015 年 11 月 13 日号。

职参与社会政策的审定工作，这使得他有机会将自己的"生存权"思想贯彻到政策的制定工作中去；同时他历任一桥大学、应庆义塾大学教授，培养了诸如左右田喜一郎、中山伊知郎、赤松要等一大批著名的经济学家、社会学家、企业家或政府要员，这些门生既是他思想的继承者、传播者和发扬者，也能通过自己的社会影响力为政府的政策制定出谋划策。战后日本宪法中对"生存权""自由权"等的规定就受到了福田德三思想的影响。福田德三还是一桥学派的鼻祖，至今在日本的社会政策、社会保障研究中还有着重要影响力。日本最权威的社会保障研究所历代所长如山田雄三、马场启之助、小山路男、宫泽健一、盐野谷祐一等都与一桥学派有着重要的渊源。又如大河内一男曾任日本社会保障制度审议会会长等职务；丸尾直美曾任日本国际医疗福利研究所所长、社会生产性经济本部福利政策特别委员会委员长等职务；盐野谷祐一曾任社会保障及人口问题研究所所长、桥本龙太郎内阁行政改革会议委员、厚生省医疗保险审议会会长等职务；广井良典曾任国土交通厅土地利用计划制度研究会委员、内阁府综合特区评价调查委员会委员等多项社会职务。这些学者们正是通过在政府政策研究机构担任职务的机会将自己的福利思想和社会保障理念传递给政治家，从而影响政策的制定。

第二节　日本福利经济思想的主要特点

一、日本福利经济思想的特点

通过对日本福利经济思想发展脉络的完整勾勒我们不难看到，在日本福利经济思想近一个半世纪的发展历史中，福利思想总是和每个时代的经济社会状况以及福利制度安排密不可分，因此福利思想的百年史也是一部日本资本主义社会的发展史。日本的福利经济思想和福利制度在学习和借鉴欧美的基础上，较好融合了本国传统，从而逐步形成了自身的特色。从福利经济思想发展的近代、现代和当代三个阶段来看，它的时代特征鲜明，深刻反映了每个历史阶段的时代主题。某些社会现象贯穿着社会福利制度发展的始终，成为了福利经济思想研究一以贯之的主题。

（一）在借鉴与融合中不断发展

日本的福利经济思想萌生于近代这样一个复杂多变的特殊经济社会环境中，正是在这个阶段，西方先进的文化和社会制度传入日本，开启了日本的近代化之路。西方自由主义、功利主义、民权主义、国家主义、社会政策论和马克思主义等社会思潮中所传递的自由、民主、人权、改良、革命等思想打开了人们解决经济社会问题的新思路。日本至近世以来所形成的有关慈善、救济的理论思想使得整个社会在伦理道德层面有着强烈的向善愿望，同时西方的社会救济实践和立法又为日本近代的社会福利制度建设提供了良好的借鉴，日本有关社会救济、劳动保护、伤病员救助等的立法和组织机构相继建立起来。在这样一些思想和福利实践等因素的综合作用下，日本福利经济思想在借鉴和融合中萌生。从这一时期福利经济思想两大主要代表人物的观点我们不难发现，福田德三将"生存权"看作是最重要的一种"社会权"，并认为"生存权"是制定一切社会政策的基础。同时，他从对"个人、国家、社会"的认识、"劳动国家"论和对正统经济学的反思将社会哲学、经济哲学、社会法学等西方思想进行综合运用，形成了自己的福利经济观；河上肇运用马克思主义的思想深化了他对贫困及其形成原因的认识，而他的治贫之策中又融入了近代以前的社会慈善救济观。日本现代意义上的福利国家制度建立得益于两个方面：一方面，日本在战后初期根据占领军总司令部的指挥部署，按照欧美国家的福利制度模式，初步建立了现代意义上社会福利制度，这就决定了日本的社会福利制度必然是沿着欧美国家的模式方向进行发展；另一方面，日本在二战结束前，社会福利制度就已经初步实现了从救济制度到社会事业再到社会福利的转变，相关的福利主管机构如厚生省等也已建立起来，这些又为战后日本社会福利制度的建立打下了坚实的基础。这种在原有福利制度基础上融入欧美国家福利模式所建立起来的现代福利制度对战后福利经济思想的形成起到了很好的促进作用，同时福利经济思想又有利于福利国家制度的建立和完善，如战后初期关于社会事业、社会政策、社会福利等概念的认识和讨论来源于战时大河内一男等人所建立的理论基础。这些讨论帮助政府明确了社会福利制度的保障对象、范围和内容，从而为年金、医疗、养老、教育等福利制度和社会保险的设立指明了方向。20 世纪 70~80 年代以后，西方国家开始面临着福利国家危机，由高福利所带来的问题，如老龄化问题、财政问题、好逸恶劳等，严重影响了社会经济发展。西方国家的"福利病"在日本同样存在，尤其是老龄化和财政问题在 80 年代以后比较突出，因此日本也开始效仿西方进行"小政府"改革，这种改革在社会福利上表现为从国家主导的福利模式向以重视个人的自助努力和家族、地域社会等协作为特色的日本型福利社会转变。这种福利实践的变化使得这一时期的福利经济思想也开始注重借鉴和融合并重，如丸尾直美的"常态化理念"是借鉴了瑞典所倡导的使高龄者和残障人士尽可能平等、正常的融入社会的理念，高龄人口福利服务改革的思路中就很好的融合了日本传统社会的家庭照料观念；盐野谷佑一的"积极的社会保障"思想就借鉴了英国著名社会学家吉登斯变一般意义上的"福利国家"为"社会投资国家"的理念，他还针对日本传统中重视"集体主义"忽视"个人主义"的特点，强调对人力资本的开发，关注人类需要的特性，重视正义和人的自尊。正是这种借鉴与融合中，日本形成了自己独具特色的福利经济思想。

（二）　环境和贫富差距问题贯穿福利研究的始终

日本作为亚洲最热门的旅游胜地之一，往往以其优美、洁净的自然环境著称。但是实际上，日本至近代以来，曾发生过多次大规模的环境污染事件。如战前的"足尾铜山矿毒事件""别子铜山烟害事件""煤炭灾害事件"等；战后的"酞胺哌啶酮事件""水误病""软骨病""四日事件""大阪机场噪音事件""西淀河公害事件"等；90年代以后的"土壤及地下水污染""废弃物问题"以及近年来的"福岛核电事故"等。正是这些公害事件的发生使得治理环境污染一直是日本政府一项重要的社会和政治任务，同时政府也通过大力发展环境教育提高民众和企业的环境保护意识。这些战前到战后的公害事件也成为了福利经济思想研究所关注的重要问题点。河上肇在《贫乏物语》中分析贫困造成的原因时就曾提及到"足尾铜山矿毒事件"对环境和人们生活所造成的恶劣影响，并指出天灾人祸会进一步加剧人们生活的困苦。《贫乏物语》成为了都留重人对环境问题认识的启蒙书，都留重人在其自传《回顾那些走过的路》中曾明确提到自己关注环境问题的一个重要契机就是受到《贫乏物语》的影响，尤其是书中所描述的"足尾毒矿事件"使自己产生了关于"贫困""丰裕"等福利问题的初步思考，并反思了日本环境问题的历史和教训。如果说河上肇的《贫乏物语》是福利环境思想的启蒙书，那么都留重人《公害的政治经济学》就是有关公害福利经济思想的一本完整、系统的著作。都留重人从GNP与福利的关系入手，详细分析了GNP增加不会引起人们福利水平提升的五种情形，由此批判了当时盲目追求经济的高速增长，过分追逐利润最大化的"唯GDP主义"错误。他以从"素材面"和"体制面"所构筑的新政治经济学作为方法论，主张从"体制面"消解"素材面"的矛盾，以"收入的公正分配"为目标进行经济改革。1994年，丸尾直美在《面向21世纪的福利与环境新理念》中，通过对以瑞典为代表的北欧国家在解决高龄者福利服务、年金改革和废弃物资源再回收利用等经验的认识指出，与经济增长相比，由生活和环境的质的改善所实现的可持续发展，才是更重要的人类课

121

题。21 世纪以后，资本主义频发的自然灾害以及环境负效应的全球化使得人们对公害问题的关注达到了前所未有高度，尤其是福岛核电事故发生引起了日本社会各界和国际社会对核电污染的广泛讨论。这一时期对福利和环境问题的研究不论从深度还是广度上都比此前有了更大的提高。例如广井良典的"创造型福利社会"理念中不仅包含了丰富的"绿色福利""可持续发展福利社会"等思想，而且还在主张福利、经济、环境政策大融合的基础上强调"人生前半期的社会保障"和"关于心理照料的社会保障"。这些福利经济思想已经超越了单纯社会学的范畴，形成了社会学与经济学、心理学、生态学、医学等学科的大综合。由此我们可以看到，日本至近代以后，公害问题一直贯穿着资本主义社会发展的始终，公害发生的根本原因在于资本主义本质所决定的资本家对剩余价值或利润最大化的不懈追求。福利经济思想研究的出发点就是对人类幸福、公正、平等、自由等权利的保障，环境污染显然是对人们生存权、环境权的一种极大侵害。因此，福利经济思想必然会通过对公害问题的认识和研究，以图寻求一种解决公害问题，还人们洁净的生活，提升国民幸福感的方法。同时贫困问题也是贯穿战前、战后日本福利经济思想研究始终的一个重要问题，从河上肇认识贫困并运用马克思主义观来提出自己的治贫方略到橘木俊诏对现代日本严重的"格差社会"问题的认识，他们都将研究的目光对准了近代和现代社会的贫富差距问题，虽然不同时代贫困、贫富差距有不同的表现形式，解决贫困的视角和方法有所差异，但是对贫富差距的研究不论是过去还是现在都具有重要的现实意义。

（三） 表达了对企业福利问题浓厚的研究兴趣

日本的企业福利制度先于社会保障制度建立于大企业之中，明治 30 年左右，以纺织等轻工业为中心，以童工和女工为主要保护对象，以慰问金、抚恤金、补习教育、休假、住宿、强制储蓄、企业内合作组织、伤病补偿、死亡补偿等为内容的企业内福利制度在日本很多大型企业中建立起来。二战以后，这种企业内福利制度与日本的二元制雇用结构相结合，成为了日本社会保障制度中的重要支撑。日本的企业福利制度作为社会保障制度中的重要一环，长期以来为员工及其家属 提供了较为完善的保障，它对稳定员工队伍和社会的安定团结发挥了极其重要的作用。尤其是 20 世纪 70 年代以后，日本生活保障的核心在雇佣体制上，雇佣保障以男性劳动者为对象，特别是大型企业的工资包括了家属的生活补助费，这一点具有了家庭工资的特点，雇佣体制成为了家庭主义的支撑。正是由于企业内福利的重要地位，使得日本的福利经济思想对企业福利问题表现出了更多的关注。从福利经济思想的发展来看，战前有关企业福利的研究以实践为主，福利经济思想研究较少；战后日本学者通过对企业福利实践的研究并结合不同时代的社会经济背景和福利制度状况，产生了许多企业福利思想的研究成果，尤其是对于企业福利改革的认识，很好的反映了时代的主题。例如丸尾直美根据 20 世纪 80 年代以后，日本经营模式、企业雇佣模式、福利需求多样化、人口老龄化等社会经济的现实变化，分析了企业福利改革的原因，并主张建立适合从业人员职业生涯发展的综合福利，激发劳动者的工作意愿，维持良好的人际关系，他认为这样才能真正的提高生产积极性、稳定企业的劳资关系。橘木俊詔通过分析企业福利的负担状况和实际效果，提出了建立基于"普遍主义"的企业福利终结观。他认为，既然企业所提供的福利服务增加了企业的成本负担，拖累了企业的经营效益，也不能迎合员工的实际需要，起不到激发劳动者工作积极性提高生产力的作用，而且劳资双方都有打破长期雇用的意愿，那么就应该使企业从福利服务中退出来，实行一种新的基于"普遍主义"的福利制度，这种福利制度既能减轻个人、国家和企业的负担，又能够使福利服务的接受者享受到更好的服务。此外，森本和人、藤田至孝、今村肇等也从理论和实践领域对企业福利改革提出了自己的看法。这些研究成果都是立足于日本不同时期的经济社会现实，体现了时代需要和不同群体的诉求。

二、日本福利经济思想特点形成的原因

日本福利经济思想上述特征的形成有着较为深刻的文化传统和伦理渊源。

其一，近代以来围绕"文明"思想所形成的"西化"传统。日本是一个非常善于学习和崇尚强者的民族，古代日本以中国为学习对象，通过遣隋使、遣唐使等留学生带回了大量中国的先进文明，日本将这些文明转化为自己的社会制度、法律规章和伦理道德规范，一步步从蒙昧走向开化。到了近代，落后的中国封建王朝成为了列强宰割的对象，日本又将学习的目光转向了现代工业文明的发源地西方，日本明治维新后以"殖产兴业""富国强兵""文明开化"为口号大力向西方学习，在其思想深处有着强烈的"脱亚入欧"愿望，正是这种积极主动学习欧美先进国家和文明的态度，使得日本经济、社会、文化、生活的方方面面都有着强烈的西方烙印。从福利领域来看，日本社会福利实践中的各种福利制度如救贫制度、年金制度、保险制度等，福利立法如"工厂法""救恤规则""救护法""福利三法""福利六法"等都是在学习西方发达国家福利制度和法律的基础上不断建立起来；现代日本社会保障制度主体的社会救济、社会保险和社会福利也都是效仿欧美国家的福利模式来设立。福利经济思想中的"生存权"思想与西方的政治哲学、社会法学、经济哲学思想密切相关；对贫困的认识和治贫之策深受马克思主义理论的影响；公害与福利的关系与福利经济学等理论联系紧密；福利财政、福利国家经济伦理观、"创造型福利社会"等思想也都深受新古典经济学、经济伦理、生态社会学等多种理论和思潮的影响。

其二，近代以来所形成的浓厚的"国家主义"传统。日本近代初期围绕"富国强兵"这一根本目标，运用西方自由主义经济思想推进资本主义制度，从客观上来说，自由主义的主张打破了封建思想的束缚，解放了人们的思想，开启了日本向西方学习的视野，这对于日本在近代时期经济获得快速发展，摆脱列强的侵略，完成近代化，晋升为后进的帝国主义国家，实现富国强兵的目标的确起到了不可估量的作用，但是日本的自由主义经济思想，并不是日本资本主义发展过程中内在、自发形成的，而是对欧美自由主义主张的移植，因此它具有了强烈的输入性特征。同时欧美的自由主义主张个人主义、功利主义，抵制国家主义，但是日本资本主义的发展不以提高国民个人生活为目的，而以国家权力主义为指导，以富国强兵为目标，这种发展的方向决定了日本自由主义的不纯粹性，从而具有了为国家主义服务的特性，所以自由主义的主张实际上是"以国家主义为根本的明治政府的代言人"[1]。通过尊神道教为国教、发布教育敕语等一系列措施，日本在确立了天皇统治权威的同时也将"国家主义"思想深深扎根于日本经济、政治以及社会生活的方方面面，这种浓厚的"国家主义"传统在战后日本经济社会发展中发挥了重要作用。战后日本社会福利制度的形成和发展都是在国家主导下完成的，因此在 20 世纪80 年代之前，日本的福利制度是典型的国家主导型福利模式，尽管后来实现了国家主导型福利模式向日本型福利模式的转变，但是国家仍然在社会福利服务和调控中发挥着重要作用，而其根源正在于日本的"国家主义""集体主义"传统。

其三，"家社会"的理念。日本的"家社会"大致形成于律令国家解体之后，最初它随着律令国家的解体，一方面，由工匠等手工业劳动者基于一定的血缘关系所结成的组织集团，这种组织集团并不强调绝对的血缘关系；另一方

---

① 塚谷晃弘：《近代日本経済思想史研究》，雄三閣 1981 年版，第 39 页。

面，天皇家与权贵、寺庙结成上层的权力集团组织，这种集团组织成为后来幕府建立的基础。此后，"家社会"的主体通过扩大、分化和再编使得内部的结合形式、所统治的领域以及经营方式都发生了重要变化。14 世纪至 16 世纪，农业生产力的大发展和农业耕种的开拓使得农民依附于土地的封建生产关系逐渐形成，这种封建生产关系使得"家社会"的模式逐渐由基于血缘关系向着依赖于准血缘关系和非血缘关系转化，因此日本社会既有由直系亲属（近亲）构成的家，也有由直系亲属和旁系亲属构成的家，还有除直系和旁系亲属外由养子或徒弟等非血缘亲族所形成家。当时由于经营规模的扩大使得很多中小型封建领主在自己的领地上建立了小规模的"家社会"。到了幕府统治时期，随着幕藩体制的建立，日本既有依赖于幕府统治所形成的"家社会"，也有各地方大名所统治的"家社会"。居住在领地上的"领民"负有向大名缴纳税贡的义务，这些税贡支撑着地方经济的发展，大名对其领地内领民负有保护其安全、保障其福利和处理各种纠纷的义务。明治维新以后，随着近代资本主义国家的建立，资本主义产业获得了迅速发展，经济结构上呈现出城市中的财阀企业复合体和农村中地主制大发展并存的景象，由此日本出现了由大财阀、大地主所主导的大型"家社会"以及由小规模企业和私人作坊等主导的小型"家社会"。正是这种"家社会"的理念使得近代日本社会的企业内福利制度先于国家福利制度建立起来，如三菱长崎造船厂在明治 30 年就制定了本企业的职工救护法，建立了以伤亡补贴、疾病医疗、遗族救助等为特征的企业内综合共济制度。这一时期，以纺织等轻工业为中心，以童工和女工为主要保护对象，以慰问金、抚恤金、补习教育、休假、住宿、强制储蓄、企业内合作组织、伤病补偿、死亡补偿等为内容的企业内福利制度在日本的很多大型企业中建立起来。而日本最早的涉及劳动者保护的法律制度《工厂法》到 1911 年才制定公布。战后，日本经济在恢复发展中迎来了 20 多年的经济高速增长，支持这种增长的日本式经营特色的"终身雇佣制"和"年功序列制"也是"家社会"理念运用的典型。在"终身雇佣制"下，员工一旦进入企业就意味着自己及其家人的福利保障完全由企业负担，员工只需要按照"年功序列制"根据工作年限逐级晋升。同时员工对企业绝对忠诚，工作上兢兢业业，甚至将工作看做一场人生的修行，从入职到退休都在同一家企业工作的现象在日本社会十分普遍。这种制度也使得 90 年代以前，日本出现了典型的"工作的丈夫、专业的主妇"的家庭模式。

三、日本福利经济思想与西方福利经济思想的比较

(一) 日本福利经济思想与西方福利经济思想的共同点

日本的福利经济思想是在学习和借鉴西方福利经济学、社会哲学等理论基础上建立起来的，因此，日本福利经济思想从始至终都有着深深的西方烙印。从思想内容上来看，日本福利经济思想中有着深厚的西方渊源。例如，日本"福利经济之父"福田德三的福利经济思想中立足于对"效用"的认识，表达了对收入分配理论的重视，这和新旧福利经济学都以"边际效用"论作为福利问题的出发点、关注收入再分配等的观点有着密切联系；又如都留重人的福利经济思想也是以对资源优化配置和衡量福利的最基本经济变量 GNP （或GDP）的考量作为出发点，通过指出与福利增进无关的五种 GNP 增长的情形，从而对国民经济福利的衡量尺度提出了新的看法；再如广井良典的"创造的福利社会"构想及其对福利、经济、环境政策的大融合理念等也深受西方绿色主义福利思想中所主张的不同生物群体的关系是平等互利的，动物和植物生活与人类生活同等重要，保护环境与自然就是保护人类自身的利益等主张的影响。从对福利提供方式的反思来看，20 世纪 70 年代末期以后，日本与西方国家一样也遭遇了福利国家危机，其具体表现为高福利所造成的财政困境、福利效率低下以及人口高龄人口化趋势所带来的福利服务提供方式的改革等问题，中曾根内阁的"小政府"理念和同时期英国的撒切尔政权、美国的里根政权所表现出强烈地抑制福利开支的倾向如出一辙。日本开始对此前"天女散花"式的国家福利模式进行反思并提出了"日本型福利社会"的主张。盐野谷祐一"积极的社会保障建设"理念正是在借鉴了英国著名社会学家吉登斯的"社会投资国家"理念，主张在福利的提供方式上减少直接的经济援助而代之以人力资本的投资，并认为这是以效率和正义为基础，以经济自由和社会福利为媒介来实现"卓越"的目标。日本福利经济思想的发展过程中既有对西方的借鉴又非常重视与本国传统融合和在现实中的应用，这也使得日本福利经济思想表现出来一些不同于西方福利经济思想的差异。

(二) 日本福利经济思想与西方福利经济思想之间的差异

第一，关注问题点的差异。

从二战前到战后，日本和西方的福利经济思想在所关注的问题上表现出了一定的差别。从二战前来看，20 世纪的 20~40 年代正是西方福利经济学体系

开创并获得快速发展的时期，不论是庇古所创立的旧福利经济学还是由希克斯等人所创立的新福利经济学，它们所关注的核心问题主要围绕着"基数效用论""序数效用论""无差异曲线""国民收入均衡化""收入再分配""资源优化配置""社会福利最大化""社会福利函数"等经济问题展开。这一时期英美等主要资本主义国家已经完成了资本的原始积累，并已实现了从自由资本主义向垄断资本主义的过渡，这些国家经历了经济、社会、政治等领域中资本主义较为充分的发展，国家的经济社会制度比较完善，自由民主意识也逐步深入人心，因此有关福利的主张是以全体国民作为对象来考量，旨在保障"最大多数人的最大化幸福"。纵观这一时期日本的福利经济思想我们不难发现，不论是福田德三还是河上肇的福利经济思想，都是围绕着"生存权"、社会政策、"贫困""治贫方略"等涉及经济与社会问题的主题展开。他们所关注的对象以生活在社会下层的贫民为主，以摆脱贫困、保障生存为基本目的。这种关注问题点的差异究其原因主要是因为，日本作为是后起的资本主义国家，虽然在近代快速完成了资本原始积累，并迅速走上了资本主义道路，但是日本的资本主义经济的发展程度仍然落后于欧美国家。一战以后日本经济的发展以重工业为主导，轻工业尤其是民需工业发展缓慢，在工业企业内部广泛存在着大规模的贫困人口，这些贫民连基本的生存都无法维持，同时日本的资本主义不是为了提高国民个人生活福利，而是以国家权力主义为指导、以富国强兵为目标的经济军事领域的资本主义，它不同于西方真正意义上由市民阶层主导的自由民主的资本主义。这些原因决定了日本的福利经济思想既要关心人们生活的疾苦，又要主张人们基本的生存权。

20世纪60年代以后，随着西方国家失业、通胀、环境问题、经济增长减速等经济社会领域一些新问题的产生，福利经济学的研究也出现了相对福利学说、公平效率交替说、宏观福利经济学说等新的福利理论。这些福利理论表现出对宏观经济领域中的"就业""通货膨胀""经济效率"等经济问题的关注。但是同一时期的日本福利经济思想中对"失业""通货膨胀"等问题的关注相对较少，而对"环境问题""福利服务设施"企业内福利改革""经济伦理""社会贫富差距"等社会经济领域的问题表现出了更多的重视。这种差异的产生与日本战后所形成的二元制雇用结构、低失业率、企业在社会保障中的特殊作用等密不可分。支撑日本经济高速增长的"终身雇佣制"和中小企业稳定雇佣模式使得日本的失业率水平长期低于欧美等西方发达国家，这种雇佣模式使得企业承担了员工及其家人的大部分社会保障功能，所以企业内福利保障是日本社会保障制度的一大特点。

第二，研究视角的差异。

西方福利经济学从 20 世纪 20 年代创立到此后的一些新变化，所关注的问题点都是诸如"边际效用""资源优化配置""国民收入分配""经济效率""失业""通货膨胀"等纯粹经济领域的问题，所以 70 年代以前，西方福利经济思想的研究仍然是以经济学的理论、方法、目标展开，因此它是一种典型的经济学研究视角。例如，庇古所开创的福利经济学研究的是经济福利，新旧福利经济学都以边际效用论为基础，福利经济学的研究方法在相当长的一段时间内只重视实证研究，社会福利最大化标准以经济增长、GNP 的增加为主要目标等。70 年代以后，罗尔斯《正义论》的发表打破了实证经济学一统天下的局面，福利经济学研究开始向规范经济研究回归，很多学者也开始从政治哲学、伦理学等角度审视福利问题。90 年代以后的绿色福利主义理论也受到生态学、社会学等的影响，但是总体来说，西方福利经济学的主体仍然是经济学的研究视角。日本的福利经济思想从二战前福田德三、河上肇对"生存权""贫困"问题的关注，到二战后都留重人、广井良典对"环境"问题的重视，橘木俊诏、盐野谷祐一对"贫富差距""经济伦理"等问题的关心，这些都不是单纯的经济问题，而是涉及到了经济、社会、哲学、伦理、生态、心理学等多个学科领域。正如日本学者佐伯启思所言"所谓现代资本主义的问题，是经济思想、哲学、社会学、精神分析等的'超领域的'探索。"[①]。学者桥本努也认为，"经济思想是在经济认识的主干上，与欲望、价值、文化、自然等概念相关联，由广阔的'人与社会'的基础论所构成的。"[②] 因此，日本福利经济思想研究是一种不局限于经济学的多重视角。例如，福田德三的福利经济思想体系由"社会哲学""社会法学"和"经济哲学"三个要素构成；都留重人从"素材面"和"体制面"两个方面来建立政治经济学而非单纯的经济学，他通过分析与福利增加无关的五种 GNP 增长的情况，指出了用 GNP 来衡量福利的不科学性并主张用社会财富的增减概念来代替 GNP，他的这一看法在当时西方经济学界产生了重要影响；橘木俊诏关注日本的社会贫富差距过大

---

① 佐伯启思：《貨幣と欲望——資本主義の精神解剖学》，筑摩書房 2013 年版，第 430 页。

② 桥本努：《現代の経済思想》，勁草書房 2014 年版，前書 ii。

问题，并基于这种社会现实主张实行基于"普遍主义"的企业福利改革，以实现社会的公平和福利服务的多元化；盐野谷祐一的福利国家经济伦理思想在"积极的社会保障"建设中强调对人力资本的开发，关注人类需要的特性，重视正义和人的自尊，倡导在多样性的社会实践中发挥"卓越"的理念。

第三，福利经济研究传统上的差异。

从西方经济学及福利经济学发展的过程来看，19 世纪的 70 年代以前，西方经济学的发展有着浓厚的伦理学传统，这是因为经济学至亚当·斯密开始从道德哲学中独立出来成为一门新兴学科，经济学与伦理学、哲学等有着重要的理论渊源。19 世纪 70 年代以后，西方经济学受到边际革命的影响从伦理学传统转向了工程学传统并由此开启了经济学的研究以实证经济学为主导的新格局，这种趋势在此后愈演愈烈。直到 20 世纪 70 年代后，以罗尔斯《正义论》的发表为契机，实证经济学一统天下的局面被打破，经济学是否应该"价值中立"，经济学是否应该有其必要的伦理立场等问题引起了越来越多学者的重视和关注。福利经济学在正式创立之前以及旧福利经济学中的诸多主张都有着明显的伦理学传统，发展到新福利经济学后，希克斯等人则主张把价值判断从福利经济学中排除出去，代之以实证研究，这使得本该属于规范经济学研究的社会福利问题却完全运用了实证经济学的方法。20 世纪 70 年代以后，随着规范经济研究在福利经济学中的应用越来越多，很多学者开始从政治哲学、伦理学等角度审视福利问题，尤其是阿玛蒂亚·森对福利经济学的贡献，在一定程度上促进了学者们对新福利经济学替代旧福利经济学效果的反思，也从某种意义上昭示了福利经济学研究传统从工程学传统向伦理学传统的回归。因此，西方的福利经济学研究经历了从伦理学传统到工程学传统再向伦理学传统回归的发展过程。反观日本我们会发现，日本的福利经济思想从萌芽、产生、发展到逐步走向完善，都有着深刻的伦理学传统。不论是早期福田德三福利经济思想中所主张的生存权的社会政策、"个人、国家、社会"的社会哲学思想、"劳动国家"论的社会法学思想等，还是以盐野谷祐一为代表的当代日本福利国家经济伦理思想中从罗尔斯的平等主义的正义观出发，立足于福利国家的三大基本制度，积极推进以能力的开发和卓越的实现为总目标的"积极的社会保障"制度的建立，这些主张都是将伦理学、哲学、社会法学等学科的理念和方法应用于福利经济思想的研究，都是明确的规范经济学方法和视角。

第三节　日本福利经济思想的贡献和局限性

一、日本福利经济思想的积极价值

(一) 推动了日本社会保障制度的建立

从日本社会保障制度建立的历史沿革来看，1945 年之前是社会保障制度的萌芽及初创阶段，这个阶段日本完成了从民间救贫活动到国家救贫立法、从医疗保险启动到社会保险制度初创的转变，社会保障制度的雏形基本建立起来；战后初期到 20 世纪 60 年代，以《宪法》的颁布为契机，日本完善了社会救助制度，建立了现代意义上的社会福利制度，同时新建了失业保险，完善了与劳动相关的社会保险制度，通过充实医疗健康保险和养老保险制度，实现了 "全民皆保险" "皆年金"；此后伴随着日本经济的高速增长，社会保险制度也在充足的财源保障下不断扩展和充实；70~80 年代，面对经济增长速度放缓以及社会保障领域中的问题，日本开始进行医疗改革，适当增加患者医疗费负担以减轻财政压力，同时整合各个养老保险制度，引入基础年金，形成了由基础年金和厚生年金两部分构成的 "两层次年金"；90 年代以后，由于经济泡沫崩溃、经济不景气所带来的财政恶化，日本社会保障制度的进一步改革伴随着 "财政再建" 展开，建设的目标是针对高龄少子化社会设计一个可持续的社会保障制度。经过 1 个多世纪的发展，时至今日，日本已经建立了一个较为完善的社会保障制度，这个制度以社会救济、社会保险和社会福利为三大支柱，并配合以公共卫生和医疗、老人保健、抚恤金、战争受害者救援以及住房、雇佣等相关社会保障制度。从日本福利经济思想的发展脉络我们可以看到，福利经济思想发展的时间阶段大体上与社会福利制度的建立一致，福利制度建立的初创期、形成期和发展期也都能和福利经济思想的萌生期、形成发展期和新发展等时间一一对应起来。福利经济思想在不同阶段的思想内容都紧密了结合了当时的社会经济实际和福利制度建设实际，从而为福利制度的建立提供了理论指导和政策方向。

(二) 指导了日本社会保障的立法

日本的社会保障制度以法律的形式明确其存在，社会保障相关法律由健康保险法、生活保护法等很多具体的法律制度构成，这些社会保障相关的法律制度具有自身的独立性，也依赖于一些共同原则和基本理念来建立。日本社会保障法律最基本的理念是依据日本宪法第 25 条第 1 项所规定的"所有的国民都拥有最低限度的健康且文明的生活权利"，即"生存权"，根据这一理念，政府是社会保障法的主体，国民是客体，保障国民的"生存权"是国家的义务和责任，社会保障制度是将"生存权"这一权利具体化的措施。此外，日本宪法中的第 13 条规定，作为个人的国民，只要不违反公共福祉，其对生命、自由和幸福的追求权利就应该得到最大限度的尊重，从而将"自由权"也作为立法的重要理念。日本社会保障立法的基本原则中，首要的是平等性原则和普遍性原则，日本宪法赋予了全体国民都平等的享受"生存权""自由权"等权利，同时凡是在日本境内的居民或是日本国籍的国民都可以享受这些权利，从而保证了社会保障的全覆盖，体现了普遍性的原则。这些理念和原则在日本福利经济思想的发展过程中，都有明确的体现。例如：福田德三的福利经济思想就是以对"生存权"的认识作为出发点，他认为"生存权"是非常重要的一项社会权，它是一切社会政策制定的基础和依据。生存权的社会政策是为了弥补现行法律制度中的缺陷，保障劳动者可以和他们享受同等追求自由的权利，从这个意义上来说，生存权的社会政策实现了"生存权"和"自由权"的统一。又如，盐野谷佑一的福利国家经济伦理思想中，立足于罗尔斯的平等主义正义观，以开发人的能力、产生优越活动的"积极的社会保障"制度建立为目标，有着非常明确的对于个人价值、自由权、平等、卓越的实现等的政策主张，正是这些福利经济思想为日本的社会保障立法提供了有益的指导。

（三）为国家福利制度建设中所面临的现实问题提供了政策建议

社会保障可持续发展离不开强有力的财政支持，日本在经济高速增长期，由于财政充足，社会福利不断扩充。但是随着经济增长速度放缓并走向低迷，政府的财政困境成为了社会保障可持续发展的重要障碍。一般来说，社会保障的筹资方式主要有税收、社会保险费、受益者负担等形式，很多北欧国家如瑞典，社会保障财源中税收所占比重较大，而一些欧洲大陆国家如德国、法国，社会保险费在社会保障财源中所占的比重较大。日本是一种偏大陆型的混合型制度，日本的社会保障财源主要来自四个部分，即保险费、税收、资产以及其他收入。其中主体部分是保险费，其次是税收。在日本社会保障支出中，医疗和养老占到了总支出的 80% 以上，由此说明社会老龄化给日本社会保障所带来的压力是非常巨大的。为了缓解社会保障的财政困难，日本于 90 年代引入了消费税，并将其作为社会保障的专项财源，消费税率也由最初的 5% 上升到当前的 10%，但是消费税的政策并没有从根本上解决日本社会保障的财源问题。面对日本社会保障的财政困境，很多学者都积极献言献策。从日本福利经济思想来看，丸尾直美认为，日本福利国家改革既要沿着新的福利理念，进行社会保障、雇用政策、住宅和居住环境政策的改革，也要兼顾财政赤字削减的目标，他主张扩大福利的财源，强化对所拥有的资产课税、征收环境税、提高消费税等。在他看来应该实行福利预算的分权化改革，主张福利费用的分担由公共团体、社会保险和个人三个方面来共同负担，并推进财源调拨和政策决策权的分权化改革。同时日本福利支出更多偏向于养老和医疗，而当前日本失业率上升、雇佣不稳定的状况广泛存在，鉴于此，广井良典主张提高 "人生前半期的社会保障"，并将人生前半期的教育与 "创造性" 的发挥联系起来。针对企业福利制度效果不佳、企业负担较重的实际情况，橘木俊詔主张企业从福利领域中退出，建立基于 "普遍主义" 的新福利制度。这些福利经济思想为日本现实社会困境的解决提供了有益的政策思路和对策建议。

二、日本福利经济思想的局限性

(一) 日本社会经济发展现实对福利经济思想的挑战

日本经济增长最令人瞩目的时期是 20 世纪 50~70 年代，与这种高速增长同样引起世界关注的是日本式经营特色的 "终身雇佣制" 和 "年功序列制"，这些制度曾一度让日本人引以为傲，也为日本社会进入 "全民总中流" 发挥了巨大作用，"终身雇佣制" 制度不仅保障了企业的员工本身，连同其家属都获得了稳定的福利保障，这使得日本社会结构一度呈现出标准的 "工作的丈夫、专业的主妇" 模式。但是就在这种经济增长和企业制度的背后，劳资关系中的 "过劳死" 问题在 20 世纪 60~70 年代以后却日益严重。"过劳死" 的人群以 40~50 岁从事技术或服务类职业的男性居多，造成 "过劳死" 的原因则主要是长时间劳动、过度加班、深夜执勤、经常出差、升迁压力过大等多方面原因，日本企业高强度的劳动严重损害了员工的身心健康。日本传统观念中一直崇尚 "男主外、女主内" 的家庭模式，经济高速增长期所形成的 "工作的丈夫、专业的主妇" 的社会结构更进一步强化了这种模式，这使得日本女性在社会角色上长期从属于男性而存在，因此，女性不论是求职还是就职时都遭受到了明显的歧视。虽然日本宪法中有明确的关于个人尊重、两性平等、劳动权利等的规定，日本也有《男女雇佣均等法》《男女同工同酬原则》等法律法规，但是实际上，同一工种、同一学历的男女劳动者在企业内的 "规定内给

予额"的工资收入，女性只有男性的 70%~80%；女性在职位晋升、工作机会
等方面也与男性有较大差别。经济不景气所带来的失业增加和生活困难使得越
来越多的女性必须和男性一样进入工作岗位为家庭生计贡献一份经济力量，同
时女性又担负着照料子女、家庭等的家庭职责，因此近年来，日本一直积极探
索适合于女性事业和家庭两立的就业新模式。此外，企业经营不景气所带来的
"终身雇佣制"的解体使得企业大量使用了派遣制、人事代理制等非正式雇佣
人员，这些非正规雇佣劳动者承担了更多的工作却无法享受到与正式员工完全
相同的工资和福利待遇，这种非正规雇佣加大了贫富差距，也加剧了社会的不
公平。因此，劳动领域中出现的"过劳死""男女雇佣不均等""非正规雇
佣"等问题与福利经济思想中所主张的公平、平等、正义、对人的尊重和保
护、个人价值的实现、幸福感的提升等理念是相违背的，如何解决好这些问题
也是福利经济思想需要更进一步研究的课题。

（二）福利经济思想本身认识上的局限性

虽然福利经济思想对日本福利立法、福利制度的建立和一些现实经济问题
的解决的确发挥了重要作用，但是从福利经济思想本身来看，的确还存在着认
识上的局限性。例如，河上肇在《贫乏物语》中关于解决社会经济组织上奢
侈品生产过剩、生活必需品不足问题的主张，他将让富人自觉减少奢侈品消费
作为治贫第一策，对此福田德三就进行过强烈批判。福田德三认为，需要决定
生产的这一基本前提本身就是错误的。即使社会减少了奢侈品的生产，增加生
活必需品的生产，也不能从根本上解决生活必需品缺乏的问题，而且让有钱人
从道德层面上自觉减少奢侈品的消费根本就是一种徒劳无功。在福田德三看
来，只有肯定了个人的利己心，并把它作为社会进步的源泉，实行自由主义，
以市场的力量来自发调节产品生产才是解决贫困的手段。福田德三认识不到贫
困的根源在于资本主义制度，妄图通过对制度的小修小补来从根本上解决贫困
是不可能的。到了《第二贫乏物语》发表时，河上肇已经由社会政策学派的
一员变成了坚定地马克思主义者，这种思想观念的转变在治贫的主张上表现为
明显的社会主义或马克思主义的治贫观，所以福田德三和河上肇的观点上的差
异实际上是马克思主义和社会改良主义之间的交锋。又如，都留重人和广井良
典都将经济发展与自然环境和社会福利等问题联系起来进行考察，也有其科学
的主张，但是他们对于环境危机频发原因的认识都没有触及到资本主义制度本
身，相比之下日本的马克思主义学者，如生态马克思主义的代表人物岩佐茂、
岛崎隆等的认识就更加深刻，如岛崎隆认为"现代经济是一种自然环境作为

追求利润道具的竞争经济构造"。所以他批判道："商品、货币社会全面化的资本主义体制是环境问题的最重要因素"①。岩佐茂将福岛核电站事故发生的根源归结于资本主义制度，他认为近现代的工业文明虽然由科学技术的极大发展所支撑，但是主导工业化的是资本主义②。盐野谷祐一在福利国家经济伦理思想中主张建立涉及政治、经济、社会三个方面的福利国家三层次制度，即"资本主义制度""民主主义制度"和"社会保障制度"，他明确指出了资本主义私有制是制度前提，他的福利经济思想也是在资本主义的制度框架内来认识和解决经济社会的现实问题，这就决定了其思想上的不彻底性。

① 島崎隆：《人間と自然関係のより深い認識を：レイフイールド《マルクス主義と環境危機》を中心に》，《環境思想、教育研究》2013 年第 6 号。
② 岩佐茂：《3·11 後にポスト資本主義論を構想する：マルクスの視点から》，《現代の理論》2014 年第 2 号。

第六章 日本福利经济思想的借鉴价值

第一节 我国社会保障制度的发展状况

一、我国社会保障制度的建立

中华人民共和国成立至今，我国社会保障制度的发展经历了两大过程，即以改革开放作为分界点，1978 年以前我国建立了国家-单位保障制；1978 年以后我国逐步展开了由国家-单位保障制向国家-社会保障制的渐进式转型。改革开放之前，我国实行国家-单位保障制模式，这与我国社会主义国家的性质以及将社会保障制度作为从属于社会主义制度的有机组成这一定位密不可分。中华人民共和国成立之初，中央人民政府就在企事业单位和其他基层单位的全面配合下，迅速主导着社会保障制度的建设，由此形成了我国国家-单位保障制的基本格局。中华人民共和国成立后颁布的第一个社会保障法规性文件是1949 年 12 月 19 日由当时的政务院（后来的国务院）发布的《关于生产救灾的指示》，此后一系列救济、优抚等法规相继颁布。1951 年颁布，1953 和1956 年两次修订后的《中华人民共和国劳动保险条例》全面确立了我国城镇职工的劳动保险制度，成为了新中国社会保障制度中最重要的一项社会保障制度。到 1956 年，我国已经初步建立了国家主导并作为主要责任主体、城乡单位担负共同责任并组织实施的社会保障制度。在这一制度下，国家在社会保障中扮演着确立者、保证者的角色，政府和单位共同扮演社会保障的供给者和实施者，于是国家与单位在社会保障制度的确立与实施过程中日益紧密的结合在一起。此后，随着建国初期三大改造任务的完成，国家的工作重心由政治领域转向经济领域，中央对社会保障制度进行调整与完善。1957—1962 年，国家发布了多个涉及企业职工、军人等退休养老的制度性安排文件。1969 年以后，国家-单位保障制的责任重心开始由国家转向单位，城镇企事业单位办社会，包办社会保障等事务的现象迅速扩张，这种状况使得社会成员所享受的社会保障通过工作关系与所在单位构成了不可分割的联系。这一方面使得有工作单位的个体无偿享受着社会保障的待遇，从而与单位之间形成了一种相对稳定的就业关系，降低了失业率，促进了国家经济建设，有利于社会经济的稳定发展；另一方面，企业承担了过高的社会保障开支，加大了企业的成本负担，这也成为后来国企改革的重要原因。同时社会保障待遇的无偿化造成了医疗资源的极大浪费，而没有工作单位的社会成员又无法享受到应有的社会保障，从而在一定程度上造成了社会的不公平，这也成为后来社会保障制度改革的重要动因之一。

二、我国社会保障制度改革的演变路径

1978 年改革开放以后，随着我国经济体制改革由高度集中的计划经济体制向市场经济体制转轨，我国的社会保障制度在从被动变革到主动变革、从自下而上探索到自上而下推进、从个别地区试点到全面总结经验推广、从单项改革到综合改革、从服务并服从于经济改革到独成体系地发展、从注重效率取向到以维系和促进社会公正为己任的这一渐进式改革路径①下不断发展成熟。在这个渐进式改革过程中，社会保障制度也由国家—单位保障制向着国家-社会保障制转型。中国这 40 多年的社会保障制度改革之路，在不同的时期有着不同的目标、定位和作用，目前国内比较有代表性的观点是将中国社会保障制度的改革过程划分为五个阶段②。即 1985 年之前是改革准备阶段；1986 年至 1992 年是强调为国有企业改革配套的阶段；1993 年至 1997 年是作为市场经济体系支柱之一的阶段；1998—2008 年是建立独立于企事业单位的社会保障体系阶段；2009 年以后是从长期试验性改革逐渐走向成熟定型发展阶段。

1978—1985 年是我国社会保障制度变革前的准备阶段，这个时期虽然社会保障制度仍然是传统的国家-单位保障制时期，但是在社会经济领域，已经存在了一些触发改革的因素。20 世纪 80 年代左右，社会经济领域发生了对外开放、农村承包责任制、经济体制改革等一系列新变化，高度集中的计划经济体制与充分利用市场机制的新经济政策在激烈地较量中不断冲击着人们原有的思想观念，改变着中国的社会面貌。正是当时中国异常复杂的社会经济环境从

---

① 郑功成：《中国社会保障 40 年变迁（1978—2018）——制度转型、路径选择、中国经验》，《教学与研究》2018 年第 11 期。

② 郑功成：《中国社会保障 70 年发展（1949—2019）：回顾与展望》，《中国人民大学学报》2019 年 05 期。

根本上触动了传统国家-单位保障制的经济基础，也动摇了赖以支撑国家-单位保障制的行政体系和单位组织结构，从而使社会保障制度变革成为必要。在这一阶段，一些国有企业开始自发尝试让职工分担部分医疗费用，这实际上是后来建立缴费型医疗保险制度的初步试验；一些地区自发对诸如纺织等行业的退休费用进行跨单位统筹，这实际上是单位包办的退休金制度走向社会化的社会养老保险制度的最初尝试。虽然总体来说，这一阶段传统的国家-单位保障制的实质以及以单位作为保障重心的基本格局并未改变，但是这些变化和初步尝试却为后来的改革打下了一定基础，它使得社会保障的组织体制得到明显强化，国家着力恢复社会保障制度的秩序并针对原有制度的缺陷进行自发性改进的尝试也为社会保障制度正式进入改 革期做了组织上的准备。

1986—1992 年是为国有企业配套新制度缓慢生长期。1986 年发生的三件大事使得这一年成为了中国社会保障制度真正进入转型期的标志性年份。第六届全国人大四次会议通过的《国民经济和社会发展第七个五年计划》首次提出了社会保障这个概念，并且单独设章阐述了社会保障改革与社会化问题，社会保障社会化作为国家-单位保障制的对立面在国家经济发展计划中被正式提出。同年，国务院颁布了《国营企业实行劳动合同制暂行规定》《国营企业职工待业保险暂行规定》，劳动合同制打破了计划经济时代的"铁饭碗"、退休养老实行社会统筹、个人和单位必须缴纳保险费等一系列规定推进了劳动力的市场化和社会化，这两大法规为社会保障社会化改革指明了具体的行动方向，具有明显的制度重构与制度创新的特点，因此它是推动中国社会保障制度根本性变革的关键标志。1986 年 11 月 10 日劳动人事部颁发了《关于外商投资企业用人自主权和职工工资、保险福利费用的规定》，这一规定在维护劳动者社会保障权益的同时进一步消除了社会保障单位化的烙印。这些重大事件的发生预示着国家-单位保障制走到了尽头，国家责任得到了适度的控制和调整，社会保障社会化开始替代社会保障单位化，新型社会保障制度开始生长。

1993—1998 年是社会保障为市场经济服务，制度急剧变革时期。以邓小平同志南巡讲话为契机，1993 年 11 月，中共十四届三中全会通过了《关于建立社会主义市场经济体制若干问题的决定》。在这个决定中，社会保障制度被正式确定为市场经济正常运行的维系机制和市场经济体系的五大支柱之一，并首次明确了"建立多层次的社会保障体系"的目标取向，同时规定了"社会保障体系包括社会保险、社会救济、社会福利、优抚安置和社会互助、个人储蓄积累保障"及"城镇职工养老和医疗保险金由单位和个人共同负担，实行社会统筹和个人账户相结合"。这些决定阐明了我国社会保障制度变革所追求的主要目标以及社会保障制度中个人主体责任的承担，它成为了我国社会保障制度改革过程中的一个标志性事件。此后，江西九江、江苏镇江等地启动社会医疗保险、城镇住房制度改革试点；1995 年 3 月国务院发出《关于深化企业职工养老保险制度改革的通知》，正式确立社会统筹与个人账户相结合的养老保险制度试点模式；1997 年城市居民最低生活保障制度初步建立起来。这一系列改革的举措表明，虽然原有的社会保障制度并未明确宣布废除，但是旧制度的根基已经发生了明显的动摇，中国传统的社会保障制度已经进入了权利义务关系重构的急剧变革时期。所以这一阶段实际上也是国家-单位保障制和国家-社会保障制双轨并存、此消彼长的时期。

1998—2008 年是新型社会保障制度的全面建设时期。1998 年，我国国企改革正式拉开帷幕，这一年也是中国社会保障改革进程中一个特别重要并且取得重大实质性进展的年份。从这一年起，社会保障逐渐摆脱了单纯为国有企业改革被动配套和为市场经济服务的附属角色，它成为一项基本社会制度并进入了全面建设时期，国家-社会保障制的特色日益明显地体现出来。1998 年 3 月，国务院新组建劳动和社会保障部并赋予其管理全国社会事务的职责，这使得原来多部门分割的社会保险管理体制得以统一；同年中央政府强力推进"两个确保、三条保障线"，并开始推进退休人员社会化管理；1999 年国务院制定《城市居民最低生活保障条例》，摒弃原有的困难职工只能向所在单位申请救助的政策，正式确立了面向全体城市居民的最低生活保障制度，随后该制度扩展到农村；2000 年中央政府建立了战略储备性质的全国社会保障基金，同年启动辽宁综合社会保障改革试点，单项突破的试点开始转化成统筹规划、整体推进。这些重大措施使社会保障改革从此前的效率优先转向了维护公平正义，社会保障从此全面走向社会化和去单位化。改革明确了建设新的社会保障制度的目标是建立独立于企事业单位之外的、筹资渠道多元化、管理服务社会化的社会保障体系。

2009 年以来是从长期试验性改革逐渐走向成熟、定型发展阶段。从 2007 年到 2009 年，美国次贷危机、全球金融危机和欧洲债务危机相继爆发，严峻的国际形势使得中国的经济发展受到很大负面影响，为了更好地通过改善民生和激发内需来应对危机，中央政府于 2009 年实施"三年医改"方案，旨在实现全民医保和人人享有养老金的目标，同时启动农村居民养老保险试点，并大规模推进城镇保障性住房建设，这标志着中国社会保障改革与发展进入全面建设时期。2010 年 10 月，全国人大常委会制定《社会保险法》并于 2011 年实施，规制了我国建立以权利与义务相结合的社会保险为主体的新型社会保障体系；2013—2017 年，国务院发布一系列政策性文件，对全面推进养老服务业发展、确立城乡一体的综合型社会救助制度、机关事业单位工作人员养老保险制度改革以及慈善事业等方面做出了明确规定；2017 年 10 月，党的十九大召开，其政治报告中明确社会保障改革的核心任务是"全面建成覆盖全民、城乡统筹、权责清晰、保障适度、可持续的多层次社会保障体系"[1]；2018 年 3 月，国务院机构改革，在保留民政部、人力资源社会保障部的同时新组建退役军人事务部、国家医疗保障局，使整个社会保障管理体制得以重构。因此，2009 年以来，我国社会保障体系建设步伐明显加快、公共投入力度持续加大、社会保障惠及全民的广度显著扩张，社会保障制度各项立法逐渐走向定型和完善。

从我国社会保障制度改革的路径可以发现，我国社会保障制度改革始终植根于中国经济发展这个大环境，作为中国社会经济改革中的重要一环，它在我国经济 40 多年高速增长的大背景下，在经济体制改革、国有企业改革等重大事件的积极推动下，一步步渐进式发展。时至今日，我国的社会保障体系日益健全，社会保障水平持续提升，尤其是本次新冠疫情期间，新冠肺炎患者的治疗费用由医疗保险和国家财政共同支付。据统计，截至 2020 年 3 月 15 日，全国确诊患者结算人数为 44189 人，涉及总费用 75248 万元，人均费用 1.7 万元，其中医保支付比例约为 65%，剩余部分由财政进行补助。[2] 这充分体现了社会主义福利国家的优越性，反映了我国综合国力和社会保障水平不断增强。社会保障制度的健全和完善也为中国经济体制改革和社会转型创造了相对安定的社会环境。

三、我国社会保障体系的结构

经过 40 多年的改革与发展，我国已经建立了包括社会保险、社会救助、社会福利和优抚安置等一系列社会保障制度在内的社会保障体系。在社会保障体系中，社会保险居于核心地位，它是社会保障体系的重要组成部分，是实现社会保障的基本纲领；社会救助属于社会保障体系的最低层次，是实现社会保

---

① 习近平：《决胜全面建成小康社会夺取新时代中国特色社会主义伟大胜利——在中国共产党第十九次全国代表大会上的报告》，北京：人民出版社，2017 年。

② 数据来源：国家医保局官网 http://www.nhsa.gov.cn/。

障的最低纲领和目标；社会福利是社会保障的最高层次，是实现社会保障的最高纲领和目标；社会优抚安置是社会保障的特殊构成部分，属于特殊阶层的社会保障，是实现社会保障的特殊纲领。当前我国社会保障体系建设的目标是要按照兜底线、织密网、建机制的要求，全面建成覆盖全民、城乡统筹、权责清晰、保障适度、可持续的多层次社会保障体系。这里多层次社会保障体系可以从三个层次上来理解，第一是"托底层"，主要是通过最低生活保障、医疗救助、农村"五保"等制度对城乡的贫困家庭和居民给予社会救助，通过社会福利制度对鳏寡孤独等特定群体给予照顾，所需资金由政府支出。第二是"主干层"，主要是通过实施权利与义务相联系的社会保险制度，为参保人员提供养老、医疗、失业、工伤、生育等基本保障。政府强制或引导社会保险制度实施，并承担必要的财政责任。第三是"补充层"，国家鼓励和引导用人单位根据条件，建立企业年金、职业年金和补充医疗保险制度，发展商业保险，以满足不同社会成员的保障需求。

全面建成多层次社会保障体系，就是要在保障项目上，坚持以社会保险为主体，社会救助保底层，积极完善社会福利、慈善事业、优抚安置等制度；在组织方式上，坚持以政府为主体，积极发挥市场作用，促进社会保险与补充保险、商业保险相衔接。要积极构建基本养老保险、职业（企业）年金与个人储蓄性养老保险、商业保险相衔接的养老保险体系，协同推进基本医疗保险、大病保险、补充医疗保险、商业健康保险发展，在保基本基础上满足人民群众多样化多层次的保障需求。"兜底线、织密网、建机制"是全面建成多层次社会保障体系的基本要求。其中兜底线就是要发挥社会政策的托底功能，切实保障群众基本生活需求，兜住民生保障底线，坚守社会稳定底线；织密网就是要实现制度最广泛的覆盖，让人人都能享受基本社会保障；建机制就是要持续深化改革，建立健全体制机制，不断提高社会保障法治化、制度化水平。"覆盖全民、城乡统筹、权责清晰、保障适度、可持续"是奋斗目标。覆盖全民就是要不断扩大社会保障覆盖面，基本实现法定人员全覆盖；城乡统筹就是要统筹推进城乡居民社会保障体系建设，合理缩小社会保障领域的城乡差异；权责清晰就是要明确各级政府和用人单位、个人、社会的社会保障权利、义务和责任；保障适度就是要根据经济发展确定保障待遇水平，合理引导群众的保障预期；可持续就是要确保各项社会保险基金收支平衡，制度长期稳定运行。

第二节　我国社会保障制度改革的成就和面临的问题

一、社会保障制度改革所取得的主要成就

从 1978 年改革开放至今，我国社会保障制度走过了 40 多年的改革之路，经过 40 多年的发展，我国已经基本建成了一套具有中国特色的多层次社会保障体系，40 多年的改革之路虽然艰辛但也是硕果累累。

1. 社会保障基本实现了全覆盖，在一定程度上消除了单位保障制带来的不公平。国家-单位保障制下，社会成员所享受的社会保障通过工作关系与所在单位密切联系，个人不用支付任何费用就可以享受免费的医疗或养老等福利，这既容易使享受了免费社保资源的个体由于道德风险而造成资源浪费，如过度医疗；又会造成没有工作单位的社会成员无法享受到应有的福利保障，这显然会带来极大的社会不公平。十八大报告提出，到 2020 年，全面建成覆盖城乡居民的社会保障体系，目前这一目标已经基本实现。以医疗保险为例，当前我国城市居民可享有诸如城镇居民基本医疗保险、城镇职工基本医疗保险、学生医保等针对不同人群需求的医疗保险，农村居民可以通过新型农村合作医疗保险降低看病的费用负担。这些医疗保障制度除职工医保外，其他均是针对没有固定工作单位的城市人群或农村居民提供的医疗保障服务，多样化的医疗保险解决了绝大多数社会群体的医疗需求。同时近年来我国各项社会保险的参保人数和保费收入逐年增加（见图 6.1），仅 2020 年 1 季度，基本医疗保险的参保人数就达到 132433.52 万人，基本医疗保险（含生育保险）基金总收入 5702.23 亿元。① 这些社会保障制度基本实现了对全体社会成员的覆盖，革除了过分依赖单位提供保障的弊端，既减轻了企业的成本负担，又在一定程度上解决了国家-单位保障制所带来的社会不公平，有利于全体人民共享经济高速增长的成果，也有利于创造一个和谐、安定的社会经济发展环境。

2. 革新了社会保障的观念。在改革前，城镇居民普遍依靠国家与单位为自己的生老病死以及教育、住房等提供保障，农村居民虽然不能指望国家负责，但也完全依靠集体组织提供生计保障；改革后，人们逐渐认识到，社会保障既是国家和单位的责任，也是自己的权利义务，必须接受社会保障责任分

---

① 数据来源于：国家医保局官网 http：//www. nhsa. gov. cn/art/2020/4/27/art_7_30 58. html。

单位：万人

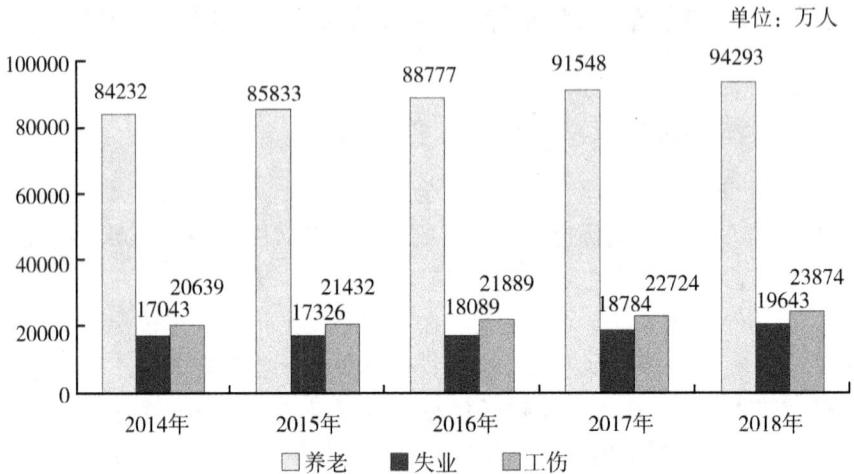

图 6.1　近五年三项社会保险参保人数

（资料来源：2018 年度人力资源与社会保障事业发展统计公报。http：//www.
mohrss. gov. cn/SYrlzyhshbzb/zwgk/szrs/tjgb/201906/t20190611_320429. html）

担；认识到缴纳养老保险、医疗保险等相应的社保费用是社会成员应尽的法定
义务，享受社会保障的收益必须以缴纳保险费为前提；其他社会保障项目也不
再是完全免费供给，而是需要调动主体各方的积极性。缴纳的保险费为社会保
障提供了稳定的财源，减轻了国家财政负担，减少了不必要的社会资源浪费，
同时革新了人们的观念，这种观念的革新事实上为多层次社会保障体系的建设
与发展奠定了良性的思想 基础，从实质上扫除了社会保障制度变革最重要的
观念障碍。

3. 为国家经济建设提供了更多的自由劳动力。当前我国所致力于建设的
社会保障体系是一个政府主导、责任分担、社会化、多层次化的新型社会保障
体系。在新型社会保障制度下，劳动者不再为了享受单位提供的福利保障而和
某一个单位紧紧地捆绑在一起，这种依赖于单位提供保障而稳定就业的模式在
我国计划经济时期确实为国家经济建设供给了大量稳定的劳动力资源，但是随
着计划经济向市场经济转轨，劳动力作为一种重要的经济资源也应该顺应市场
化改革的需要而自由流动，原有的国家-单位保障制显然不利于这种流动的开
展。在新型的社会保障制度下，每个社会成员不再是固定或依附于单位或集体
之上的"单位人"或"集体人"，而是获得了自主择业、自由选择、自主发展
权利的"社会人"。这种角色的转变能够为我国社会经济发展提供更多的自由

劳动力，从而为我国的改革开放和经济建设注入新的生机和活力；它有利于市场化改革的展开和推动，保障了我国经济发展中的"人口红利"的释放，也极大促进了人口的流动以及由此所带来的内需扩大，这些都是支撑中国经济持续高速增长的有益助力。

二、现行社会保障制度面临的现实问题

在充分肯定我国社会保障制度改革所取得巨大成就的同时，我们也应该看到多层次社会保障体系建设的任务尚未完成，现行的社会保障制度还存在着诸多缺陷和不足。我们只有正视这些问题，继续深化改革、加大改革力度、加快改革步伐，才能最终全面建成有中国特色的社会保障体系。

1. 应对重大突发公共危机事件的社会保障应急机制不完善。2020 年初开始，"新冠肺炎"疫情在全球爆发，这场疫情是我国自建国以来史无前例的一场影响国家经济社会发展的重大突发公共危机事件。疫情发生后，党中央高度重视并迅速作出反应，通过"全面动员、全面部署、全面加强疫情防控"，目前我国的新冠肺炎疫情已经得到了有效控制，很多城市也由最初的封闭式管理到现在有序的复产复工，整个社会经济的秩序已经逐步恢复，经济基本面也开始稳中向好。我国政府为了对抗此次疫情，投入了大量的的人力、物力、财力，对新冠肺炎患者实行免费治疗。据统计，2020 年 1—3 月累计全国一般公共预算支出 55284 亿元，其中卫生健康支出 4976 亿元，同比增长 4.8%。①在这场疫情阻击战中，我国快速、及时、科学、高效的大动员、大集结、大作战，充分体现了中国特色社会主义制度的优越性；一系列应急性社会保障措施也充分彰显了我国"以人民为中心"的发展思想和应对重大突发公共危机事件的制度优势。但是，这些社会保障应对举措大多具有临时性和应急性特点，很多措施都是依赖"一事一议"的决策模式，以"通知"性、临时性的形式来部署执行，这使得相关社会保障的应急措施权威性和法律效应不强。而且国家为了应对此次疫情，投入了大量资金，这体现了我国政府"以人为本、生命至上"的执政理念但也加大了国家的财政负担，同时也说明了我国现有的社会保障制度在应对突发公共危机事件时，并未形成一个专门化、常态化的应急机制，制度的稳定性与灵活性之间缺乏有效衔接；不同的社会保障应急措施仍然处于碎片化状态，没有建立统一、高效、精准的社会保障应急供给协同机制。面对世界范围内公共危机不断增多的现实，我国必须完善应对重大突发公

---

① 数据来源：国家财政部官网 http：//www. mof. gov. cn/gkml/caizhengshuju/。

共危机事件的社会保障应急机制，使社会保障制度成为公共危机治理体系的重要组成部分。

日本也曾一度面临严峻的新冠疫情形势，但是 2020 年 5 月 25 日，日本政府就宣布于当日晚间全面解除作为防范新冠病毒疫情特别措施的紧急事态宣言，对北海道、首都圈东京、埼玉、千叶和神奈川最后 5 个地区仍然维持的防疫措施予以解除。日本政府花了大约 1 个半月的时间基本平息了疫情，这相对于其他欧美国家至今仍然严峻的防疫态势来说，无疑取得了巨大成功。在本次疫情防控过程中，日本政府也和我国一样，拨付款项对抗疫情，用于支援口罩增产以及加强边境检测，也增加预算用于充实医疗体制，还由政府承担新冠患者的医疗救治费用。但是除此之外，日本在公共卫生应急管理上的做法也值得学习，如日本很重视应急管理相关法律、法规的制定。本次疫情，日本就依据《感染症法》将新型冠状病毒感染的肺炎认定为"指定感染症"，并根据法律规定对所有患者（不论国籍），承担医疗救治费用。同时，为了适应新冠疫情防控的需要，日本政府用了 10 天时间就完成了对《新型流感等对策特别措施法》（2012 年制订）的修订工作，将新冠病毒感染症纳入该法的适用范围，这既有利于缓解民众对新冠病毒的恐慌和焦虑，也使政府为了应对疫情发布"紧急事态宣言"的措施有法可依。同时日本政府在应对危机时不仅有法可依，而且有法必依，2020 年 1 月 30 日，日本成立了"新型冠状病毒感染症对策本部"，每次的会议都会讨论相关法律法规的适用、调整和实施等问题，最大限度保证了应对疫情的措施和决策在法律的框架和准绳下执行。

2. 与社会保障有关的基本公共服务严重不足。虽然我国的社会保障制度中医疗保险、养老保险、生育保险等社会保险可以在一定程度上满足国民的社会保障需要，但是与养老、医疗、育幼、助残等相关的基本公共服务的发展却比较滞后，无法满足人们对公共服务的需求。这种状况既影响了老年人、残疾人的生活质量和未成年人的健康成长，也给这些群体的家庭带来了沉重的压力和负担，因病致残、因病致贫的现象在现实中仍然存在，同时公共服务的落后还使经济发展丧失了一个具有巨大潜力的新增长点。以养老服务为例，中国自 2000 年跨入"老龄化社会"后，人口老龄化的速度就不断地加快，仅从 65 岁及以上老年人的绝对数量和占总人口的比例来看，2018 年为 16658 万人，比 2017 年净增加了 827 万人，总人口占比净增加 0.4%。① 如此快速的人口老龄

---

① 数据来源：2018 年国民经济与社会发展统计公报 http：//www. stats. gov. cn/tjsj/zxfb/201902/t20190228_1651265. html。

化增长状况必然会催生对养老服务的需求，但是从养老服务设施提供的情况来看，截至 2018 年年末，全国共有各类提供住宿的社会服务机构 3.3 万个，其中养老服务机构 3.0 万个，儿童服务机构 664 个；社会服务床位 782.4 万张，其中养老服务床位 746.3 万张，儿童服务床位 10.4 万张；年末共有社区服务中心 2.7 万个，社区服务站 14.5 万个。① 从统计数据我们可以清楚地看到养老服务的供给总量严重不足，远远不能满足老年人口快速增长对养老服务的需求。同时养老服务的供给结构严重失衡，养老机构虽然床位在增长，空置率却居高不下，城市日益紧张的床位和农村大量床位空置的现象形成了鲜明对比，家居老年人普遍缺少所需要的养老服务。据统计显示，2014 年末全国各类提供住宿的养老服务机构 3.4 万个、养老床位 551.4 万张，入住的老人却只有 288.7 万人，全国平均的养老床位空置率高达 48%。② 居高不下的养老机构床位空置率意味着一些地方养老服务业投资的失败，不仅浪费了大量宝贵的土地资源、财政资源，也扭曲了养老服务业的正常发展，更直接损害了政府的公信力。人口老龄化也催生了对医疗服务的巨大需求，但是从统计数据来看，2018 年末全国共有医疗卫生机构 100.4 万个，其中医院 3.2 万个，在医院中有公立医院 1.2 万个，民营医院 2.0 万个；基层医疗卫生机构 95.0 万个，其中乡镇卫生院 3.6 万个，社区卫生服务中心（站）3.5 万个，门诊部（所）24.8 万个，村卫生室 63.0 万个；专业公共卫生机构 1.9 万个，其中疾病预防控制中心 3469 个，卫生监督所（中心）3141 个；年末卫生技术人员 950 万人，其中执业医师和执业助理医师 358 万人，注册护士 412 万人；医疗卫生机构床位 845 万张，其中医院 656 万张，乡镇卫生院 134 万张。③ 由此可见，医疗服务的供给短缺现象也非常严重。基本公共服务供给不足和结构失衡的现状，不仅直接影响了城乡居民的生活质量，损害了民众社会保障权益的获得，也阻碍了我国多层次社会保障体系的全面发展。

3. 社会保障相关法律欠缺，法制建设严重滞后。当前我国社会保障相关的法律法规由五个层次构成，即全国人大常委会制定的相关法律、国务院颁布的社会保险相关行政法规、国务院主管部门发布的社会保险相关部门规章、国

---

① 数据来源：2018 年国民经济与社会发展统计公报 http：//www.stats.gov.cn/tjsj/zxfb/201902/t20190228_1651265.html。

② 数据来源：国家民政部官网 http：//www.mca.gov.cn/。

③ 数据来源：2018 年国民经济与社会发展统计公报 http：//www.stats.gov.cn/tjsj/zxfb/201902/t20190228_1651265.html。

务院及其主管部门发布的社会保险政策性文件、地方政府出台的相关地方性法规与政策性文件，这五个方面共同构成了当前我国社会保险制度实践的依据。全国人大常委会于 2010 年制定的《社会保险法》是第一层次，它包括总则、基本养老保险、基本医疗保险、工伤保险、失业保险、生育保险、社会保险费征缴、社会保险基金、社会保险经办、社会保险监督、法律责任及附则，共12 章 98 条。它对整个社会保险制度进行了框架性、原则性规制，是我国社会保险制度的基本法律依据。2012 年全国人大常委会又制定了《中华人民共和国军人保险法》，它包括总则、军人伤亡保险、退役养老保险、退役医疗保险、随军未就业的军人配偶保险、军人保险基金、保险经办与监督、法律责任、附则等 9 章 51 条，仅适用于军人，上述两部法律为我国社会保险制度提供了最高层级的法制规范。《社会保险法》的贡献在于明确了有中国特色的社会保障制度体系是以权利义务相结合的社会 保险制度为主体的体系结构，因此《社会保险法》的这种规制对我国整个社会保障制度建设与发展具有非常重大的意义。《军人保险法》《救济法》和《社会保险费征缴暂行条例》《失业保险条例》《工伤保险条例》《全国社会保障基金条例》等法规，以及国务院、国务院办公厅和人社部、国家医保局、财政部等主管部门发布的一系列政策性文件或部门规章都是以《社会保险法》为基本依据所形成的的法制体系框架，它们为我国社会保险制度的运行与发展提供了依据。但是《社会保险法》过于简单，可操作性较弱；里面的很多条款和规制都跟不上社会保险制度改革与发展的步伐，有些规定和内容甚至与我国改革发展的取向相悖，一些规定尚未真正得到贯彻落实，执法不严影响了制度正常发展。因此，在现实社会保障制度的运行过程中，往往要依赖于其他四个层次的行政法规、部门规章或政策性文件，从中央到地方制定的政策性文件构成了我国社会保险制度实施的主要依据。但是这些政策文件应对现实问题的及时性较差，往往是事后的解决、补救性措施，而且这些文件的稳定性差，朝令夕改、灵活性不足、各个地方不统一等问题非常突出，这直接损害了社会保险制度的统一性，进而抑制了社会保险制度功能的有效发挥。2020 年爆发的新冠疫情就在一定程度上暴露了这些问题，人社部、国家医保局、财政部等陆续发布多项新的政策性文件用于应对抗击疫情期间的社会保险问题，这些政策性文件有许多是"打补丁"的方式，中央层级政策性文件规范不足，还需要地方出台政策，很多问题的解决依赖"一事一议"或"急事特议"，这无疑加大了抗疫成本，降低了办事效率。我国社会保障法制建设的现实状况与国外的社会保险制度均以相应的法律为依据形成了鲜 明反差，由此也反映了我国社会保险法制化程度不高，法律规制的空白与模糊使得制度运行丧失了权威和有效的实施依据，进而直接损害了社会保障制度的公信力，这也是今后我国社会保障制度改革应该逐步解决的问题。

第三节 日本福利经济思想对我国的启示

日本福利经济思想是日本社会经济现实和政策方针的反映，也是社会福利制度和福利立法的重要指导，虽然日本的福利经济思想还存在着有待进一步发展和完善之处，但是它所反映的思想理念和关注的问题点，有很多值得我们学习和借鉴。

一、运用"自立、自助、自强"理念转变社会保障改革思路

70 年代末 80 年代初，为了应对日益紧张的福利财政压力，日本政府曾提出公共部门福利扩充以国家主导的模式转变为重视个人的自助努力和家族、地域社 会等协作为特色的日本型福利社会的主张。进入 21 世纪以来，长期的经济低迷和高龄少子化的趋势使得人们对于社会保障制度的可持续发展提出了质疑，因此，日本社会保障制度改革的基轴放在了如何帮助人们自立、自助、自强，社会保障的具体措施也从提高人们的就业能力、创造均等的就业机会、确保所有社会成员的安全感、发挥国民的最大潜力、实现个人价值等方面入手来着力构建一个公平、公正的社会保障体系。如，保障人们包括育儿在内的生活方式和工作方式选择的中立性，通过雇佣保障促进人们积极投身职场、对雇佣残障人士和高龄人士的企业提供补贴，积极鼓励高龄者在身体条件允许的情况下继续发挥自身价值，通过收入保障和服务保障能够让老年人在家庭有尊严的迎接生命终结等。这种帮助人们"自立、自助、自强"的理念及其政策措施既能够在一定程度上减轻政府社会保 障支出所带来的财政压力，又能通过工作机会的创造调动个人参与社会的积极性，尤其有利于发挥女性、残障人士和高龄人士在社会财富创造以及减轻家庭负担中的积极作用，从而能够更好地激发个人潜力，实现自身价值。丸尾直美在社会福利理念的新展开中将福利的常态化理解为，不论谁处于被照料的状态时，都应当尽可能的使他生活在自己熟悉的环境中，接受亲人的照料，使他可能自由发挥自己的才能，自立、正常的生活。根据这个理念，他主张在同一地域内建立医疗和福利综合的系统，这些系统还应该进一步推进其网络化，以便更好的为老龄人口的家庭内照料提供服

务。他强调福利的提供应该从尊重人的隐私、个性和自由的角度出发，缩小医院设施和福利设施与家庭住居环境之间的差异，营造一个舒适、宜居的环境。饮食的选择上也应该尽量提供可口的饭菜，同时注重隐私保护，重视个人的自由选择。此外，让老年人在家庭有尊严的迎接生命的终结也体现了一种对生命的尊重和人性的关怀。

我国改革开放后的较长一段时间，国家和企业一直是社会保障的主要承担者，这时的社会保障制度是一种典型的国家-企业保障制。到了1993年以后，随着社会主义市场经济的建立，社会保障制度被确认为市场经济正常运行的维系机制，社会保障被界定为市场经济体系的五大支柱之一，国家明确要求"建立多层次的社会保障体系"，并规定了社会保障体系的范围。1998年以后，随着国企改革的深入，社会保障逐渐摆脱了为单纯国有企业改革被动配套和为市场经济服务的附属角色，它成为一项基本的社会制度并进入全面建设时期，国家-社会保障制的特色日益明显地得到体现。此后，我国逐步确立了以"社会统筹和个人账户相结合"的模式作为社会保障体制的基本原则。我国经济社会的快速发展和人口结构的不断变化也为社会保障体制的发展和改革提出了很多新的课题。虽然我国经济建设取得了举世瞩目的成就，综合国力极大增强，但是我们进行国家建设需要大量的财政支出。同时我国人口基数大，需要进行社会保障的群体广泛，并且随着我国社会老龄化问题日趋严重，养老保险存在的亏空使得我国已有多个地区出现了养老金收不抵支的危机。中国社科院财经战略研究院发布的中国政府资产负债表显示，中国社保基金缺口达10万亿，面对如此巨大的社保资金缺口，如何合理、高效的使用有限的社会保障资金是非常值得研究的课题。我们在社会保障制度改革的过程中，可以借鉴日本的"自立、自助、自强"理念，这一方面有助于缓解财政压力，减轻我国社会保障资金的负担；另一方面也可以激发人们进行社会经济建设的动力和活力，对于生活质量的提升、个人价值的实现和生存幸福感的获得也大有裨益。此外，广井良典在福利政策与雇用政策的融合中提出了"与失业共存"的理念，这一理念主张在不降低收入水平的前提下，通过劳动时间的缩减，既降低失业率又减少对环境产生的负荷，以雇用政策为媒介，实现经济增长目标向降低环境负荷、充实社会保障的目标转变。目前我国通过"五一""十一"等各种形式的小长假使人们享受闲暇，拉动消费的做法实际上和这种理念有一定的相似之处。

二、借鉴日本思路解决中国的人口老龄化问题

(一) 学习日本经验发展中国的"银发产业"

从 20 世纪 70 年代开始,日本步入老龄化社会,此后老龄化问题一直是日本社会经济发展的严重制约因素之一,据日本国务省总务省的统计数据显示,截止到 2018 年 7 月 1 日,日本的总人口为 12659 万人,其中 65 岁以上的高龄老人为 3529 万人,占到了总人口的 27.87%①,这一数据远远超过了 7% 的人口老龄化国际警戒线。老龄化问题严重影响了日本社会经济的可持续发展,也导致了日本人口总量萎缩。但是正因为日本是世界上老龄化问题出现比较早的国家,所以对于如何应对老龄化,日本积累了丰富理论和实践经验。同时老龄化也促进了日本养老福利事业和银发产业的发展,日本针对老龄化人口的福利体系主要分两种,一种是由政府财政支持的资助、扶养、医疗事业,另一种是由民间资本经营的老年人专业用品和服务业,即所谓的"养老产业"或"银发产业"。

日本银发产业的发展大致经历了 1970 年代的萌芽期、1980 年代的形成期、1990 年代的成熟期和 2000 年以后的扩张期。20 世纪 70 年代起,为了应对日益严重的老龄化问题,日本政府与产业界就提出了"银发产业"的概念。经过 10 多年的培育和扶持,到了 20 世纪 90 年代后期开始,日本不少大企业开始介入老龄市场的开发与经营。他们利用技术和资金等优势及其一系列的经营策略,相继进入老龄市场各领域,大大地提高了老龄产品和服务的科技含量,拓展了市场空间。2000 年以后,日本的银发产业在市场规模、商品种类、社会功能、从业人员的专业化及职业能力、企业的开发能力及生产技术装备的专门化等方面有大幅度地提高,由此银发产业进入了扩张期。根据日本老年服务振兴会的分类,目前银发产业所涉及的老年人产品可以分为 17 个门类,包括家庭护理、家庭洗浴、送餐服务、老人搬运、老人用品的租借和销售、老人临时寄养、养老培训、投诉和信息提供、紧急呼叫服务、收费老人院、老人公寓、老年住宅建设与装修、金融保险商品、老年读物、老年教育、旅游等。日本银发产业的成功首先离不开政府的重视和政策的扶持,政府通过出台政策措施建立老年福利产业的市场规范和行业标准,保障老年人权益,以此推动老年福利社会化和产业化,同时老龄人口财富的增长使银发产业市场有了强劲的消

---

① 数据来源:日本总务省官网 http://www.stat.go.jp/data/jinsui/new.html。

费能力。日本银发产业市场的供给主体有三大类：公共部门（国家或公共团体）、民间市场部门（也包括企业内福利由市场供给的部分）和非正式部门（包括家庭、邻居、志愿者、非营利性团体等）。多元化的市场主体丰富了银发产业产品和服务的供给，完善的社会福利制度在为民众提供良好福利保障的同时也改变了人们的福利观点、增强了人们的福利意识，为银发产业的发展培育了良好的社会环境。

当前我国人口老龄化发展态势迅猛，从 2011 年到 2015 年仅 5 年时间里，我国 0~14 岁以上人口增加了 551 万人，15~64 岁人口增加了 78 万人，而 65 岁以上人口却猛增了 2098 万人；截止到 2015 年，我国总人口数为 137462 万人，其中 65 岁以上的高龄人口为 14386，总抚养比①为 37%②。有预测称，到 2060 年，中国 65 岁以上老年人将超过 4 亿。中国实行了长达 30 多年的独生子女生育政策，这一政策使得中国的人口结构中 "4-2-1" 型现象比较突出，即双方 4 个老人、夫妻 2 人、1 个孩子的倒金字塔结构。有调查显示，尤其是在上海，这种结构占到全部家庭的 80% 左右。严峻的老龄化形势和独生子女政策所带来的人口减少，使得养老所带来的矛盾和负担不断凸显，与老龄人口福利服务相关的医疗、照料、护理等问题将会成为我国今后不得不面对的经济社会问题。但是养老问题的不断凸显也为我国银发产业的发展带来了无限商机和广阔的市场前景。因此，我们可以借鉴日本经验，从以下两个方面着手促进我国银发产业的发展。（1）具体来说：一是完善银发产业发展的政策支持体系。现阶段我国银发产业发展急需一个完善的政策支持体系，目前我国已出台了《"十三五"国家老龄事业发展和养老体系建设规划》，各级政府可以根据这个建设规划，统筹考虑老年群体消费水平和本地区经济社会发展的实际情况制定地区性的老龄产业发展规划，加大政府和政策支持力度，创新金融、财政、产业等领域对老龄产业的扶持模式，同时可以设立老龄产业发展基金，并通过接纳社会捐赠等方式筹措老龄产业发展所需资金。二是积极培育多元化的银发产业市场供给主体。政府应该积极为企业营造良好的市场条件并引导老年人实现从经济收入水平到消费观念和模式的一系列转变。通过优化老龄产业的产业环境，吸引和鼓励民间资本进入老龄产业，这样既可以丰富银发产业发展

---

①　抚养比＝非劳动力人口/劳动力人口数，非劳动力人口一般由未成年人口和老年人口构成，该指标越大，反映出抚养的负担越重。

②　数据来源：国家统计局官网 http：//data. stats. gov. cn/easyquery. htm？ cn＝C01&zb ＝A0301&sj＝2015。

所需的资金来源，又可以发挥企业在资源配置中的基础性地位，促进养老服务资源的优化配置。三是加快可持续发展的社会保障制度建设，提高老龄者的消费能力。一方面通过完善的医疗、养老等社会保障制度，使所有的老年人群都可以享受到基础的福利服务，从而体现社会的公平正义和对社会弱势群体的保障。（2）通过提高退休人员的工资水平、丰富养老型商业保险的供给等方式增加 老龄人口的可支配收入，从而使他们有能力消费各类养老产品，从而实现需求带 动供给、供给促进需求的联动效应。

（二）借鉴日本思路，推动我国老龄者福利制度改革

从日本福利经济思想来看，如丸尾直美认为，随着人口急剧的老龄化，独居老人和瘫痪老人数量不断增加，在进一步完善年金和医疗保险制度的同时，还应该注重老年人福利服务的改革。他主张重视民间市场部门尤其是非正式部门福利供给作用的发挥。一方面，必须建立厚生省与民生部、建设省与都市住宅开发部等职能部门之间的协调，同时以医疗、保健、福利服务综合化为目标推进政府行政机构改革，从而使得高龄者能够以最快、最便捷的方式享受到福利服务，并节约行政成本；另一方面，应当发挥家庭、近邻、志愿者等非正式部门和民间市场部门的优势，提供有活力、有效率、体现社会关爱的复合型福利服务。随着中国城市化进程的加快，农村人口大量进城务工所形成的空巢老人、独居老人数量不断增多，同时医疗条件和技术的改善降低了疾病的死亡率却增加了致残率，瘫痪老人数量的增多在加重家庭经济负担的同时也带来大量的护理难题。丸尾直美所主张的发挥民间部门、家庭近邻在福利服务中作用的思路可以引入到我国老龄人口福利服务实践中去；同时我国也可以效仿日本推行护理保险的做法，解除老龄人照料、护理的后顾之忧。当前我国实施积极应对人口老龄化战略，需要以科学发展观为指导，立足我国基本国情，坚持"发展、保障、健康、参与、和谐"的战略方针。我们可以在学习和借鉴中逐步完善家庭养老支持政策、建立长期护理保障制度并通过逐步延长退休年龄来延缓人口老龄化高峰的到来。

三、推动教育的公平化，从根本上解决贫困问题

20 世纪 90 年代以后，日本随着泡沫经济的崩溃以及社会经济体制改革，带来了传统雇佣体制的逐步解体，产生了大量的非正式雇佣人员，同工不同酬现象的广泛存在使得日本社会产生了日益严重的收入差距过大问题。此后，贫富差距过大、"格差社会""工作的穷人"等提法一直备受日本社会关注。日

本学者大石雄二、橘木俊詔等都对日本贫富差距过大产生的原因做过深入研究，一般都将贫富差距过大的原因归结为结构改革放松了对派遣制度的管制，导致非正规雇佣人员增加、"成果主义"工资制度的引进导致收入差距扩大、个人所得税的最高税率下降导致富人缴纳的税额减少、最低生活保障水平下降导致贫困人数增加等。学者们也大力主张把目前的非正规雇用劳动转变为正式员工、提高最低工资水平、贯彻男女同工同酬制度、扩大社会保障的范围、禁止民营化、中央政府通过转移支付缩小地区间收入差距等。但是橘木俊詔却很鲜明的指出了受教育程度的差异是造成人与人之间不平等的重要原因，他将各种表现形式的不平等分为"结果格差"和"机会格差"，通过研究他发现，"结果格差"与"机会格差"往往紧密相连。从职业收入的高低来看，一般受教育程度高的人可以拿到更高的薪水，受教育程度低的人的职业收入更低，但是日本社会父母的收入水平和子女受教育的机会完全正相关。这就形成了受教育程度高的父母收入高，有能力让自己的子女接受更高程度的教育，则子女的收入也高；受教育程度低的父母收入低，没有能力让自己的子女接受更高程度的教育，则子女的收入也低，这是"机会格差"与"结果格差"相互作用，最终形成社会阶层固化和贫富差距的不断扩大。因此，要想从根本上解决贫困问题，提高贫困人群的受教育程度，使他们获得平等的受教育机会，从而能够自食其力，彻底摆脱贫困，为社会贡献自己的力量。盐野谷祐一在其福利国家的目标中提出，要向着以实现人类的能力开发和卓越的"积极的社会保障"推进，并主张要尽量在人力资本上投资，最终实现"变匮乏为自主，变疾病为积极的健康，变无知为一生中不断持续的教育，变悲惨为幸福，变懒惰为创造"。这就是典型运用教育来激发人的潜能和智慧，创造有价值的人生的思想。宏井良典在强化"人生前半期的社会保障"建设中充分肯定了教育的作用。他认为，接受了充分且合适的教育对于一个人今后的人生才是最大的"生活保障"，尤其对于年轻人群而言，教育对其人生观的培养和职业技能的训练有着极大帮助，教育是强化其"人生前半期的社会保障"的重要要素。在不同年龄阶段的教育中，広井良典主张政府加强学前教育和高等教育的投入，在他看来，现代社会很多孩子认知能力的基础在进入小学前就已经形成，通过推进幼儿教育的无偿化和对家庭提供育儿补贴等形式，从经济层面和家庭层面给幼儿提供一个良好的文化环境。日本社会中，父母的家庭收入和子女的大学升学率之间有着明显的正相关关系，広井良典认为这不利于社会的公平和人才的培养，因此，他呼吁政府加大对高等教育的投入力度，推进大学免学费和奖学金制度。

我国深受儒家传统文化的影响，国家和家庭历来很重视教育，我国将教育提高到了关乎中华民族伟大复兴和人类文明进步的高度来认识。从我国教育经费的投入来看，2010—2016 年，教育经费的投入分别为 14670 亿元、18587 亿元、23148 亿元、24488 亿元、26421 亿元、29221 亿元、31373 亿元。2017 年全国教育经费总投入位 42557，比上年增长了 9.43%[1]。教育经费投入的逐年递增既反映了我国综合国力的不断增强，更体现了国家对教育的重视。虽然国家年年加大教育投入力度，但是教育的公平性却没有完全实现，由于我国教育资源分布不均衡，很多贫困地区教育资源极度缺乏，这使得贫困地区生活的人们无法平等的享受到教育的权利和机会。尤其是一些老少边穷地区，由于办学条件较差（如学校合并、师资流动性大、学习环境等不利于学生学习的因素）、教学方式比较陈腐以及有些家长和学生受到"读书无用论"的影响，缺乏长远眼光，认为读书不如早点赚钱养家，这些匮乏的条件和错误的观念使得有些贫困地区成为了辍学相对高发地区，于是就容易出现教育越落后的地区越贫穷的现象。从 2013 年习近平总书记提出精准扶贫重要思想以来，我国精准扶贫工作就如火如荼的开展起来。精准扶贫是治贫、脱贫和防贫的有机统一，既要精确识别、精确帮扶、精确管理来治贫，有针对性的专门面向贫困居民进行帮扶，也要扶持生产和就业发展脱贫、易地搬迁安置脱贫、生态保护脱贫，更要大力发展贫困地区的基础教育，使贫困地区的居民用知识武装自己的头脑，转变落后的思想观念，掌握一技之长、谋生手段，将这些才智运用到当地的社会经济建设中去，用知识和勤劳的双手来带动一方经济的发展，从而彻底改变家乡贫困落后的状况，真正用知识改变自己的命运，只有这样才能从根本上解决贫困问题。

四、重视福利提供的适度性

盐野谷祐一在分析传统社会保障所面临的"需要"和"能力"之间的矛盾时认为"很多的福利国家，往往会面临这样一种困境，即基于对福利的需求而进行的给付超越实际所能承受的能力，从而使国家自身陷入一种危机状

---

[1]　数据来源：中华人民共和国教育部官网 http：//www.moe.gov.cn/。

况，因为需要往往伴随着一种主观的贪欲，社会保障的支付会大量消耗有限的资源，社会保障制度本身缺乏一种调节'需要'和'能力'之间矛盾的机制。"① 这意味着如果福利水平过高，会增加国家的财政负担，也会由于福利接受者主观的贪婪而造成社会资源的浪费。西方很多高福利国家所存在的"福利病"问题就是这种状况的真实写照，欧洲债务危机的爆发正是这种高福利所带来弊端的集中体现。过高的福利水平滋长了民众的懒惰习气，影响了经济效率的提高，还造成了大量社会资源的浪费。面对"福利病"带来的负面影响，很多欧洲国家开始加大了治理"福利病"的力度，但是实际执行起来却困难重重。因为"由俭入奢易，由奢入俭难"，福利的削减必然会侵害到过惯了好日子的民众们的利益，他们往往通过罢工、游行示威等方式来表达抗议，这又加剧了社会的不稳定、影响了经济增长、降低了政府的公信力、削弱了国家的整体竞争力。一些欧洲国家经济深陷泥潭，和此前高福利所带来的社会经济问题有很大的关联。都留重人在分析了与福利提升无关的五种 GNP 的增长情况后认为，传统经济学以 GNP 等作为衡量经济发展水平的指标，这主要是从"素材面"（或生产力）层面来认识经济，但是生产力的高度发展并不代表人们就能获得更高的福利水平，相反盲目追求经济发展所带来的环境负效应还会降低人们生活的幸福感。这意味着"唯 GDP 主义"而无视福利水平提升的经济增长也是毫无意义的。因此，如何正确的处理经济增长与福利提供之间的关系，如何在公平和效率之间实现平衡，如何把握福利的适度性至关重要。

　　盐野谷祐一应用吉登斯的"社会投资国家"理念，倡导"积极的社会保障"制度建设，主张增加人力资源投资而减少直接的经济援助并将这种福利的提供方式与个人价值实现相结合。他的主张实际就是从福利的适度性角度出发，通过福利提供方式的转变来解决传统社会保障所面临的"需要"和"能力"之间的矛盾。我国"十三五规划"中明确提出了社会保障制度改革的方向是建立更加公平、更可持续发展的社会保障制度。社会保障制度的公平性意味着让每个社会成员都能平等的享受到社会保障的权利和机会，而不能出现最需要保障的"弱势群体"没有得到相应的保障，少数个人却享受到了过多的福利保障。社会保障的可持续性要求我们一方面要实现经济增长，为社会保障

---

　　① 塩野谷祐一：《経済と倫理——福利国家の哲学》，東京大学出版会 2002 年版，第 258 页。

制度建设提供源源不断的资金支持；另一方面又要转变福利的提供方式，通过适度的福利提供，既按照"普遍主义的"原则保证每个社会成员都能享受到基本的福利保障，又能通过多样化的福利服务的提供满足人们多样化的福利需要，只有国家的社会保障制度科学、合理，才能真正实现社会保障制度的公平性和可持续性。我国社会保障制度经过几十年的改革发展，已经基本建成了一个覆盖全民、内容广泛、层次多样的社会保障体系，人民群众也从社会保障制度的建设中享受到了实惠。虽然西方国家出现的"福利病"问题在我们国家还未大规模显现，但是在一些经济发达地区或经济效益好的单位已经出了类似"福利病"的苗头。如体制内单位在职在编人员和非在编人员福利待遇存在较大差异，少数单位出现了工作由非在编人员干，福利由在编人员拿的不合理现象等。同时，随着我国社会保障制度对社会"弱势群体"扶助力度的加大，目前医疗救助、廉租房、法律援助、助学贷款等优惠政策，都与低保资格挂钩，低保人员能够享受到的各种社会救助远远高出低保金本身带来的资助，这就造成了少数低保人员不愿放弃低保资格，以种种理由选择不就业，等待政府为懒惰买单的现象发生。因此，我国也应该警惕"福利病"的苗头，提前予以预防和处理。例如，可以通过取消单位内部的不合理制度实现员工之间真正的同工同酬，通过奖优罚劣的激励机制，以每个员工对单位的贡献作为其享受相应福利待遇的标准；或者将部分福利转化为货币化收入，让员工根据自身需求自由的享受多样化的福利服务。我们也可以借鉴盐野谷祐一的理念，通过转变福利的提供方式，既发挥社会保障安全网的作用，实现公正的正义，又最大限度为个人能力的发挥创造条件，通过机会的平等使每一个社会成员都能自立自强，在自我价值的实现过程中减少对社会保障的依赖。如对于不愿意就业的低保人员，将原有的直接经济扶助改变为对其进行再就业和职业技能培训，并安排上岗，对雇佣低保人员的企业予以一定的政府补贴，这样既可以减少不必要的财政支出，减少社会保障的资金压力，又能切实增加低保人员的收入，改善他们的生活，使他们自食其力的生存，实现个人对社会和家庭的价值。

除此之外，我们还应该正视"环境、福利和经济"的关系，环境问题是日本福利经济思想从始至终都非常关心的一个话题，从河上肇在《贫乏物语》中对"足尾铜山矿毒事件"给环境和人们生活所造成的恶劣影响的认识，到都留重人在公害的政治经济学中通过分析与福利提升无关的五种 GNP 增长的因素并提出从"体制面"来纠正"素材面"的负面影响，再到广井良典在"创造型福利社会"中所提出的对"福利、经济、环境"的认识以及三者政策大融合的主张，福利和环境问题都密不可分的联系在一起。这些认识既是日本在遭受了多次严重的公害 损失，付出了惨痛的环境代价以后所进行的深刻反思，也是日本在治理环境问题过程中经验和教训的总结。虽然我国并没有发生像福岛核电事故那样的大型灾害，但是日益恶化的空气质量、不断攀升的PM2.5、严重污染的水源和植被等这些在经济高速增长背后被破坏的生态环境问题，也同样非常值得我们警醒和反思。我们应该清醒的看到，我国改革开放前30年中，为了实现经济的快速增长付出了惨重的环境代价，这其中既有认识上的误区，也有受经济利益驱使未能充分认识到环境的破坏和资源的耗竭有着很强的不可再生性。如果我们不彻底抛弃"唯GDP主义"的实用主义哲学观，不正视"环境、福利和经济"的关系，仍然将经济的高速增长视为发展的第一要务，我们有可能重蹈日本等西方国家的覆辙，将来花更大的代价来治理发展的负面效果。広井良典在"持续可能的福利社会"理念中将"福利、环境、经济"之间的关系看做是"平等、持续发展、效率性"之间的关系，他认为，环境的职能涉及财富的总量或规模问题，最终应当实现可持续发展；福利的职能关乎财富的分配，最终应当实现公正平等；经济的职能在于财富的生产，它注重的是经济的效率性。正是基于此，広井良典认为应该建立"持续可能的福利社会"，即"随着个人的生活保障和分配公正性的实现，经济发展与资源环境制约并存的长期存续社会"。因此，我们应该彻底转变经济增长方式，降低资源、能源的消耗量，实现经济的可持续发展。通过切实转变发展伦理观，以人与自然的调和为目标，将环境的观点彻底引入到经济活动中去，以人与自然和谐共处的认识来进行产业技术的开发和应用。只有实现了人与自然的和谐发展，人们才能真正的感受到大自然给我们身心带来的愉悦，才能真正享受经济发展所带来的生活质量和幸福感的提升。

致　谢

本书的写作得到了恩师乔洪武教授的大力帮助和宝贵指导，乔老师渊博的学识、严谨的学术态度、精湛的学术技艺为我的学术生涯打下了坚实的基础，能成为乔门弟子中的一员，乃人生之幸事。本书大部分日本原版资料来源于北海道大学图书馆，衷心感谢日本著名学者桥本努教授给予的无私帮助和悉心指导。同时，衷心感谢武汉大学出版社林莉对本书的出版付出的辛勤劳动。

最后，书中文责自负。因学识有限，不足之处，恳请读者赐教。

陶　芸

2020 年 6 月

参 考 文 献

（一）日文图书

[1] シンポジウム研究叢書編集委員会編．日本型企業社会の行方：現代日本社会の普遍性と特殊性［M］．東京：中央大学出版部，2001.

[2] 八木紀一郎．近代日本の社会経済学［M］．塩尻：筑摩書房，1999.

[3] 坂田周一．社会福祉政策：現代社会と福祉［M］．東京：有斐閣，2014.

[4] 坂田周一．社会福祉政策：現代社会と福祉（第三版）［M］．東京：有斐閣，2014.

[5] 濱口桂一郎．福祉と労働・雇用［M］．京都：ミネルヴァ書房，2013.

[6] 村上泰亮，公文俊平，佐藤誠三郎．文明としてのイエ社会［M］．東京：中央公論社，1979.

[7] 村上泰亮，蝋山昌一など．生涯設計（ライフサイクル）計画：日本型福祉社会のビジョン［M］．日本経済新聞社，1975.

[8] 大谷まこと．渋澤栄一の福祉思想［M］．ミネルヴァ書房，2011.

[9] 大河内一男．社会政策の基本問題［M］．青林書院新社，1969.

[10] 大河内一男．社会政策論Ⅰ（大河内一男集第一巻）［M］．労働旬報社，1981.

[11] 大河内一男先生還暦記念論文集刊行委員会編．社会政策学の基本問題（大河内一男先生還暦記念論文集第1集）［M］．東京：有斐閣，1985.

[12] 東晋太郎．近世日本の経済倫理［M］．東京：有斐閣，1963.

[13] 都留重人．公害の政治経済学（一橋大学経済研究叢書：26）［M］．東京：岩波書店，1972.

[14] 都留重人．環境教育何が規範か［M］．東京：岩波書店，1982.

[15] 都留重人著，伊東光晴など編．経済政策福祉を求めて［M］．講談社，1975.

[16] 都留重人著，伊藤光晴など編．都市問題と公害［M］．講談社，1975.

［17］ 飯田鼎．日本経済学史研究［M］．御茶の水書房，2000.

［18］ 福田徳三．社會運動と勞銀制度［M］．改造社，1922.

［19］ 福田徳三．社會政策と階級闘争［M］．改造社，1922.

［20］ 福田徳三．厚生經濟研究［M］．刀江書院，1930.

［21］ 福田徳三．生存権の社会政策［M］．講談社，1980.

［22］ 福田徳三先生記念会編集．福田徳三先生の追憶［M］．福田徳三先生記念会，1960.

［23］ 岡村重夫．社会福祉学総論［M］．柴田書店，1956.

［24］ 岡村重夫．社会福祉原論［M］．全国社会福祉協議会，1983.

［25］ 根井雅弘．現代経済思想［M］．ミネルヴァ書房，2011.

［26］ 宮本太郎．福祉政治——日本の生活保障とデモクラシー［M］．有斐閣，2008.

［27］ 宮本憲一．戦後日本公害史論［M］．東京：岩波書店，2014.

［28］ 宮本憲一．日本の環境問題その政治経済学の考察［M］．有斐閣，1976.

［29］ 広井良典．日本の社会保障［M］．岩波書店，1999.

［30］ 広井良典．創造的福祉社会："成長"後の社会構想と人間・地域・価値［M］．筑摩書房，2011.

［31］ 広井良典．生命の政治学：福祉国家・エコロジー・生命倫理［M］．岩波書店，2015.

［32］ 広井良典．福祉の哲学とは何か［M］．ミネルヴァ書房，2017.

［33］ 河上肇著，林直道解説．貧乏物語［M］．新日本出版社，2008.

［34］ 河上肇著，林直道解説．第二貧乏物語［M］．新日本出版社，2009.

［35］ 厚生省社会援助局企画課監修．社会福祉基礎構造改革の実現に向けて——中央社会福祉審議会社会福祉構造改革分科会中間まとめ・資料集［M］．中央法規出版，1998.

［36］ 後藤謙次．崩壊する55年体制［M］．岩波書店，2014.

［37］ 戸塚秀夫，徳永重良．現代日本の労働問題：新しいパラダイム』（増補版）［M］．ミネルヴァ書房，2001.

［38］ 吉田久一．日本の社会福祉思想［M］．勁草書房，1994.

［39］ 吉田久一．日本社会福祉理論史［M］．勁草書房，1995.

［40］ 吉田久一．社会福祉思想史入門［M］．勁草書房，2000.

［41］ 加藤周一など．河上肇 21 世紀に生きる思想［M］．かもがわ出

版，2000.

［42］加田哲二．明治初期社会経済思想史［M］．岩波書店，1942.

［43］京極高宣．福祉の経済思想［M］．ミネルヴァ書房，1999.

［44］菊池正治など編．日本社会福祉の歴史［M］．ミネルヴァ書房，2003.

［45］菊池正治など編．日本社会福祉の歴史（付・史料）：制度・実践・思想［M］．ミネルヴァ書房，2003.

［46］菊池正治など編著．日本社会福祉の歴史［M］．ミネルヴァ書房，2003.

［47］橘木俊詔．企業福祉の終焉：格差の時代にどう対応すべきか［M］．中央公論新社，2005.

［48］橘木俊詔．格差社会：何が問題なのか［M］．岩波書店，2006.

［49］橘木俊詔．21世紀日本の格差［M］．岩波書店，2016.

［50］橘木俊詔．福祉と格差の思想史［M］．ミネルヴァ書房，2018.

［51］橘木俊詔，広井良典．脱"成長"戦略：新しい福祉国家へ［M］．岩波書店，2013.

［52］橘木俊詔，金子能宏．企業福祉の制度改革：多様な働き方へ向けて［M］．東洋経済新報社，2003.

［53］橘木俊詔，浦川邦夫．日本の貧困研究［M］．東京大学出版会，2006.

［54］金子勝，高端正幸．地域切り捨て：生きていけない現実［M］．岩波書店，2008.

［55］金子勝，児玉龍彦．日本病：長期衰退のダイナミクス［M］．岩波書店，2016.

［56］鈴村興太郎．厚生経済学の基礎—合理的選択と社会的評価［M］．東京：岩波書店，2009.

［57］鈴村興太郎．社会的選択の理論・序説［M］．東洋経済新報社，2012.

［58］鈴木正．日本のマルクス主義者［M］．風媒社，1973.

［59］末廣昭編著．東アジア福祉システムの展望：7カ国・地域の企業福祉と社会保障制度［M］．ミネルヴァ書房，2010.

［60］千種義人．福沢諭吉の経済思想：その現代的意義［M］．同文舘出版（制作），1994.

［61］橋本努．現代の経済思想［M］．勁草書房，2014.

［62］橋本努．自由に生きるとはどういうことか——戦後日本社会論［M］．ちくま新書，2007.

［63］ 橋本努．ロスト近代 LOSTMODERNITY＝資本主義の新たな駆動因 ［M］．弘文堂，2012.

［64］ 清水教惠、朴光駿．よくわかる社会福祉の歴史 ［M］．ミネルヴァ書房，2011.

［65］ 慶応義塾編纂：《福澤諭吉全集》（第 15 巻）［M］．岩波書店，1961.

［66］ 慶応義塾編纂．福沢諭吉全集（第一巻）［M］．岩波書店，1958.

［67］ 犬丸義一など編．戦後日本労働運動史 ［M］．学習の友社，1989.

［68］ 日本社会事業大学救貧制度研究会編．日本の救貧制度 ［M］．勁草書房，1960.

［69］ 三浦文夫．社会福祉政策研究：社会福祉経営論ノート』 （増補版）［M］．全国社会福祉協議会，1987.

［70］ 山崎泰彦，鈴木眞理子．社会福祉』（第 6 版）［M］．メヂカルフレンド社，2013.

［71］ 杉山忠平．明治啓蒙期の経済思想：福沢諭吉を中心に ［M］．法政大学出版局，1986.

［72］ 社会経済国民会議編．日本型企業福祉：生産性と働きがいの調和 ［M］．三嶺書房，1984.

［73］ 社会政策学会史料集成編纂委員会．工場法と労働問題 ［M］．御茶の水書房，1977.

［74］ 神田乃武．淡崖遺稿：全 ［M］．神田乃武，1910.

［75］ 松尾均など．社会保障と福利厚生 ［M］．有斐閣，1967.

［76］ 藤田至孝．企業環境の変貌と産業福祉 ［M］．日本労働協会，1977.

［77］ 藤田至孝監修．企業福祉新展開の理念と実際 ［M］．労務研究所，1985.

［78］ 藤田至孝，塩野谷祐一編．企業内福祉と社会保障 ［M］．東京大学出版会，1997.

［79］ 藤原昭夫．福沢諭吉の日本経済論 ［M］．日本経済評論社，1998.

［80］ 桐木逸朗，統計研究会編．変化する企業福祉システム：転換期の日本型福利厚生 ［M］．第一書林，1998.

［81］ 丸山真男．日本の思想 ［M］．岩波新書，1961.

［82］ 丸尾直美．福祉国家の経済政策：混合経済の政策原理 ［M］．中央経済社，1966.

［83］ 丸尾直美．日本型福祉社会 ［M］．日本放送出版協会，1984.

[84] 丸尾直美．日本型企業福祉生産性と働きがいの調和［M］．三嶺書房，1984．

[85] 丸尾直美，隅谷三喜男．福祉サービスと財政［M］．中央法規出版，1987．

[86] 丸尾直美など編．ポスト福祉国家の総合政策：経済・福祉・環境への対応［M］．ミネルヴァ書房，2001．

[87] 小島恒久．日本の労働運動：激動の100年史［M］．河東書房新社，1987．

[88] 小峯敦．福祉の経済思想家たち［M］．ナカニシヤ出版，2007．

[89] 小林漢二．河上肇マルクス経済学にいたるまでの軌跡［M］．愛媛大学法文学部経済学科，1992．

[90] 小田康徳．公害・環境問題史を学ぶ人のために［M］．世界思想社，2008．

[91] 孝橋正一．社会政策の課題［M］．ミネルヴァ書房，1953．

[92] 孝橋正一．社會事業の基本問題』（全订本）［M］．ミネルヴァ書房，1962．

[93] 孝橋正一．社会科学と社会事業［M］．ミネルヴァ書房，1969．

[94] 新川敏光．日本型福祉レジームの発展と変容［M］．ミネルヴァ書房，2005．

[95] 新川敏光．労働と福祉国家の可能性労働運動再生の国際比較［M］．ミネルヴァ書房，2009．

[96] 新藤宗幸．財政投融資［M］．東京大学出版会，2006．

[97] 塩野谷祐一．価値理念の構造：効用対権利［M］．東洋経済新報社，1984．

[98] 塩野谷祐一．経済と倫理：福祉国家の哲学［M］．東京大学出版会，2002．

[99] 塩野谷祐一．経済哲学原理——解釈学的接近［M］．東京大学出版会，2009．

[100] 塩野谷祐一．ロマン主義の経済思想——芸術・倫理・歴史［M］．東京大学出版会，2012．

[101] 塩野谷祐一、後藤玲子など編．福祉の公共哲学［M］．東京大学出版会，2004．

[102] 野口悠紀雄．1940年体制：さらば戦時経済［M］．東洋経済新報社

（増補版），2010．

[103] 伊藤修．日本の経済——歴史・現状・論点［M］．中央公論新社，2007．

[104] 隅谷三喜男．日本労働運動史［M］．有信堂，1966．

[105] 隅谷三喜男．社会保障の新しい理論を求めて［M］．東京大学出版会，1991．

[106] 宇沢弘文．経済学と人間の心［M］．東洋経済新報社，2003．

[107] 鍾家新．日本型福祉国家の形成と「十五年戦争」［M］．ミネルヴァ書房，1998．

[108] 塚谷晃弘．近代日本経済思想史研究［M］．雄三閣，1981．

[109] 仲村優一．社会福祉概論』（改訂版），誠信書房，1991．

[110] 竹内愛二著，一番ヶ瀬康子など編集．専門社会事業研究［M］．日本図書センター，2001．

[111] 竹中勝男著，一番ヶ瀬康子など編集．社会福祉研究［M］．日本図書センター，2000．

[112] 住谷悦治．日本經濟學史の一齣：社會政策學會を中心として［M］．日本評論社，1948．

[113] 佐伯啓思．貨幣と欲望——資本主義の精神解剖学［M］．筑摩書房，2013．

[114] 佐藤正英．日本倫理思想史［M］．東京大学出版会，2003．

（二）日文论文类

[1] 安藤喜久雄．企業内福祉の現状と問題点：その日本的特質に関する若干の考察［J］．駒澤大學文學部研究紀要，1968，26．

[2] 八木紀一郎．杉原四郎著作集 III 学問と人間—河上肇研究［J］．關西大學経済論集，2007，57（2）．

[3] 柏野健三．近代貧困観が救貧制度に及ぼした影響について：産業時代初期の社会思想家の貧困観を通して」［J］．帝塚山大学心理福祉学部紀要，2009，5．

[4] 坂本武人，杉原四郎．日本経済思想史："社会政策学会"と河上肇［J］．経済学史学会年報，1979，17（17）．

[5] 坂田周一．社会福祉における民間資金の今日的課題［J］．社会福祉研究，1988，42．

［6］筆宝康之．都留重人著『公害の政治経済学』に学ぶ——現代社会保障論の再構成のために［J］．経済学研究，1972，22（2）．

［7］並松信久．柳田国男の農政学の展開：産業組合と報徳社をめぐって［J］．京都産業大学論集社会科学系列，2010，27．

［8］倉阪秀史．環境制約・人口減少下でのコミュニティ形成——持続可能なコミュニティに向けて（特集 環境制約・人口減少下のコミュニティ形成に向けて）［J］．公共研究，2010，6（1）．

［9］倉阪秀史．持続可能な経済システムプロジェクト（特集 COE 個別推進プロジェクトの総括）［J］．公共研究，2009，5（4）．

［10］倉阪秀史，岡部明子，石井進一郎［など］．ディスカッション（特集 人口減少・環境制約下で持続できるコミュニティ形成）［J］．公共研究，2012，8（1）．

［11］柴田武男．貧困問題の歴史的位相（上）［J］．聖学院大学論叢，2013，26（1）．

［12］柴田武男．貧困問題の歴史的位相（下）［J］．聖学院大学論叢，2014，26（2）．

［13］長幸男．明治啓蒙期の経済思想-福沢諭吉を中心に［J］．経済学史学会年報，1987，25（25）．

［14］池上惇．講演 河上肇の文化経済学志向——『貧乏物語』を中心として［J］．経済論叢，2007，180（5・6）．

［15］池田信．福祉国家論の先駆——福田徳三の社会政策思想［J］．日本労働協会雑誌，1974，10（16）．

［16］除本理史．戦後日本の公害問題と福島原発事故［J］．經濟學研究，2014，63（2）．

［17］川本隆史．書評 塩野谷祐一著『経済と倫理——福祉国家の哲学』［J］．季刊社会保障研究，2003，38（4）．

［18］川又邦雄．書評：鈴村興太郎『厚生経済学の基礎——合理的選択と社会的評価』［J］．経済研究，2011，62（2）．

［19］大河内一男．我国に於ける社会事業の現在及び将来——社会事業と社会政策の関係を中心として（『社会事業，1938，22 巻第 5 号所載）（社会福祉のあゆみ——歴史再現）［J］．月刊福祉，1984，67（12）．

［20］大前研一．"新・3 本の矢"を厳しく非難"いずれも達成不可能"［J］．週刊ポスト，2015-11-13．

［21］大山博．"福祉"の規範理論について（1）［J］．現代福祉研究，2007，7．

［22］大山博．"福祉"の規範理論について（2・完）［J］．現代福祉研究，2008，8．

［23］大山博．福祉と経済思想の関係——とくにA.マーシャルとポラニーに着目して［J］．現代福祉研究，2010，10．

［24］大石雄爾．"格差社会"の深化と市場主義経済学［J］．季刊経済理論，2008，45（1）．

［25］大石亜希子．イギリスの児童福祉・家族政策についてのヒアリング調査報告（2）［J］．経済研究，2015，30（1）．

［26］大石亜希子．コメント1（特集 人口減少・環境制約下で持続できるコミュニティ形成）［J］．公共研究，2012，8（1）．

［27］大石亜希子．出生時における人的・経済的資源格差の検討（特集 環境制約・人口減少下のコミュニティ形成に向けて）［J］．公共研究，2010，6（1）．

［28］大竹信行．社会政策と社会問題：河合栄治郎『社会政策原理』の検討［J］．生活科学研究，2007，29．

［29］島崎隆．人間と自然関係のより深い認識を：レイフイールド『マルクス主義と環境危機』を中心に［J］．環境思想、教育研究，2013，6．

［30］島田肇．社会福祉の論理と倫理の課題：福澤諭吉の被治者観と儒教［J］．東海学園大学研究紀要社会科学研究編，2011，16．

［31］島田肇．社会福祉の論理と倫理の様相 -国家（公）の成立と情（こころ）（私）の管理［J］．東海学園大学研究紀要：社会科学研究編，2015，20．

［32］嶋田啓一郎．転換期の社会福祉理論——竹中勝男 "社会福祉研究" を中心として［J］．人文学，1960，46．

［33］飯田鼎．河上肇の初期経済思想："日本尊農論"を中心として論説［J］．三田学会雑誌，1987，3（80）．

［34］冨江直子．"救貧"をめぐる"社会"の生成：戦前日本における議論と実践から（〈小特集〉戦前日本社会政策論の再発見）［J］．社会政策，2010，2（1）．

［35］岡部明子．コメント2（特集人口減少・環境制約下で持続できるコミュニティ形成）［J］．公共研究，2012，8（1）．

［36］岡部明子. コミュニティを空間的に取り戻す（特集環境制約・人口減少下のコミュニティ形成に向けて）［J］. 公共研究, 2010, 6（1）.

［37］岡村重夫. 福祉国家と福祉社会［J］. 月刊ゼンセン, 1972, 22（12）.

［38］岡室美恵子. 中国における介護保険制度導入に関する初期的考察［J］. 千葉経済論叢, 2015, 53.

［39］高橋誠一郎. 福田徳三著 社会運動と労銀制度新刊紹介［J］. 三田学会雑誌, 1922, 8（16）.

［40］工藤隆治. 戦後、日本における社会福祉理論の基礎的研究［J］. 宇部フロンティア大学人間社会学部紀要, 2010, 1（1）.

［41］古家弘幸. 書評と紹介 小峯敦編著『経済思想のなかの貧困・福祉：近現代の日英における"経世済民"論』［J］. 大原社会問題研究所雑誌, 2012, 640.

［42］谷光太郎. 農政官僚としての柳田國男［J］. 研究紀要』, 2007, 5（1）.

［43］広井良典. 定常型社会と教育："成長後の社会"における教育とは"定常型社会"（経済成長を前提としない社会）へ向けた教育の方向性, 公開シンポジウム I, 発表要旨）［J］. 日本教育学会大會研究発表要項, 2011, 70.

［44］広井良典. 新しい福祉社会と教育の構想――"創造的福祉社会"と資本主義・社会主義・エコロジーの交差（特集生存権としての教育）［J］. 人間と教育, 2010, 65.

［45］広井良典. 環境と福祉の統合："持続可能な福祉社会"とケアをめぐる展望［J］. 日本緑化工学会誌, 2009, 35（2）.

［46］広井良典. これからの社会保障：持続可能な福祉社会の実現のために（〈特集〉日本の社会保障は大丈夫か?）　［J］. CUCview&vision, 2008, 25.

［47］広井良典. 資本主義の進化と社会保障――"創造的福祉社会"の可能性［J］. 週刊社会保障, 2010, 2586.

［48］広井良典. 持続可能な福祉コミュニティ――"多極集中"のビジョン（特集 環境制約・人口減少下のコミュニティ形成に向けて）［J］. 公共研究, 2010, 6（1）.

［49］広井良典. "持続可能な福祉社会"構想プロジェクト（特集 COE 個別

推進プロジェクトの総括) [J]. 公共研究, 2009, 5 (4).

[50] 和田守. 福祉国家と国民統合: 近代日本における社会福祉政策の特色 (パネリストによる問題提起) (〈特集〉『曲がり角にきた』福祉国家-現状と課題-) [J]. 国際比較政治研究, 1993, 2.

[51] 河上肇. 奢侈と貧困 [J]. 經濟論叢, 1916, 4 (2).

[52] 吉永明弘. 福島第一原発事故に対する欧米の哲学者・倫理学者のコメント (続き) [J]. 公共研究, 2013, 9 (1).

[53] 兼清弘之. 丸尾直美著『福祉の経済政策』書評 [J]. 亜細亜大学経濟學紀要, 1975, 1 (13).

[54] 介護福祉セミナー報告世代間交流シンポジウム. 持続可能な福祉社会を考える: 超高齢化社会におけるケアと世代間交流 [J]. 研究年報, 2010, 15.

[55] 今田高俊. 福祉国家の再建——塩野谷祐一『経済と倫理——福祉国家の哲学』に寄せて [J]. UP, 2003, 32 (1).

[56] 金ナレ. ミュルダールの福祉国家論: その現代的意味 [J]. 北海学園大学大学院経済学研究科研究年報, 2015, 15.

[57] 京極高宣. 河合栄治郎と社会政策 [J]. 日本社会事業大学研究紀要, 2006, 53.

[58] 井岡勉、孝橋正一. 現代資本主義と社会事業」 (社会事業の基本問題・第3部評論) [J]. 社会科学, 1978, 14.

[59] 井上琢智. 福田徳三と厚生経済学の形成 [J]. 經濟學論究, 1998, 52 (1).

[60] 橋木俊詔. 格差論の再燃: ピケティの衝撃とその評価 [J]. 地域経済経営ネットワーク研究センター年報, 2016, 5.

[61] 橋木俊詔. いま、働くということ [J]. 九州国際大学経営経済論集, 2013, 19 (1).

[62] 橋木俊詔, 木下武男, 坂東眞理子. 日本の格差: 教育差・職種差・男女差の実態」 (第16回女性学公開講座) [J]. 昭和女子大学女性文化研究所紀要, 2006, 33.

[63] 李忻. 国民皆保険としての日本の医療保険制度の財政構造と課題 [J]. 日本福祉大 学経済論集, 2015, 50.

[64] 鈴村興太郎. センの潜在能力理論と社会保障 (特集: 現代の規範理論と社会保障) [J]. 海外社会保障研究, 2002, 138.

［65］鈴村興太郎．"新しい厚生経済学"と福祉国家の経済システム（特集 1 福祉国家と厚生経済学）［J］．経済セミナ-, 2004, 597.

［66］鈴村興太郎, 後藤玲子．アマルティア・センの経済学と倫理学: 厚生経済学の新構想［J］．經濟研究, 2001, 52（3）.

［67］柳澤悠．アジア・中東における伝統・環境・公共性プロジェクト公共研究プロジェクト（特集 COE 個別推進プロジェクトの総括）千葉大学公共研究センター 21 世紀プログラム "持続可能な福祉社会に向けた公共研究拠点"［J］．公共研究, 2009, 5（4）.

［68］柳澤治．戦時期日本における経済倫理の問題（上）: 大塚久雄・大河内一男の思想史・学説史研究の背景［J］．思想, 2002, 934.

［69］柳澤治．戦時期日本における経済倫理の問題（下）: 大塚久雄・大河内一男の思想史・学説史研究の背景［J］．思想, 2002, 936.

［70］瀧川裕英．書評塩野谷祐一・鈴村興太郎・後藤玲子編『福祉の公共哲学』［J］．季刊 社会保障研究, 2005, 41（3）.

［71］梅津順一．福沢諭吉の文明論とキリスト教［J］．聖学院大学論叢, 1999, 12（1）.

［72］梅澤昇平．西尾末廣とその時代: 戦前の労働運動、無産運動の指導者［J］．尚美学園大学総合政策研究紀要, 2013, 22.

［73］名古忠行．河合栄治郎の政治思想［J］．山陽論叢, 2008, 15.

［74］木村正身．社会福祉本質論の問題点（一）——社会政策論と社会事業論の交流点はどこか［J］．香川大学経済論叢, 1958, 31（1）.

［75］木村正身．社会福祉本質論の問題点（二）——社会事業の理想と現実［J］．香川大学経済論叢, 1958, 31（2）.

［76］木嶋久実．福田徳三における厚生経済思想の形成（上）: "生存権の社会政策"をめぐって［J］．経済論究, 1998, 100.

［77］木嶋久実．福田徳三における厚生経済思想の形成（下）: 厚生経済思想の体系化［J］．経済論究, 1998, 101.

［78］棚沢直子．日本における社会格差の現状: 橘木俊詔の研究紹介［J］．経済論集, 2007, 33（1）.

［79］平岡公一．書評大山博著『福祉政策の形成と国家の役割: プラクティカルな政策をめざして』［J］．社会政策, 2014, 6（1）.

［80］平松道夫．持続可能な福祉のまちづくり: 第 4 報; ソーシャル・キャピタル金城学院大学論集［J］．社会科学編, 2012, 8（2）.

［81］ 森村進．塩野谷祐一『経済と倫理 福祉国家の哲学』論文タイプ書評［J］．一橋法学，2002，1（3）．

［82］ 森田慎二郎．日本工場法成立期における福利厚生［J］．保健福祉学研究，2007，5．

［83］ 山口二郎，宮本太郎．世論調査 日本人はどのような社会経済システムを望んでいるのか［J］．世界，2008，776．

［84］ 山田雄三．福田経済学と福祉国家論――福田徳三先生歿後五十年にあたって［J］．日本学士院紀要，1982，3（37）．

［85］ 杉田菜穂．戦時期日本社会政策論の一考察：大河内一男・海野幸徳・沼佐隆次［J］．同志社政策科学研究，2011，13（1）．

［86］ 杉田菜穂．日本社会政策進歩主義者の群像：1910年代を中心に」（玉井金五教授退任記念号）［J］．經濟學雜誌，2015，115（3）．

［87］ 杉原四郎．福田徳三と河上肇（河上肇生誕100年記念号）［J］．経済論叢，1979，5（124）．

［88］ 石井進一郎．コメント3（特集 人口減少・環境制約下で持続できるコミュニティ形成）［J］．公共研究，2012，8（1）．

［89］ 手島洋．日本の高齢者観の形成と現状［J］．人間と科学県立広島大学保健福祉学部誌，2015，15（1）．

［90］ 寺西俊一．公害・環境問題への政治経済学的アプローチ―都留重人教授の業績をどう引き継ぐか［J］．経済研究，2012，63（2）．

［91］ 松本英孝．岡村重夫の社会福祉論理について［J］．神戸学院総合リハビリテーション研究，2007，2（1）．

［92］ 松葉ひろ美．近代日本の福祉思想史［J］．千葉大学人文社会科学研究科研究プロジェクト報告書，2014，267．

［93］ 藪野祐三．画期としての小泉政権――"構造改革"に見る政策の文脈と収斂［J］．政治研究，2008，55．

［94］ 藤岡純一．スウェーデンの福祉財政：生活権を基軸に［J］．関西福祉大学社会福祉学部研究紀要，2015，18（1・2）．

［95］ 藤井隆至．〈翻訳〉日本における社会政策学派の形成と崩壊（肥前栄一教授・山岸宏政教授退官記念号）［J］．新潟大学経済論集，2000，68．

［96］ 藤井隆至．柳田国男"農政学"の体系的分析――資本主義化政策の論理と課題［J］．新潟大学経済論集，1991，49・50．

［97］ 藤田晴．福祉政策の展望と費用負担 」（全国福祉研究集会（シンポジウム））［J］．同盟，1980，266．

［98］ 藤原淳美．退職積立金及退職手当法成立期の労働運動：戦前期日本労働運動史の一側面［J］．神戸法学年報，2000，16．

［99］ 田名部康範．日本の保守勢力における福祉国家論の諸潮流：1950年代を中心として［J］．社会政策，2011，2（3）．

［100］ 田畑洋一．ドイツ救貧制度の展開：救貧扶助の改革と再編・分化［J］．福祉社会学部論集，2015，34（2）．

［101］ 田中きよむ、霜田博史．北欧型福祉システムとヨーロッパ・アジア型福祉システムの比較検討：スウェーデン・ドイツ・韓国の実情［J］．高知論叢：社会科学，2015，111．

［102］ 田中拓道．現代福祉国家理論の再検討［J］．思想，2008，1012．

［103］ 田中秀臣．福田徳三と中国［J］．上武大学ビジネス情報学部紀要，2007，6（1）．

［104］ 土田武史．企業内福祉の変化と中小企業［J］．週刊社会保障，1999，53（2061）．

［105］ 丸尾直美．日本の医療保障制度：問題と持続可能な制度への改革［J］．尚美学園大学総合政策論集，2014，18．

［106］ 丸尾直美．福祉国家の今日的課題——新しい福祉理念と経済社会システムの展望［J］．社会福祉研究，1988，42．

［107］ 丸尾直美．高度成長期以後の社会福祉（社会福祉のあゆみ）——（戦後の社会福祉）［J］．月刊福祉，1984，67（12）．

［108］ 丸尾直美．福祉国家における市場と計画-その問題点と改革論-［J］．經濟學論纂，1986，27（1・2）．

［109］ 丸尾直美．高齢社会を迎え福祉と税制はどうなるか（税制改革の視点〈特集〉）［J］．経済セミナ-，1994，477．

［110］ 丸尾直美．21世紀への福祉と環境の新理念［J］．自由，1994，36（11）．

［111］ 丸尾直美，荘発盛．福祉社会の新しい段階へ：経済学的アプローチ［J］．尚美学園大学総合政策論集，2014，19．

［112］ 西沢保．福田徳三の経済思想：厚生経済・社会政策を中心に［J］．一橋論叢，2004，132（4）．

［113］ 西沢保．福田徳三の厚生経済研究とその国際的環境［J］．経済研究，

2006, 3 (57).

[114] 小川哲生. "ソーシャル・クオリティー"の考え方 (特集環境制約・人口減少下のコミュニティ形成に向けて)" [J]. 公共研究, 2010, 6 (1).

[115] 小川哲生. アジア福祉ネットワークプロジェクト (特集 COE 個別推進プロジェクトの総括) 千葉大学公共研究センター 21 世紀プログラム "持続可能な福祉社会に向けた公共研究拠点" [J]. 公共研究, 2009, 5 (4).

[116] 小峯敦. 経済と福祉の連環：ベヴァリッジの略伝から現代へ [J]. 龍谷大学経済学論集, 2012, 51 (4).

[117] 小林正弥. 書評塩野谷祐一著『経済と倫理——福祉国家の哲学』[J]. 家計経済研究, 2002, 56.

[118] 小林正弥. 公共研究プロジェクト (特集 COE 個別推進プロジェクトの総括) 千葉大学公共研究センター 21 世紀プログラム "持続可能な福祉社会に向けた公共研究拠点" [J]. 公共研究, 2009, 5 (4).

[119] 孝橋正一. 現在ヒューマニズムと社会事業 [J]. 社會問題研究, 1967, 17 (3・4).

[120] 孝橋正一. 産業福祉・労働福祉の構造分析 [J]. 社會問題研究, 1967, 17 (2).

[121] 孝橋正一. 国家扶助と社会保険——社会事業の方法に関する考察 [J]. 社会問題研究, 1956, 6 (2).

[122] 孝橋正一. 社会事業の理論的位置 [J]. 社会問題研究, 1954, 4 (2).

[123] 岩松繁俊. "公害"問題と社会思想 [J]. 経営と経済, 1972, 52 (3).

[124] 岩佐茂. 3・11 後にポスト資本主義論を構想する：マルクスの視点から [J]. 現代の理論, 2014, 2.

[125] 野村兼太郎. 福田徳三著『社会政策と階級闘争』新刊紹介 [J]. 三田学会雑誌, 1922, 3 (16).

[126] 野村正実. 福祉国家の危機と "マルクス主義"——私的覚書 [J]. 岡山大学経済学会雑誌, 1986, 18 (1).

[127] 野口友紀子. 社会福祉理論の源流にみる公的扶助と社会政策——大河内一男の場合 [J]. 長野大学紀要, 2009, 30 (4).

［128］有江大介．書評塩野谷祐一『経済と倫理-福祉国家の哲学』［J］．経済学史学会年報，2003，43（43）．

［129］宇井純．戦後日本社会と公害［J］．滋賀大学環境総合研究センター研究年報，2005，2（1）．

［130］宇仁弘幸．日本における賃金格差拡大とその要因［J］．季刊経済理論，2008，45（1）．

［131］中村年男、松本英孝．社会福祉学における岡村理論の位置［J］．人間文化研究所紀要，2013，18．

［132］中村宗悦．明治初期自由主義経済思想の位相：福沢諭吉・田口卯吉を中心に［J］．経済学研究年報，1988，28．

［133］鍾家新．日本型福祉国家の形成・発展過程の特徴と産業化：社会保障政策の形成・発展における産業化の役割［J］．日中社会学研究，1997，5．

［134］竹中勝男．社会事業の基本的性格［J］．人文學，1953，11．

［135］佐川英美．福祉国家論考：新しい福祉ガバナンスの前提認識と方向性キリストと世界［J］．東京基督教大学紀要，2015，25．

（三）中文图书

［1］［德］卡尔・马克思．哥达纲领批判［M］．中共中央马克思、恩格斯、列宁、斯大林著作编译局，译．北京：人民出版社，1997．

［2］［英］阿瑟・塞西尔・庇古．福利经济学［M］．金镝，译．北京：华夏出版社，2013．

［3］［英］安东尼・吉登斯．第三条道路［M］．郑戈，译．北京：北大出版社，2000．

［4］［英］李特尔．福利经济学评述［M］．陈彪如，译．北京：商务印书馆，2014．

［5］［英］尼古拉斯・巴尔．福利国家经济学［M］．邹明汹，等，译．北京：中国劳动社会保障出版社，2003．

［6］［英］尼古拉斯・巴尔，［英］大卫・怀恩斯．福利经济学前沿问题［M］．贺晓波，等，译．北京：中国税务出版社，2000．

［7］［英］泰萨・莫里斯-铃木．日本经济思想史［M］．厉江，译．北京：商务印书馆，2000．

［8］［英］约翰・米尔斯．一种批判的经济学史［M］．高湘泽，译．北京：

商务印书馆，2005.

[9] ［印］阿马蒂亚·森．理性与自由［M］．李风华，译．北京：中国人民
大学出版社，2013.

[10] ［印］阿马蒂亚·森．正义的理念［M］．王磊、李航，译．北京：中国
人民大学出版社，2013.

[11] ［印］阿马蒂亚·森．以自由看待发展［M］．任赜、于真，译．北京：
中国人民大学出版社，2012.

[12] ［美］鲍莫尔．福利经济及国家理论［M］．郭家麟，等，译．北京：商
务印书馆，2013.

[13] ［美］阿瑟·奥肯．平等与效率：重大的抉择［M］．陈涛，译．中国社
会科学出版社，2013.

[14] ［美］约翰·罗尔斯．正义论［M］．何怀宏，等，译．北京：中国社会
科学出版社，2001.

[15] ［日］岛越皓之．日本社会论——家与村的社会学［M］．王颉，译．北
京：社会科学文献出版社，2006.

[16] ［日］宫本太郎．福利政治：日本的生活保障与民主主义［M］．周洁，
译．北京：社会科学文献出版社，2015.

[17] ［日］滨野吉等．日本经济史 1600—2000［M］．彭曦，等，译．南京：
南京大学出版社，2010.

[18] ［日］山本七平．日本资本主义精神［M］．莽景石，译．北京：生活·
读书·新知三联书店，1995.

[19] ［日］桑原洋子．日本社会福利法制概论［M］．韩君玲，等，译．北京：
商务印书馆，2010.

[20] ［日］一番ケ濑康子．社会福利基础理论［M］．沈洁，等，译．武汉：
华中师范大学出版社，1998.

[21] ［日］武川正吾、佐藤博村．企业保障与社会保障［M］．李黎明，等，
译．北京：中国劳动社会保障出版社，2003.

[22] ［中］东北师范大学、［日］東北福祉大學．中日高龄者和儿童福祉的
研究［M］．长春：东北师范大学出版社，2008.

[23] 陈太福．经济哲学的沉思［M］．北京：中国社会科学出版社，2005.

[24] 陈建安．战后日本社会保障制度研究［M］．上海：复旦大学出版
社，1996.

[25] 崔万有．日本社会保障研究［M］．北京：北京师范大学出版社，2009.

［26］高启杰等．福利经济学：以幸福为导向的经济学［M］．北京：社会科学文献出版社，2012.

［27］郭婕，王华梅．福利经济学派伦理思想评价：从生态正义角度的探析［M］．太原：山西经济出版社，2014.

［28］黄云明．经济伦理问题研究［M］．北京：中国社会科学出版社，2009.

［29］厉以宁．西方福利经济学述评［M］．北京：商务印书馆，1984.

［30］罗志如，厉以宁等．当代西方经济学说［M］．北京：北京大学出版社，1989.

［31］刘昌黎．现代日本经济概论［M］．大连：东北财经大学出版社，2014.

［32］鲁友章．经济学说史［M］．北京：中国人民大学出版社，2013.

［33］吕学静．社会保障国际比较》（第二版）［M］．北京：首都经济贸易大学出版社，2013.

［34］聂文军．亚当·斯密经济伦理思想研究［M］．北京：中国社会科学出版社，2004.

［35］乔洪武．西方经济伦理思想研究（三卷本）［M］．北京：商务印书馆，2016.

［36］沈洁．日本社会保障制度的发展［M］．北京：中国劳动社会保障出版社，2004.

［37］宋健敏．日本社会保障制度［M］．上海：上海人民出版社，2012.

［38］孙英，吴然．经济伦理学［M］．北京：首都经贸大学出版社，2005.

［39］王伟．日本社会保障制度［M］．北京：世界知识出版社，2014.

［40］王振基．日本工资和社会保险概况［M］．北京：生活·读书·新知三联书店，1980.

［41］中共中央宣传部组织．习近平总书记系列重要讲话读本（2016 年版）［M］．北京：学习出版社、人民出版社，2016.

［42］余章宝，杨玉成．经济学的理解与解释［M］．北京：社会科学文献出版社，2005.

［43］郑功成．中国社会保障 30 年［M］．北京：人民出版社，2008.

［44］郑功成．中国社会保障改革与发展战略理念、目标与行动方案［M］．北京：人民出版社，2008.

［45］范斌．福利社会学［M］．北京：社会科学文献出版社，2006.

［46］景天魁．福利社会学［M］．北京：北京师范大学出版社，2010.

［47］于海．西方社会思想史（第 3 版）［M］．上海：复旦大学出版社，2010.

[48] 贾春增. 外国社会学史 [M]. 北京：中国人民大学出版社，2002.

（四）中文论文

[1] ［日］合津文雄. 日本社会福利政策变革的新趋势 [J]. 北京大学学报（哲学社会科学版），1999，6.

[2] ［日］铃木贞美著. 明治时期日本启蒙思想中的"自由·平等"——以福泽谕吉、西周、加藤弘之为中心 [J]. 魏大海，译. 复旦外国语言文学论丛，2009，1.

[3] ［日］杉原四郎著. 日本经济学史上的河上肇 [J]. 戴星东，译. 外国问题研究，1983，1.

[4] ［英］高尔德别耳格著. 1897—1906 年日本的工人运动和社会主义运动 [J]. 杨树人，译. 外国问题研究，1981，1.

[5] ［英］维克·乔治保罗·威尔丁著，当代西方绿色主义和绿色主义福利理论述评（上）[J]. 张东奇，译. 社会福利（理论版），2015，5.

[6] ［英］维克·乔治保罗·威尔丁著，当代西方绿色主义和绿色主义福利理论述评（下）[J]. 张东奇，译. 社会福利（理论版），2015，6.

[7] 曹希. 近 20 年日本经济伦理思想研究 [J]. 武汉大学博士论文，2014.

[8] 陈银娥. 浅析西方国家福利经济制度的改革 [J]. 华中师范大学学报（人文社会科学版），2002，2.

[9] 褚宏启. 教育现代化的本质与评价——我们需要什么样的教育现代化 [J]. 教育研究，2013，11.

[10] 关松林. 试论福泽谕吉的启蒙教育思想 [J]. 华东师范大学学报（教育科学版），2010，4.

[11] 解静. 福利国家模式变迁的历史比较研究 [J]. 辽宁大学博士论文，2013.

[12] 雷鸣，项松. 日本近代经济文化思想形成与发展之研究 [J]. 福建论坛（人文社会科学版），2011，2.

[13] 李坤倪. 河上肇的唯物史观与中国 [J]. 河北大学硕士学位论文，2010.

[14] 厉以宁. 当代西方宏观福利理论评述 [J]. 世界经济，1983，7.

[15] 吕守军. 日本马克思主义经济学最新发展研究——以"日本经济理论学会"为线索展开 [J]. 马克思主义研究，2010，11.

[16] 乔洪武，陶芸. 当代日本的福利国家经济伦理思想评析 [J]. 哲学动态，

2016, 9.

[17] 乔洪武, 陶芸. 日本马克思主义经济伦理思想的新发展评述 [J]. 马克思主义研究, 2016, 11.

[18] 田莎莎. 日本"飞特族"的光与影——格差社会中彷徨的日本年轻人 [J]. 法制与社会, 2011, 9.

[19] 王海燕. 家庭福利政策的选择——转型期日本社会福利政策调整的圭臬 [J]. 社会保障研究, 2006, 2.

[20] 王家骅, 杨志书. 河上肇的思想历程和儒学 [J]. 日本研究, 1994, 4.

[21] 吴佩军. 日本企业雇佣制度的历史考察 [J]. 南开大学博士论文, 2009.

[22] 肖亮. 河上肇的社会主义思想 [J]. 东北师范大学硕士论文, 2010.

[23] 杨寄荣, 杨玉生. 西方福利国家理论与实践评析——作为经济运行机制的福利国家 [J]. 当代经济研究, 2010, 6.

[24] 杨青福. 小泉"构造改革"による日本の社会格差拡大 [J]. 河北大学硕士学位论文, 2009.

[25] 张谷. 河上肇的马克思主义与中国思想 [J]. 武汉大学学报(人文科学版), 2007, 4.

[26] 张建立. 涩泽荣一经济思想述评 [J]. 日本研究论集, 2004, 9.

[27] 张军. 社会保障制度的福利文化解析——基于历史和比较的视角 [J]. 西南财经政法大学博士论文, 2011.

[28] 赵毅博. 日本养老保障体系 [J]. 吉林大学博士论文, 2014.

[29] 郑秉文. 经济理论中的福利国家 [J]. 中国社会科学, 2003, 1.

[30] 郑功成. 中国社会保障演进的历史逻辑 [J]. 中国人民大学学报, 2014, 1.

[31] 郑功成. 全面理解党的十九大报告与中国特色社会保障体系建设 [J]. 国家行政学院学报, 2017, 6.

[32] 郑功成. 中国社会保障70年发展(1949—2019): 回顾与展望 [J]. 中国人民大学学报, 2019, 5.

[33] 郑功成. 多层次社会保障体系建设: 现状评估与政策思路 [J]. 社会保障评论, 2019, 1.

[34] 郑功成. 中国社会保障40年变迁(1978—2018)—制度转型、路径选择、中国经验 [J]. 教学与研究, 2018, 11.